조선대학교 재난인문학연구사업단
재난인문학 번역총서 02

공해원론 1

* 이 책은 2019년 대한민국 교육부와 한국연구재단의 지원을 받아 수행된 것임
(NRF-2019S1A6A3A01059888)

선대학교 재난인문학 번역총서 02

공해원론 1

公害原論

조선대학교 재난인문학연구사업단 기획

우이 준(宇井純) 지음 / 김경인·임미선 옮김

역락

조선대학교 인문학연구원이 〈동아시아 재난의 기억, 서사, 치유-재난인문학의 정립〉이라는 연구 아젠다로 교육부와 한국연구재단이 지원하는 인문한국플러스(HK⁺) 사업에 첫발을 내디딘 지 어느덧 3년째가 되었다. 그동안 우리는 아젠다를 심화하기 위한 방안으로 학술세미나와 공동연구회(클러스터), 포럼, 초청 특강, 국내·국제학술대회 등 다양한 학술행사를 개최하는 한편, 지역사회와 연계한 지역인문학센터를 설치하여 '재난인문학 강좌'와 'HK⁺인문학 강좌'를 다채롭게 기획, 운영해 왔다.

이제 지난 3년간의 성과물 가운데 하나로 재난인문학 관련 번역총서를 간행하는 작업도 빼놓을 수 없는 과제가 되었다. 우이 준의『공해원론 1』은 이와 같은 취지에서 기획된 두 번째 '재난인문학 번역총서'이다.

흔히 일본 근대문명이 싹을 틔웠다고 보는 1860년대 후반부터 2011년 도쿄전력 후쿠시마 원전 사고에 이르기까지, 일본은 3세기를 가로질러 굴곡진 '공해의 역사'를 가진 나라다. 흔히 일본을 '공해대국'이라 부르는 것도 바로 이러한 이유에서다.『공해원론』은 이와 같이 길면서도 골이 깊은 일본 공해의 역사를 한눈에 알 수 있도록 해 주는 책이다. 단순히 공해의 과학적·통계적 자료에 그치는 것이 아니라, 무엇보다 피해자 입장에서 공해 사건과 문제해결 및 보상과 재발 방지 책임은 물론 미래지향적인 공해 반대 운동론까지 제시하고 있다는 점에서 매우 중요한 의미를 지닌다고 할 수 있다.

『공해원론』의 또 한 가지 특징은 일본의 전공투(全共鬪) 직후인 1970~71년에, 일본의 근현대 지식의 산실이라 할 수 있는 도쿄대학, 그러나 당시 누군가는 '국가권력의 하수인으로 타락한 학문적 세뇌의 장'이라고 혹평했던 바로 그곳에서 공개강좌로 열린 강의내용을 고스란히 수록한 총 3권으로 구성된 대서사시라고 할 수 있다는 점이다.

당시 도쿄대학의 조교였던 우이 준과 공개강좌에 참여했던 시민 및 학생들은 일본에서 큰 위기를 맞고 있던 공해 문제의 진실과 책임규명 방법을 함께 찾아가자는 취지하에 총 13회에 걸쳐 '공해원론'이라는 강의를 진행하였다. 시민과 학생 그리고 그들로 구성된 실행위원회가 한마음이 되어 일궈낸 『공해원론』에는, 50여 년이 지난 현재에도 이를 읽는 독자에게 현장감 넘치는 감동으로 전해지는 우이 준의 열띤 강의 음성이 담겨있다. 그리고 이는 '변화'의 단계를 넘어 '위기'에까지 치닫고 있는 기후와 환경문제에 직면한 현대의 인류에게 그 어느 때보다 강력하게 요구되는 교훈과 운동의 목소리가 아닐 수 없다.

이와 같이 다양한 의미를 지닌 『공해원론 1』을 본 사업단의 두 번째 번역총서로 간행할 수 있게 된 것은 동아시아가 공동으로, 또는 각국이 경험해 온 특수한 재난의 기억과 역사를 새롭게 조명하려는 목적에 부합하는 것이라는 점에서 그 의의가 결코 작지 않다고 할 것이다. 더욱이 이 번역서는 그 분량 면에서 세 권을 합하여 총 920쪽이나 되는 엄청난 작업의 결과물이라는 점에서도 의의가 있다. 어려운 번역 작업에 참여하여 팬데믹 못지않은 고통과 힘겨운 노동의 시간을 견뎌냈을 두 분 선생님의 노고에 깊은 감사의 뜻을 전한다.

조선대학교 재난인문학연구사업단장 강희숙

『공해원론』을 옮기며

2011년 3월 11일의 동일본대지진과 도쿄전력 후쿠시마 원전사고가 발생한 이후, 일본의 다방면의 전문가들이 아시오구리광산 광독사건과 짓소미나마타병 사건의 시절로 거슬러 올라가며 '결국 반복되고 만' 역사적 재난재해 사건들을 소환하기 시작했다. 그 와중에 거론되던 고전 중의 하나가 우이 준의 『공해원론』이었다.

『공해원론』은 저자 우이 준이 1970년 10월 12일부터 1971년 3월 18일에 걸쳐 자주공개강좌 형식으로 매주 실시한 강의 내용을 그대로 수록한 강의록이다. 책 제목에서 알 수 있듯이 공해(公害)에 대한 내용이다. 다만 그 깊이와 넓이는 원론에 그치고 있는 책이 결코 아니다. 일본이 근대문명을 부리나케 좇기 시작했던 19세기 말 무렵부터 일본 곳곳에서 발생한 공해사건의 원인과 결과, 그에 대한 공해반대 및 보상운동, 그로 인해 빚어진 갈등과 대책 마련 과정 등에 이르는 일본 공해의 전체적인 역사를 망라하고 있다. 그뿐만 아니라 공해 문제에 대한 우이 준의 끈질긴 추궁과 '운동'적 노력은 유럽을 비롯한 세계의 공해 문제로까지 뻗어나가, 그 면면이 이 책에 고스란히 기록되어 있다.

1권은 1880년대 이후의 아시오구리광산 광독사건과, 1950년대 들어 처참한 정체를 드러낸 짓소미나마타병 사건에서의 공해 문제 자체와 인물, 운동까지를 아우르고 있다. 2권은 근대 이후부터 전후에 이르기까지 일본에서 발생한 광산, 제지와 철강 등의 산업개발로 인한 물과 공기의 오염, 그로 인해 발생한 이타이이타이병 등의 폐해, 그를 둘러싸고 기업과 정부, 어용학자들을 상대로 끊임없는 투쟁을 벌여온 주민들의 공해반대 운동의 역사를 미래지향적인 방향 제시와 함께 역설하고 있다.

독자의 혼란을 피하기 위해 한 가지 미리 언급해 둘 사항은 2권에서 7회와 8회, 11회 등 세 개의 강좌가 빠져 있는데, 이는 우이 준의 유럽 출장에 대한 내용의 강좌가 3권에 편성되었기 때문이다. 따라서 3권은 FAO 로마 해양오염회의의 보고를 필두로 유럽의 해양과 공기 오염의 실태를 조사자료 등을 활용해 강의한다. 게다가 각국의 중대한 공해 사건과 그에 대한 전문가와 주민들 중심으로 전개되어 온 오염대책 활동 등을 실질적 자료를 곁들여 집약해 보고하고, 이를 통해 향후 지향해야 할 공해반대 운동의 방향성이 함께 제시되고 있다. 참고로, 이 세 권의 『공해원론』은 1988년, 『공해원론 합본』이라는 타이틀로 한 권으로 엮이어 다시 태어났다.

우이 준의 『공해원론』이, 공해 대국이라고 일컬어지는 일본에서 공해와 환경문제를 논할 때 빼놓을 수 없는 고전으로 손꼽히는 데에는 여러 이유가 있을 것이다. 학문적인 우수함과 방대하고 정확한 자료성 때문이기도 할 것이고, 환경운동 면에서의 선구적인 파급력 때문이기도 할 것이다. 그리고 무엇보다 '자주공개강좌'라는, 기존의 틀을 깨고 이뤄지는 진실성 있는 소통 때문이라고 감히 단언할 수 있다. 아마도 이러한 이유로, 2006년의 합본에 추천사를 쓴 작가 야나기타 쿠니오(柳田邦男)는 "세월을 초월하는 보편성이 있는 사상(事象)의 본질을 간파하는 '감성'과 '사고력'과 '사고의 틀'이 내포되어 있기 때문이다."라고 말했는지도 모르겠다.

『공해원론』은 공해 문제를 등한시하는 기업과 정부에 대한 통렬한 비판과 함께, 일본 공해의 역사가 각 시대의 다양한 에피소드와 함께 마치 눈 앞에 펼쳐지듯이 50여 년의 시간을 넘어 생생하게 전해진다. 그리하여 50여 년 전 개최되었던 우이 준의 공개강좌에, 2021년의 역자들은 청중 가운데 일부로 참여하여 그날그날의 강의에 귀를 기울이면서 해결되지 않는 공해의 현실에 걱정하고 피해 주민들의 처참한 삶에 가슴 아파했다. 아마도 진실성 있는 소통과 "세월을 초월하는 보편성 있는 사상의 본질을 간파하는" 우이 준과 『공해원론』에 내재한 힘 때문이었다고 할 것이다.

기후 위기 등 전 지구적인 환경문제에 직면하고 있는 현실과 싸워나가야 하는 독자들에게, 일본의 행동하는 과학자이자 기술자였던 우이 준의 50년 전 공개강좌에 참여할 수 있는 수강권을 이 책과 함께 부친다.

옮긴이 김경인·임미선

머리말(합본)

5년이 흐른 지금, 『공해원론』을 다시 간행하는 심경은 복잡하다. 〈공개강좌 공해원론〉은 내가 오키나와로 옮겨가면서 종강을 맞았지만, 공해는 사라지지 않았다. 형태가 바뀐 곳도 있지만 본질은 달라지지 않았다는 사실은, 다시 공해원론을 읽고 싶지만 구하기가 어렵다는 요구가 지금도 내 주변과 출판사 아키쇼보에 접수되고 있다는 사실에서도 알 수 있다.

애당초 오키나와로 올 때의 계획으로는 이 공해원론의 내용을 가능한 한 요약하고, 거기에 15년간의 강좌에서 이야기를 청해들었던 백여 명의 초빙강사의 강좌내용과 15년간 내가 체험한 새로운 사실을 추가하여 한 권의 『신(新) 공해원론』을 준비할 생각이었고, 그 절반의 작업은 도쿄에 있는 동안 끝냈다고 생각했다. 그랬던 『신(新) 공해원론』은, 아시아로 진출하려는 움직임이 거센 일본의 자본이 초래하고 있는 새로운 국면에 대응하기 위해, 적어도 영어로도 출판되어야 하리라고 생각했다. 오키나와대학에서 가르치는 동안의 2년이면 일본어 초고는 완성하고 영어번역에 들어갈 수 있을 것으로 기대했는데, 그 계획은 보란 듯이 비껴가고 말았다. 오키나와에 도착한 이튿날, 나는 시라호(白保)의 신이시가키(新石垣)공항 건설을 둘러싼 논쟁에 완전히 휘말려 내 시간을 거의 갖지 못했던 것이다. 애초에 그것은 논쟁의 여지가 없는,

일본 본토에서 경험했던 수많은 공해문제와 마찬가지로, 문답무용으로 건설설계를 강행하는 사업자 측에 대해 언론을 통해 끊임없이 비판하고 반성을 촉구하며 여론을 환기시키는 번거로운 수고와 시간을 요하는 투쟁이었다. 그것은 지금도 계속되고 있다.

그와 더불어 오키나와대학에서는 오기 전에는 예상치도 못했던 일이지만 아라사키 모리테루(新崎盛暉) 학장 밑에서 도서관장이라는 관리직을 맡게 되었다. 이 일은 도서관직원이 만든 서류에 도장만 찍는 그런 일이 아니었다. 이 작은 자주관리대학에서는 이른바 경영 내각으로서 돈의 입출금에서 학생의 처분에 이르기까지 각종 다양한 업무의 상담을 맡아야 하는 신분이다. 2년의 시간이 흐르는 동안, 『신(新) 공해원론』은 오키나와에 온 시점에서 한 발짝도 나가지 못했음을 인정하지 않을 수 없다. 공해원론의 재출간은 내게도 통탄해 마지않는 일이다.

다만 공해원론 3권이 내 이름으로 출간되긴 했지만, 이 책은 내 것이라고 단언할 수 없는 성격의 책이다. 즉 이 책은 회의장에 모인 사람들과의 상호작용의 결과이자, 그것을 2주간 이내에 녹음을 활자화하고 편집교정하여 인쇄까지 한 공개강좌 실행위원회가 일궈낸 작업의 성과다. 거기에는 유명을 달리하신 미우라(三浦), 고타(甲田), 우지타(宇治田) 씨 등의 참여도 있었다. 따라서 이번에는 명백한 사실관계의 착오와 착각을 배제하고 있는 그대로의 서술로 재출판하기로 하였다. 이것은 1970년대 초반 하나의 사회현상으로서 도쿄대학 안에서 발생한 사실의 기록이므로, 나조차도 쉽게 손을 댈 수가 없다. 그 대신 그 이후에 발생한 일과 그에 대한 내 생각의 변화를 이번 기회에 약간 추가하고자 한다.

무엇이 달라졌는가?

먼저 오일쇼크가 상징하듯이 일본의, 그리고 세계의 경제정세가 크게 변화하였다. 세계의 자원과 환경이 유한하고 경제활동이 그것으로 제약된다는 사실이 누가 보더라도 확실해졌다. 그것은 애당초 자명한 일이지만 고도성장기에는 우리 자신이 열에 들떠서 어떻게든 되겠지 라며 망각하고 있었던 일이다. 그리고 1970년 무렵에는 이미 일본의 석유화학 과잉설비투자라는 형태로 그 징조가 보였지만, 아주 일부의 예외를 제외하고는 정치계도 경제계도 그것이 의미하는 것을 주의 깊게 이해하려고 하지 않았다. 소수파의 공해반대운동은 그것을 예감하고 고도성장에 브레이크를 걸어 이 혼란을 상당 부분 예방했다. 사카이야 타이치(堺屋太一)의 소설 「방심(油斷)」은 혼란의 책임을 주민운동에 돌림으로써 일본 지배층의 가망 없음과 무책임을 폭로하고 있다는 점에서 흥미로운 작품이다.

고도성장 경제에서 저성장 경제로 접어들면서 개발의 사업주체는, 그때까지의 중후장대한 소재산업에서 공공투자를 장악한 행정권력이나 준(準)공공적 사기업인 에너지산업으로 바뀌었다. 대부분의 경우, 경제논리에서 정치논리로 장면이 전환하였다. 이 같은 변화를 그때까지의 지배 정치세력은 따라가지 못했다. 지배세력에 대항할 수 있는 정치이데올로기는 끝내 태어나지 못했다. 공해반대운동은 혼자 힘으로 정치이론을 만들어내지 않으면 안 되었다. 하지만 그보다 큰 어려움은 나날의 운동 국면에서 나타났다. 아무리 중후장대한 소재형 산업이라도 어딘가에 경제논리로서의 운동이 끼어들 여지가 있었고 보이콧과 여론의 비판 같은 경제적 활동으로 대항할 수 있었지만, 국가를 등에 업은 행정권력과 에너지산업은 경제적 활동면에서는 꿈쩍도 하지 않았다.

이 예측은 이미 오일쇼크 이전부터 고치펄프 생콘크리트 사건[1]의 주역인 야마사키 케이지 씨가 경고했던 것이고, 부젠(豊前)화력을 비롯한 각지의 대형발전소 반대운동에서도 거론되었다. 하지만 표현 매체로서의 공개강좌 운동이 경제규모의 축소와 산업구조 전환의 필요성을 이해하기 쉬운 형태로 국민 다수에게 전달할 준비는 되어있지 않았다. 따라서 그것은 공개강좌만의 책임은 아니라고 하더라도 고도성장에서 저성장으로의 전환에 직면하여 일본의 정치적 공기의 보수화를 차단하고 새로운 이론을 독자적으로 만들어내는 데는 성공하지 못했다고 보아야 할 것이다.

한편 상당히 시간이 흐른 뒤에 알게 된 것인데, 공해규제의 주체가 도쿄 도를 비롯한 지자체의 노력으로 어느 정도 분권화된 것은 적어도 수질오염 분야에서는 상당한 효과를 올렸다. 산업폐수의 규제가 지방조례로서 보급되고 불완전하게나마 벌칙이 뒤따르게 된 것에서, 폐수처리가 기업에게 상식화되고 그 비용을 의식하게 되어 용수를 절약하기에 이르렀다. 또 산업폐수로 심하게 오염되었던 하천에서는 상당한 수질개선이 이뤄졌다. 1974년을 정점으로 하여 공업용수의 사용량

---

1 1971년 6월, 야마사키 케이지(山崎圭次)를 중심으로 한 〈우라도 만(浦戸湾)을 지키는 모임〉 회원들이 고치펄프의 폐액배수관 맨홀에 생콘크리트를 주입함으로써, 공장의 폐액이 도로위로 분출하는 사태가 벌어졌고, 이로써 고치펄프공장이 처리되지 않은 폐액을 유출한 사실이 세상에 알려져 결국 이듬해 폐쇄되었다.

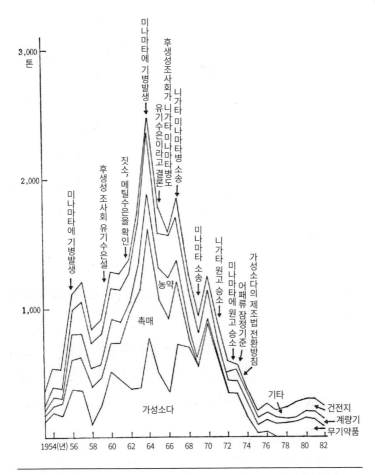

수은의 국내 소비량의 추이　　　　출전:『쓰레기 문제의 초점』료쿠후(綠風)출판 1985

은 오늘날까지 감소하고 있다는 사실은 지방조례의 유효성을 증명한
다. 자치의 강화가 공해에 대한 최대의 억지력이라는 것은 공개강좌의
중심과제로 일관되게 주장해온 것인데, 물에 관한 그간의 경과는 이 주
장이 대체적으로 옳았음을 입증했다.

일본산업이 의외의 탄력성을 보인 실례는 공업용수만은 아니었다. 예컨대 수은이나 카드뮴, PCB 등은 각종 편리한 성질을 갖는 물질이고 그것이 없으면 생산할 수 없거나 국제경쟁력을 잃게 될 거라고 선전되던 것이지만, 실제로는 어떤 경우든 원료나 공정의 전환으로 이렇다 할 문제 없이 지속적으로 생산되었을 뿐 아니라 배연탈황(공장과 자동차의 배출가스에 포함된 황산화물을 제거하는 일), 배연탈질(연료의 연소나 제품의 생산과정에서 나오는 가스에서 질소 산화물을 제거하는 일)의 기술처럼, 오히려 그것을 국제적 매물로 만드는 기술까지 탄생했다(도표 참조).

하지만 행정 안에 설치한 공해규제는, ppm이라는 말이 상징하듯이 피해자나 지역주민이 이해하기 힘든 기술적으로 복잡한 방향으로 자꾸자꾸 치우쳤다. 이 분야의 과학자도 필요 이상으로 복잡하고 번거로운 수순을 만들어 자신의 권위를 유지하려는 이들이 있었음을 부정할 수 없다. 이러한 경향은 분석화학자 중에 특히 많았다. 그것은 또 피해자나 지역주민의 목소리를 틀어막으려는 가해자와 일부 행정 이익과도 상통하는 것이었다. 공해를 없앤다는 목적을 제쳐놓고 분석기계나 서류작성 등의 간접비용 증대를 기대한 산업화가 진행된 것이다. 물을 깨끗하게 하겠다는 목적은 어딘가로 사라져버리고 거대한 건설공사로 정치적 이권의 대상이 된 유역하수도가 바로 그것에 해당한다. 이런 변화를 운동 안에 있는 우리가 충분히 간파하지 못하고 대응이 뒤늦었다는 사실은 부정할 수 없다.

최근 10여 년에 걸쳐 진행된 산업구조의 변화는 예상을 뛰어넘는 급격한 것으로, 이른바 하이테크산업이라 일컬어지는 부문에서 희토류원소처럼 생물에 대한 작용이나 자연계에서의 움직임을 전혀 알 수 없는 새로운 물질이 환경에 출현하게 되었다. 또 이미 그 유해성이 밝혀진 유기할로겐화합물의 사용량도 대폭 증가하고 있다. 이 같은 새로운 산업이 발생하면서 새로운 공해의 가능성이 증가하는 한편, 과거 공해의 역사는 오랜 산업의 축소와 전환의 순간에 폐기물 증대와 심각한 재해가 발생한다는 것도 가르쳐준다. 니가타 미나마타병은 아세틸렌화학에서 석유화학으로 전환하면서 발생한 공해의 전형적인 예이고, 미쓰이미이케의 탄진폭발을 비롯한 일련의 탄광재해는 석탄에서 석유로의 에너지원 전환 단계에 발생한 것이었다. 그리고 우리 눈앞에 원자력 발전소의 출력조정과 폐로의 해체가 현실적인 문제로 급부상하고 있다. 산업구조의 변화는 신구(新舊) 양측의 산업에서 공해 발생의 기회를 증가시킨다는 사실을 특히 주의해야 한다. 공해문제는 끝났다는 낙관적인 견해는 가능한 이야기가 아니다. 게다가 이 과정은 일본산업의 해외진출과 일본의 공동화라는, 지금까지 그다지 예상되지 않았던 요인으로 가속화되고 있다. 자랑은 아니지만, 18년 전 공해원론을 개강했을 때 일본경제의 고도성장 요인 중 하나로 '저임금과 보호무역'을 제시했던 나의 예견은 적중했다. 그런데 이것은 공해의 사례연구와 사회과학적 분석, 그리고 그 예방을 위한 노력이 18년 전과 비교하더라도 더욱 중요한 일이 되었음을 시사하고 있다.

주민운동의 과제

국가권력을 등에 업은 개발사업체를 상대로 하여 일본 각지에서 주민운동이 호각의 승부를 추진하고 있다. 이것 자체가 전후 일본의 정치상황을 경험해온 나에게는 오히려 의외일 정도다. 그리고 현재 전국적으로 잘 알려진 4대 자연보호쟁점인 시레토코(知床), 즈시(逗子), 미야케 섬(三宅島), 이시가키 섬 시라호(白保) 중 세 곳이 미일안보체제의 강화에 따른 군사기지와 얽힌 문제라는 사실은, 공해방지와 자연보호라는 언뜻 유연해 보이는 문제가 일본의 정치경제 상황의 심층부에 뿌리내리고 있음을 보여준다.

그렇다고 안보체제 파기 없이 공해와 자연파괴는 해결할 수 없다는 종류의 논의를 제기하는 것은 단락적인 사고방식이다. 과거 30년 가까이 그런 종류의 논의는 끊임없이 반복되어왔지만, 현실에서는 실질적인 문제를 해결하는 데 거의 도움이 되지 않았고 오히려 그것을 주장하는 사람들은 눈앞의 공해에 대해 행동하지 않는 하나의 근거로써 그것을 제창하는 경우가 많았다. 그 때문에 공개강좌와 수많은 지역주민운동도 그런 종류의 상황에 관한 논의와 연관되는 것을 기피해 왔다. 하지만 그렇다고 정치정세와 전혀 무관하게 운동이 전개되는 것은 아니다. 오히려 거시적 혹은 미시적 정치에 대한 예민한 감각이 필요하다. 이 상황은 앞으로도 지속될 것이다.

각지에서 발생하고 있는 문제와 그에 대한 운동의 조건은 천차만별이다. 거기에 공통된 이론을 추구한다면, 공해원론에서 서술한 것 같은 지극히 소수의 경제적인 원칙 정도밖에 지금은 존재하지 않는다. 굳이 이론적으로 분류한다면 그것은 실용주의일 것이다. 거기서부터는 거기 있는 사람이 자기 책임하에 생각할 수밖에 없다. 하지만 경험의 교류는 대부분의 경우에 유효하고, 공개강좌 활동도 거기에 중점을 둔다는 점에서는 상당히 도움이 되었던 것 같다. 운동의 강점, 즉 직접 발로 걷는 거리에 비례한다는 경험적 원칙은 오늘날에도 유효하다고 생각한다. 이런 운동을 지도할 목적이 아닌 단순한 정보서비스 센터 같은 장소는 앞으로도 필요할 것이고 젊은 연구자가 새로운 경지를 펼칠 수 있기를 기대한다.

1970년대 후반부터 80년대에 걸쳐, 세계와 자원의 유한성이 널리 인식되게 되었고 자연을 짓밟아 돈을 벌겠다는 욕망을 사람들 앞에서 공공연하게 외치는 행위를 꺼리는 분위기가 형성되었다. 시장경제의 위기가 심각해진 만큼 파괴를 동반하는 개발의 구실도 심사숙고한 것이 아니면 통용하지 않게 되었다. 한편 정세의 복잡화를 따라가지 못한 일본의 좌익은 정체되고 혼란 속에 남았다. 거기에서의 탈출구를 시민운동에서 찾고자 하는 움직임도 있다. 그것 자체는 딱히 비난할 일은 아니지만, 일본의 전통적 문화 속에 깊이 뿌리를 내린 동질의 집단을 형성하여 의견이 다른 이를 내치려고 하거나 정통성 다툼과 근친증오로 에너지를 내부에서 소모하고 마는 악습마저 운동 안으로 끌고 들어오려는 경향도 두드러진다. 한편 운동 내부에서도 세대교체가 있고, 지금까지 예기치 못했던 곳에서 젊은 세대의 운동이 상당히 다른 발상과 진행방식으로 나타났다. 또 운동의 지속에 따른 경험의 축적은 지배층의 개발이론에 대항할 수 있는 대안의 제출을 주도하게 된 사례도 있다. 이와 같은 다양한 요소의 출현으로 운동 측도 하나의 전환기에 직면하고 있는 듯하다.

이 전환기를 맞아 우리가 참고해야 할 것은, 다민족 다문화 국가와 같은 이질성을 전제로 한 이질적인 협력에 힘입어 운동을 만들어가는 동남아시아의 대중운동에 있다고 느낀다. 적어도 지금까지 일본 내의 운동이 전제로 삼았던 뜻을 함께하는 이들의 규합이 아니라, 이질적 요소를 내포한 넓고 얕은 운동의 형태를 찾을 필요가 있지 않을까. 그리고 또 한편에서 이것과 모순되는 듯 보이지만, 복잡하게 얽힌 일본 사회의 이해관계를 간파하고 그 역학에 정통하는 고도의 이론적 과제가 일본의 운동에는 필요하다. 이런 것은 그동안 성과를 올린 각 지역의 운동에서는 자명한 사실이었고, 그것의 실행으로 성공할 수 있었다. 그리고 이제는 그것의 전국적인 공유화가 필요한 때이다.

처음에 썼듯이 지금까지의 작업을 정리해서 알기 쉽게 정리하려고 했던 계획은 멋지게 실패했다. 그리고 매일 이어달리기를 하듯 바쁜 생활을 보낸 덕분에, 일본과는 다른 역사를 지닌 지역의 특성을 짧은 거주 기간에 비해 더 잘 알게 됐다는 느낌이다. 물론 이것은 앞서 말한 실용주의의 의미에서 당장 무엇부터 시작할까 하는 선택에 일조했다는 정도의 것이지, 오키나와 사회 전체를 이해했다는 의미는 결코 아니다. 오키나와 사회를 정확히 이해한다는 것, 이 역시 평생이 걸릴 일이다.

오키나와에서의 경험

내가 이곳에서 직면한 것은 일본 본토에서는 1960년대에 각지에서 경험했던 것과 같은 급격한 자연환경의 파괴다. 게다가 그것은 복귀 특별조치라는 높은 비율의 보조금을 주체로 한 공공투자에 의한 것이 최대의 원인이었다. 복귀 전의 오키나와의 공해는 대부분 미점령군 기지나 미국과 관련이 있는 일부 생산에서 나오는 것으로, 가데나(嘉手納) 기지의 불타는 우물물이나 오쿠마(奧間)의 노래하는 나뭇잎이 상징하듯이 상상을 초월할 정도로 심각한 것이었다. 따라서 지역주민은 어쩔 수 없이 지자체 행정을 포함해 직접행동에 나섰고, 그 결과 어느 정도 개선을 이룬 사례도 있다. 오키나와의 일본본토 복귀로, 미군은 확실히 공해문제에서는 식객의 입장으로 물러나고 기지공해의 대책은 일본의 방위시설청이, 미군기의 소음에 대해서는 이중창과 쿨러를 설치하는 등 남아도는 돈으로 임기응변적인 해결을 시도했다. 산업공해에 대해서는 아스카타(飛鳥田) 요코하마 시정 하에서 만들어진 공해방지협정을 최초로 도입하여 주민의 민원을 행정이 처리하는 체제를 만들었다.

오키나와 현의 행정은 1609년 시마즈(島津)의 류큐(琉球, 오키나와의 옛 나라이름) 점령 이후 항상 지배자의 수하로 문제의 궤를 맞추는 것만이 용인되었다. 물론 그중에서도 두세 가지 자주적인 개혁을 시도하기는 했지만, 메이지 시대의 류큐처분으로 인해 그마저도 근절되었다고 할 수 있다. 특히 황민화 교육은 오키나와전쟁 때의 집단자결을 초래할 정도로 철저하게 이뤄졌는데, 그 기조는 미군점령 하에도 맥을 유지하였다. 본토복귀운동은 그 압정에 대한 반발의 표출이었다고 볼 수도 있다. 복귀 전후의 혁신자치에 있어서도 이 관존민비(官尊民卑) 경향에 대한 반성이 있었다고 하기 어렵다. 400년 가까운 압정에 의한 관습을 고작 15년의 주권재민의 원칙으로 뒤집는다는 것은 무리다. 게다가 아열대 기후의 현실과 맞지 않는 고이율 보조금으로 굳혀진 온대기후인 본토의 개발기술이 도입되어, 소진할 수 없는 공공투자의 집행이 개인목적으로 활용되면 어떤 일이 벌어질지 다시 상상도 할 수 없는 상황이 벌어졌다.

　복귀 15년, 오키나와 열도 전체를 둘러싸고 있던 산호초의 90%가 사멸하였다. 농업구조 개선사업의 토지개량, 도로와 택지 등의 공사에서 발생한 표토의 유출로 질식한 산호초의 생태계 파괴가 초래한 가시왕관불가사리의 대발생과 포식. 원생림은 모두 벌목되고 기후에 맞지 않는 삼나무 같은 온대림을 조성하려고 했지만 실패. 천연기념물인 오키나와딱다구리와 얀바루긴손풍뎅이 등의 멸종은 시간문제다. 주민의 민원은 중앙관청의 지시와 규격에 맞춰 처리하기 때문에 행정에 책임이 없다고 발뺌할 수 있다. 87년 여름, 내가 면담했던 농림수산성의 구조개선국장은 오키나와에서 표토의 유출에 관한 민원을 한 번도 들어본 적이 없다고 했다. 여기서도 알 수 있듯이 상의하달만이 일이고 위눈치만 보는 넙치 같은 관리가 현청에서 출세하는 구조를 이루고 있다. 내가 신(新)이시가키공항 문제로 절충했던 현청 관리의 태도는 마치 15세기 왕조시대에나 볼 수 있을 것처럼 고압적이었다.

　오랜 세월 지속된 압정에 대해서는 종속이냐 반발이냐의 2분법이 정착되었다. 보수냐 혁신이냐, 흑이냐 백이냐, 적이냐 아군이냐와 같이 둘로 나눠버리면 더 이상은 생각하지 않아도 된다는 지적인 태만이 행정을 지배하기 때문에, 공항건설로 현의 토건부가 하는 작태를 비판하면 현청 전체를 적으로 돌리는 꼴이 된다. 내 이름은 현청에서는 금지어가 되었을 뿐 아니라 내가 오키나와대학의 교수로 채용된 것에 대해 대학 이사장에게 불만을 토로한 현의 고위관직의 인물이 있었을 정도였다.

　바로 이런 곳으로 나는 뛰어들었다. 그때 크게 도움이 되었던 것은 누마즈 전 시장이자 전국자연보호 전 이사장이었던 이데 토시히코(井手敏彦) 씨에게 배운 폐유로 만든 푸린비누였다. 실험실도 뭣도 없는 오키나와대학에서 맨 처음 세미나 학생을 모집하여 석유 캔과 폐유를 모아 만들어보았다. 기온이 높은 오키나와에서는 튀김을 식품으로 많이 이용하므로, 식용유 사용량도 전국에서 제일 많을 것이다. 오래된 기름을 버릴 데가 없어 다들 곤란해한 만큼 이 비누는 요원의 불길처럼 널리 퍼졌다. 덕분에 각지에서 지금까지 만들어진 비누는 아마 수천 캔에 달할 것이다. 이를 통해 합성세제의 유해성과 산호초 등의 수질환경보호의 중요성은 부인들 사이에 널리 퍼졌다. 부인회, PTA, 영양사 모임 등 각계각층에 자연보호 사상이 확산되는 일은 지금까지 없었던 일이다.

나의 본업 중의 하나인 물 처리에 대해서도, 오키나와에 온 지 2년 가까이 되어 이윽고 최초의 설비가 만들어졌다. 본격적으로 기능을 발휘하기까지는 몇 개월은 걸리기 마련이므로 최종적인 평가까지는 아직 멀었지만, 간단한 프로세스로 물을 정화할 수 있다는 사실이 눈에 보이게 됐다는 것은 역시 전진이고 발전이다. 또 오키나와로 건너오기 직전에 상담했던 교토쿠(行德) 노지마(野島) 관찰동 앞을 흐르는 강의 정화작업에 폐수정화를 돕는 간단한 폭기장치를 도입하자는 제안도, 그 후 2년에 걸쳐 도요타재단의 실험사업 대상으로 노지마관찰 그룹의 『스즈가모통신』에 자세하게 그 결과가 보고되었다. 오키나와에서도 하천의 오염은 주민의 주목을 받기 시작해, 원인은 무엇이고 어떻게 해야 멈출 수 있을까 등의 논의가 드디어 주민들 사이에서 거론되게 되었다. 여기에서도 행정은 그 뒤를 쫓는 양상이다. 고이율 보조금에 얽매여 독자행동을 하기까지는 상당히 시간이 걸릴 듯하지만, 일단 아래에서부터의 움직임은 시작되었다고 할 수 있다. 오키나와대학에 이과 실험실이 만들어지게 되면, 이런 움직임의 연결점이 될 수도 있을 것이다. 또 시정촌(市町村) 수준의 지자체 위생관계 시설의 계획과 가동에 대해 상담해줄 창구가 될 것이다. 이런 목적까지 포함하여 현재 오키나와대학은 연구소를 만들 준비를 진행 중이다.

앞으로 어떻게 될까?

오키나와대학이라는 작은 대학의 경영에 참여해보니, 경영기반이 지극히 불안정한 이 대학이 지역에 기여하고자 하는 몇 가지 개혁을 실행하기 위해 어느 정도의 작업이 필요할까를 깨닫게 된 지금, 내가 할 수 있는 일의 크기도 어느 정도 예감할 수 있게 되었다. 어차피 큰일을 할 수 있는 조건이 아니라면, 작게라도 잘 보일 수 있는 실례를 만드는 데 집중하자. 만일 그 실례에 힘이 실린다면 그것을 본 다른 사람들이 그것을 확대시켜 갈 것이다. 부유한 기업이나 조직과 가난한 국민이라는 도식이 당분간 계속된다 하더라도, 개인의 협력으로 그것과는 다른 길이 있을 수 있음을 제시하는 것은 미력한 나의 힘으로도 할 수 있을 것만 같다. 물에 관한 일이라면 시간을 들인 장인(匠人)의 기술을 갖추고 있다고 자부한다.

이번에는 시간적으로 늦고 말았지만, 공해수출에 대비하여 필요한 공해원론은 역시 내가 써야만 하리라. 어떻게든 시간을 만들어서 2년 이내에는 영문으로 된 공해원론을 완성하고자 한다. 그 내용은 당연히 일본인에게는 자명한 일일지라도, 공해에 관해서는 외국인이 충분히 이해할 수 있도록 써야할 것이다. 이른바 내가 얼마나 일본을 이해하고 있는지 그 정도를 시험하는 장이 될 것이며, 또 해외의 벗들에 대한 책임을 다한다는 의미에서 제한된 능력 안에서의 제일순위의 작업이 될 것이다. 그 사이 일본 국내의 문제에 대해, 지리적인 거리도 있는 만큼 친밀감이 다소 떨어지더라도 용서해주길 바란다. 현재로서는 연말부터 이어진 업무의 과중으로 위궤양을 앓고 있어 어쩔 수 없이 잠시의 요양이 필요한 상황이라, 당분간은 고장 난 몸을 달래가며 하루하루를 보내야 하리라. 이것은 공개강좌를 함께 일궈냈던 벗들에 대한 나의 책임을 완수하는 길이기도 하다.

1988년 2월 26일, 우이 준

1권 머리말

다소 쑥스러울 정도의 기백으로 시작한 야간공개 자주강좌(이하, 공개강좌)도, 각 방면의 호의와 청중들의 열정에 힘입어 머지않아 1학기를 마치려고 하고 있다. 청중 중에서 지원한 실행위원회는 대부분이 주간에 직장에 다니면서도 강연 기록을 매회 2주 안에 인쇄한다는 초인적인 작업을 수행해 왔다. 이렇게 만들어진 기록은 집회 장소나 서점에서 즉각 매진되어 전반부는 이미 재고가 없을 정도이다. 여기에는 특권의 기반으로서가 아니라 민중이 공유해야 할 학문이 어떻게 만들어지는가에 대한 하나의 원시적인 시도가 있었고, 민중의 손으로 그것이 진행되고 있다.

나의 서투른 강의를 강의록(총3권)으로 발행하는 것에 동의한 것은, 아무리 불완전한 것이라도 일본 공해 100년의 역사 속을 흐르고 있는 경향을 고찰하고, 되풀이하여 피를 흘리며 공해와 싸운 민중의 외침을 정리하는 작업이 현재 일본 각지에서 발생하고 있는 공해반대운동에 다소나마 기여하기를 바랐기 때문이다. 주민 측이 간신히 버틸 수 있는 선에서 시작하는 공해반대운동에서는 공해문제의 기초와 정석, 그리고 공해를 발생시키는 기업의 수법 등을 집대성한 것이 필요하다. 나는 여기에서 공해문제의 포괄적 통사(通史)를 만들려는 것이 아니다. 어떤 기술자의 느린 발자취가 공해를 없애는 데 도움이 되는지의 여부를 나의 작업으로 시도해 보려는 것이다. 따라서 욧카이치(四日市)의 대기오염이나 대도시의 도시공해는 대상으로서 뒤로 미뤄졌다. 여기에서 다루지 않은 문제는 청강생이 공개강좌에서 얻어진 이론이 옳은지 그른지를 스스로 현실에 적용해서 시도해 보는 대상이 될 것이다.

강의록이 매진되고 그 후에도 요청이 끊이지 않아서 보급판의 합본을 만들어 시판하는 단계가 됐을 때도 나의 마음은 복잡했다. 일본전국의 공해반대운동에 정확하고 빠르게 사실을 전하고 싶은 충동과, 한편으로 이 공개강좌에서 내가 언급한 것의 불완전함에 대한 걱정이 뒤섞여서 쉽게 결정할 수 없었다. 어차피 여기에 쓴 것은 1970년부터 71년에 걸쳐서 내가 도달한 지점이고, 내년에는 더욱 멀리 나아가지 않으면 안 된다. 그러한 이른바 과도기의 결과를 이 시기에 공개적으로 간행하는 것에 망설임이 있었다.

하지만 한층 심각해지는 공해를 눈앞에 두고 어쨌든 과도기의 이론일지라도 공표(公表)를 서둘러야 한다는 실행위원회와 출판사 아키쇼보(亞紀書房)의 적극적인 추진으로 이 책의 간행을 단행했다. 여기에 쓴 여러 가지 사실에서 도출되는 이론이 그대로 현실의 공해반대운동에 기계적으로 적용된다면 그것은 아마 패배의 원인이 될 것이다. 하지만 현실에 대한 이론의 응용으로서 활용되어 실제로 하나의 반대운동을 승리로 이끄는 단서가 된다면 나에게는 더할 나위 없는 기쁨이 될 것이다. 이 책이 반면교사로 사용되는 것을 진심으로 바라는 바이다.

1학기에 이어서 각지로부터의 보고와 다른 시점에서의 이론을 중심으로 한 2학기가 4월부터 개강한다. 1학기의 결론이 사실에 의해서 철저하게 검증되고, 결국에는 분쇄될 것이다. 그렇게 되기를 기대하면서 본서의 머리말로 한다.

1971년 2월 7일

우이 준

공해 피해자와 이야기할 때 자주 언급되는 것은 현재의 과학기술에 대한 불신과 증오이다. 위생공학의 연구자로서 이 질문이 나올 때마다 우리가 배운 과학기술이 기업에게는 생산과 이윤을 위한 것이고, 학생에게는 입신출세를 위한 것에 불과하다는 것을 실감했다. 그 결과, 이익을 위해서 자연을 분단하고 이용하는 기술로 인해 공해가 발생했을 때, 우리가 준비할 수 있었던 것은 마찬가지로 자연의 분단과 이용의 일종인 대책기술밖에 없었다. 게다가 그것은 공해라는 복잡한 사회현상에 대해서 항상 사후의 대책이었을 뿐이다. 그 뿐만이 아니다. 개개의 공해에서 대학이나 대학졸업생은 대부분 공해가 심각해지는 것을 돕는 쪽이었다. 그 전형이 도쿄대학이다. 일찍이 공해의 원인과 책임 규명에 도쿄대학이 기여를 한 예로는 아시오구리광산 광독사건을 제외하고는 전무했다.

건물과 비용을 나라에서 부여받아 국가에서 사용할 인재를 교육하도록 설립된 국립대학이, 국가를 지탱하는 민중을 억압하고 차별하는 도구가 된 전형이 도쿄대학이라고 한다면 그 반대극(対極)에는 저항의 거점으로 비밀리에 끊임없이 건설된 폴란드의 바르샤바대학이 있다. 그곳에서 배우는 것은 목숨을 건 행위였고, 그 어떤 특권도 갖지 않는 것이었다.

입신출세를 위해서 도움이 되지 않는 학문, 그러나 살기 위해서 필요한 학문으로 공해원론이 존재한다. 이 학문을 잠재적 피해자인 우리가 공유하는 하나의 방법으로 우연히 비어 있던 교실을 이용해서 공개강좌를 열기로 했다. 이 강좌는 교사와 학생 사이에 본질적인 구별은 없다. 수료로 인한 특권도 없다. 자유로운 상호비판과 학문의 원형에 대한 모색이 있을 뿐이다. 이 목표를 토대로 다수의 참가를 호소한다.

우이 준

목차

제1회   1970년 10월 12일

제4회 1970년 11월 2일

제5회 1970년 11월 16일

제1회

1970년 10월 12일

시작하는 말

야간 공개강좌로 개설되는 이유

제가 지금부터 이 공개강좌를 담당할 우이 준입니다. 이 공개강좌를 준비한 것은 공학부의 조교회인데, 공학부의 조교회에서 왜 이러한 공개강좌를 착안하게 되었는지, 그리고 왜 제가 그것을 준비하게 되었는지에 대해 말씀드리려고 합니다.

먼저 대강 한 시간정도 여기에서 제가 강의 형식으로 여러분에게 상황을 설명하고 사실을 제시하려고 합니다. 그 후에 15분 정도 휴식 시간이 있으니 그 동안에 토론을 준비해 주셨으면 합니다. 휴식 후의 한 시간이 토론이 되는 경우도 있고 제가 다시 말씀을 드리는 경우도 있을 텐데, 그것은 그때그때의 상황을 봐 가면서 진행할 생각입니다.

그리고 이 강의실(도쿄대학 공학부 82번 교실, 3회부터 공학부 대강당으로 변경)을 공개강좌에서 사용하기까지 상당히 우여곡절이 있어서, 학원투쟁을 경험한 분은 아시겠지만 도쿄대학 건물은 국민의 것이 아닙니다. 대학당국이 관리하고 있어서 여러 가지 거북한 조건을 받아들이지 않으면 빌릴 수 없습니다.

이 강의실을 빌릴 때의 조건은 저녁 8시 반 정도까지 강의를 마치고, 9시까지는 깨끗하게 청소해서 관리부에 폐를 끼치지 않을 것, 이 안에서 난투를 벌이지 않을 것(웃음소리). 이것은 우리에게는 웃을 일이지만 교수들에게는 웃을 일이 아닌 듯해서, 예를 들어 이 강의실을 매주 월요일 밤에 특정한 당파가 점령해서 그곳을 근거지로 삼는 일은 용납할 수 없다는 염려가 실제로 저에게 상당히 강하게 전해졌습니다. 그래서 그에 대한 저의 대답으로 "특정한 당파에게 이 강의실을 제공할 생각은 없으며 이 안에서 각목으로 서로 치고받는 일이 없도록 학생들에게 당부하는 것이 수업 첫 번째의 약속이 될 것이다."라는 이야기를 해두었습니다. 따라서 앞으로 토론 중에 흥분할 수도 있겠지만 강의실 안에서는 서로 싸우는 일이 없도록 일단 여러분과 제가 약속했으면 합니다.

공학부의 조교회는 현재 대학제도의 근본이 되고 있는 강좌제도인 교수 1명, 조교수 1명, 조교 1~3명으로 구성되어 있습니다. 이런 조직 속에서 조교는 항상 교수나 조교수를 돕는다는 직무규정에 얽매여 있어서, 예를 들어 저는 학생실험을 담당하고 있는데, 시간표에 제 이름은 없고 '위생공학과 각 교관'이라고 쓰여 있습니다.

따라서 자주적으로 조교가 강의를 하는 것은 현 제도에서는 허용되지 않습니다. 또한 조교의 직무는 교수나 조교수의 일을 돕는 것이기 때문에 대강(代講)을 하라는 지시를 받으면 강의를 해야 합니다. 그런 사정으로 올해 봄부터 도쿄대학 여기저기에 공해에 관한 강의가 개설되게 되어 이 도시공학에서도 공해 강의를 교양학부 학생을 위한 세미나로 5월경부터 개강하게 되었습니다. 그래서 저에게 대강을 하라는 이야기가 있어서 내용에 대해서 물었더니 '가치 판단이 개입되지 않은 공해의 기술적인 대책'을 강의하라는 것이었기 때문에 거절했습니다.

그 결과 현재까지 10년 정도 틈틈이 조사해 온 공해 이야기를 정리해서 이야기하기 위해서는 이러한 공개강좌라는 형태밖에 없었습니다. 조교가 독단으로 개강하는 것은 현재의 규칙으로 위반이라면 위반이지만 이것은 규칙에 어긋나더라도 꼭 이야기해야 하는 사항입니다.

그리고 앞으로 말씀드리겠지만 공해를 발생시키는 쪽과 피해를 입는 쪽으로 정리해 보면 지금까지의 도쿄대학의 과학과 기술은 대체적으로 공해를 발생시키는 쪽이었습니다. 따라서 피해를 입은 쪽의 학문이 반드시 있어야 한다는 이유로 조수회의 멤버들과 상의해서 제가 비교적 여유가 있는 10월 12일부터 6개월간 공개강좌를 열게 되었습니다. 그리고 이런 시간(매회 오후 6시 개강)을 선택한 것은 낮에 직장에 다니시는 분도 자유롭게 들어 주셨으면 하는 마음에서입니다. 왜냐하면 도쿄대학 직원을 포함해서 현재 주간에 일하는 분이 밤에 공부할 기회가 있기는 하지만 이 도쿄대학에서는 그런 기회가 전혀 없었습니다.

지금 공해 피해를 입고 있는 시민 여러분의 입장에서 제가 말씀드리는 것이 얼마나 도움이 될지 저도 짐작이 가지 않습니다. 그래서 저 혼자 이 강좌를 진행하는 것이 아니라 여기 와 계시는 분들이 함께 협력해서 이 야간 강좌를 진행해 주셨으면 합니다.

학생들의 경우에 지금까지 수업은 말 그대로 학문을 배우는 것, 교수로부터 일방적으로 이야기를 듣고 사실이나 혹은 거짓말을 배우는 것이 수업이었지만, 지금부터 우리가 하려는 것은 그런 일방적인 수업이 아니라는 것을 먼저 말씀드립니다.

특권과 입신출세에 도움이 되지 않는 학문

그럼, 여기에서 무엇을 이야기할 것인가에 대해 말씀드리겠습니다. 지난 10년 남짓, 제가 학생 때부터 공해 피해지역에 가서 피해자와 이야기를 하고 공해 실태를 조사할 때 반드시 제기되는 것이 현대 기술에 대한 의문입니다. 왜 공해가 발생하는가, 발생한 공해를 왜 그대로 두는가, 혹은 심각해질 때까지 방치해 두는가라는 의문. 때로는 불신도 생겨서 도쿄대학 교수의 "공해는 별 것 아니다. 참아라."라는 발언에 대해서는 때때로 증오에 가까운 감정을 느꼈습니다.

나 자신도 그러한 것을 혼자서 떠안고 도쿄대학을 대표하는 입장이 되어서 피해자에게 고개를 숙여야 하는 경우가 자주 있었습니다. 특히 제가 지금 연구하고 있는 분야는 공장폐수의 처리나 공해를 발생하지 않도록 하는 기술 개발입니다. 하지만 이러한 연구가 일시적으로 소란을 진정시킬 뿐인 임시방편의 기술에 불과하다는 것을 지난 5년 정도 도시공학의 조교로 일하면서 절실히 느꼈습니다.

그리고 도쿄대학 학생들에게 학생실험의 조교로서 지도할 때 느낀 것은, 학생이 원하는 것은 명백하게 도쿄대학 도시공학과를 졸업했다는 졸업장이고 졸업에 필요한 학점이라는 겁니다. 그 학점 중에 필수학점으로 '수질실험'이라는 상당히 손이 가는 작업이 있기 때문에 제가 실험지도를 하고 있습니다.

그런 상태가 지난 수년간 계속되면서 떠오른 생각인데, 현재 우리가 도쿄대학에서 가르치는 내용은 업종별 직업훈련소에 불과합니다. 법학부는 관료를 양성하기 위한 직업 훈련소이고, 공학부는 응용화학, 광산, 전기, 선박, 토목…하나같이 각각에 대응하는 회사의 업종을 명확하게 알 수 있습니다. 요컨대 직업훈련소입니다. 학생은 입신출세가 목적이고, 학교 존립의 목적은 직업 훈련소라고 한다면 환경문제나 공해문제가 개입하지 않는 것은 당연합니다. 그런 불필요한 것을 포함시키면 학문의 체계는 점점 금이 가고 가르치는 쪽의 능률도 떨어집니다.

따라서 공해문제 같은 것은 신문과 좌익의 선전 이외에는 존재하지 않는다는 의미의 수업이 지금까지 대강 10년간 계속되어 온 것을 알았습니다. 과학이나 기술을 이런 식으로 자신의 이익을 위해서만 공부하면, 자연은 당연히 이용해야 할, 그것도 적당히 잘라서 편리한 부분만을 이용하는 대상으로 학생들은 받아들입니다.

그래서 공해에 대해서도 우리는 물이 오염되면 하수처리하고 대기오염은 높은 굴뚝을 세우면 된다는 식으로, 자연의 편리한 부분만을 취하는 부분적인 이용기술밖에 준비하고 있지 않습니다. 게다가 그런 대책기술은 공해라는 복잡한 사회현상에 대해서 사후(事後) 대책으로 때를 놓치는 일이 다반사고 그나마 부분적으로만 적용되고 있습니다. 또한 미나마타병에서 출발한 저의 조사에서 대학이나 대학 졸업생, 공학부 기술자는 항상 공해를 발생시키는 쪽입니다. 그 전형이 이 도쿄대학입니다. 지금까지 도쿄대학이 공해문제의 피해자 측에서 사실 규명을 한 것은 아시오구리광산 광독사건이 처음이자 마지막입니다. 현재까지 도쿄대학에서 해명한 공해 문제는 그 외에는 없습니다. 이것은 나중에 예를 들어서 설명하겠습니다.

그래서 과연 대학이란 이런 곳일까라는 의문이 생기는데, 아무래도 도쿄대학은 건물과 예산을 국가에서 지원받아 국가를 위해 일할 관리나 기술자의 양성을 목적으로 하는 대학이니만큼 부국강병을 위한 기술만을 가르치는 것은 당연합니다. 또한 우리가 그런 공부를 하기 위해 도쿄대학을 선택한 것도 사실입니다.

1966년에 제가 폴란드 바르샤바대학을 방문한 적이 있는데, 도쿄로 말하자면 긴자거리 같은 도시 안에 띄엄띄엄 있는 주택을 교실로 사용하고 있는 겁니다. 교수에게 그 이유를 물었더니, "폴란드에서 대학은 점령당할 때마다 항상 저항의 요새였기 때문에 대학이 점령군에게 파괴되고 교수가 총살이나 국외추방당하는 것은 일상다반사였다. 그런데도 몇 년 정도 지나면 반드시 공부를 하려는 학생이 밤에 은밀하게 교수의 자택을 방문하여 대학 강의를 듣고 그것이 점점 교실의 형태를 갖추게 되었다. 이전에 교수가 살던 집이 현재의 대학이 되었다."라고 하더군요. 그 이야기를 들었을 때, 도쿄대학이 지금까지 해 온 것처럼 권력이 조건을 제시하고 권력에 도움이 되는 입신출세를 위한 학문과는 정반대의 것이 존재하는구나! 혹은 방법에 따라서는 존재할 수도 있다는 것을 깨달았습니다. 학문이란 경우에 따라서는 입신출세에 특별히 도움이 되는 것이 아니라 어쩌면 그것을 아는 것이 생명을 위협하거나 입신출세에 마이너스가 되는 학문도 있습니다.

그럼 지금의 대학교육에서 특권과 입신출세를 제외해 버리면 뭐가 남을까요? 공해문제에 대해서라면, 발생시키는 쪽의 기술이나 대책이 아니라 일본의 공해 피해자는 어떻게 저항했는지, 왜 패배했는지, 어떻게 이겼는지, 그리고 100년간의 역사 속에서 어느 정도 진보했는지, 그러한 공통의 이해와 경험이 하나의 학문으로 성립하지는 않을까요?

즉 이것은 입신출세를 위해서는 도움이 되지 않겠지만, 앞으로 심각해질 공해 속에서 우리가 살아남기 위해서는 반드시 알아 두고 활용해야 할 학문은 아닐까요? 그래서 기존의 강단에서 강의하던 공해입문이나 공해개론이 아니라 가장 근본에 있는 사상이 무엇인지를 여기에서 여러분과 같이 생각해 보려고 합니다.

마침 도시공학의 이 강의실이 야간시간에 열려 있었습니다. 빌리기까지 상당히 애를 먹었지만 이 강의실에서 주간에 이뤄지는 여러 도시계획이나 위생공학의 강의내용이 대부분 행정공학에 불과하기 때문에, 행정에 도움이 되는 학문과 상반되는 강의를 야간에 여기에서 하는 것도 의의가 있겠다고 생각했습니다. 그래서 이 강의실을 고집하여 여러 사람의 노력에 힘입어 간신히 빌릴 수 있게 되었고, 조교인 제가 이번 공개강좌를 열 수 있었습니다.

하지만 저도 공해관련 연구를 시작한지 얼마 되지 않았고, 여러분처럼 공해의 피해를 입은 사람으로서 함께 생각하는 강좌를 여기에서 진행하고 싶습니다. 교탁 위에서 제가 여러분에게 학문을 가르치는 것이 아니라 여기에 모인 분들이 저와 마찬가지로 알고 계시는 것을 가르쳐 주셨으면 좋겠습니다.

지금 여기에 계신 약 삼백여 명이 힘을 모은다면 아마도 지금까지 책에 쓰인 어떤 학문보다 훨씬 폭넓고 뛰어난 것이 완성될 겁니다.

이 강좌를 시작하고 진행하는 데 저와 여러분 사이에 본질적인 차이는 없습니다. 선생과 학생이라는 차이가 아니라 어쩌다 제가 이야기할 것을 준비했기 때문에 먼저 강단에 서서 이야기를 한다는 식으로 이 공개강좌를 진행하고 싶습니다.

지금까지 도쿄대학에서 이런 형태의 공개강좌는 아마도 처음일 겁니다. 그래서 진행방식도 매끄럽지 않은 부분이 있겠지만 여러분의 협조와 저의 노력으로 평범한 시민이 하나의 강좌를 유지하고 완성시켰다는 실적을 같이 만들어 보고 싶습니다. 그리고 이 수업을 수강했다고 해서 특별한 졸업장도 학점도 없는 그런 특권 없는 강좌로 진행하고 싶습니다. 자유롭게 상호 비판하고 토론하며 앞으로 진행하려고 합니다.

여러분에게 배포할 개강관련 유인물이 겨우 도착한 모양입니다. 오늘부터 매주 월요일에 제가 병이라도 나지 않는 한 원칙적으로 여기에서 공개강좌를 실시합니다. 수업시간은 오후 6시부터 8시 반까지입니다. 다만, 제가 니가타 미나마타병 재판의 보좌인으로 변호사와 동등한 자격으로 반대심문을 할 수 있기 때문에 원칙적으로 그쪽에 한 달에 한번 열리는 법정에 출석합니다. 그래서 그 날은 휴강합니다. 그리고 공휴일도 이 건물이 열리지 않기 때문에 휴강합니다.

수업을 어떤 순서로 진행할지에 대해서 여러모로 생각해 봤는데, 도쿄대학 학생은 대개 총론에서 시작하여 각론으로 진행하는 편이 알기 쉽습니다. 하지만 아무래도 세상에서 부딪히는 일은 개개의 사실에서 공통 문제를 끌어내는 편이 알기 쉬운 경우가 있기 때문에 만약에 도쿄대학 학생이 과반수가 아니라면 제 방식으로 진행하고 싶습니다.

즉 각론이 먼저 오고 총론이 나중에 오는 방식으로 제가 조사한 몇 가지 공해의 사례를 말씀드리고 거기에서 기인한 공통문제를 마지막으로 말씀드리는 식으로 진행하려고 합니다.

적자(嫡子)에 의한 고발

그럼 본론에 들어가기 전에 한 가지 더, 어떻게 제가 여기까지 왔는지 상당히 우여곡절이 있는 저의 여정을 조금 말씀드리겠습니다. 왜냐하면 앞으로 진행하면서 여러분이 만약 사회과학 강의로 이 강의를 들으신다면, 간혹 "어? 공부를 별로 안 한 모양이군."이라고 생각하실 수 있는데, 사실 저는 기술자입니다. 그것도 초등학교에 들어갈 때부터 기술자가 되는 것을 평생의 목표로 삼고 직업을 선택했습니다. 제가 초등학교에 들어간 1939년 당시에는 학생 대다수가 군인이 되는 것이 장래 희망이었습니다. 하지만 저는 그때부터 과학자가 되는 것이 꿈이었고, 그 점은 상당히 일관되어 있지만 실제로 걸어온 길은 그렇게 단순하지 않았습니다.

중고등학교 때는 마침 개간한 땅에서 농업을 하고 있었기 때문에 농번기에는 두 달 정도 학교를 쉬는 일도 있어서 중고등학교 공부를 체계적으로 할 기회가 없었습니다. 농업을 하고 있었기 때문에 매일 사용하는 비료의 문제, 어떻게 하면 비료 값이 좀 더 싸질까라는 문제의식을 가지고 공학부를 지원해서 운 좋게 합격하여 응용화학으로 진로를 결정했습니다.

하지만 점차로 상황을 파악할 수 있게 되었을 때, 응용화학 중에

서도 공장의 설계와 가동, 그리고 정비를 업무로 하는 화학공학이 황산
암모늄(질소 비료의 하나)의 가격 등을 결정하는 데 상당히 중요한 포인
트라는 것을 알았습니다. 그것을 계기로 화학공학으로 진학했는데, 그
사이에 플라스틱의 흐름을 연구하는 유동학으로 연구의 대상이 바뀌
었습니다.

졸업하고 1956년에 일본기업 제온(Zeon)에 취직하여 희망한대로
플라스틱 생산현장에서 근무할 수 있었습니다. 제조공정의 건설과 시
운전, 평상조업을 계속하고 있는 사이에 대학을 나오고 막 생긴 노동조
합의 간부가 된 것이 화근이 되어 전근과 배치전환을 계속하다가 영업
과 개발 업무를 거쳐서 3년 남짓해서 닛폰제온을 그만뒀습니다. 그리
고 플라스틱 가공 연구를 위하여 1959년에 도쿄대학으로 돌아왔습니다.

그때, 즉 1959년 8월부터 11월에 걸쳐서 미나마타병에 대한 두세
가지 뉴스를 신문에서 읽고, 닛폰제온에서 일하던 당시에 공장에서 자
주 폐수로 흘려보낸 수은의 행방이 마음에 걸렸습니다. 그때는 마침 유
기수은설이 나온 때이기도 했습니다. 저의 미나마타 공해에 대한 조사
가 시작되었지만 당시의 제 본래의 일은 플라스틱 가공연구였어요. 그
일을 하면서 아르바이트로 돈을 벌고 부업으로 공해의 사례연구(case
work)를 1963년 무렵까지 계속하고 있었습니다. 그 후 플라스틱보다는
미나마타병이 중요하다고 생각했기 때문에 화학공학 대학원을 그만두
고 토목공학 대학원에 재입학했습니다. 그리고 도시공학과 조교로 채
용되어 현재에 이르고 있습니다.

이처럼 지금에 이르기까지 상당한 우여곡절이 있었습니다. 특히
1963년에는 저와 구와하라 시세이(桑原史成)씨의 조사로 미나마타병의

원인이 공장폐수 안의 메틸수은이었다는 것은 의심할 여지가 없었습니다. 하지만 우리에게는 그것을 세상에 공표할 만한 용기가 없었습니다.

만약에 이때 공표했더라면 1965년의 제2차 미나마타병 발생을 막을 수 있었거나 좀 더 소규모에 그쳤을지도 모릅니다. 하지만 우리에게 용기가 없었던 탓으로 제2의 미나마타병이 발생했습니다.

이것은 막 조교가 되었을 때의 일입니다. 그 이후로 지금까지 조교로서의 일이 본업이라고 할까요 표면상의 일이었고, 부업으로 공해의 사례연구 특히 미나마타병과 제2미나마타병의 조사와 진상을 확실히 밝히는 일을 계속하고 있습니다. 다행히도 지난 10년간 일본정부로부터 공해관련 연구비를 한 번도 받을 기회가 없었기 때문에 연구비로 발목을 잡히는 일도 없었습니다.

1966년에는 미나마타병, 니가타 미나마타병의 원인과 결과를 발표하기 위해 독일을 기점으로 동유럽을 2개월 정도 방문했고 68년부터 69년에 걸쳐서 WHO(세계보건기구)의 연구원으로 다시 한 번 유럽을 1년 3개월 정도 조사를 위해 방문했습니다.

그런 계기로 일본과 외국의 공해를 다소나마 비교할 수 있는 기회가 있었던 것은 행운이었습니다. 상당히 묘한 이야기지만, 이때도 일본정부로부터 한 푼도 받지 않고 WHO에서 여비를 지원받은 것은 저에게는 행운이었습니다. 만약 일본정부나 대학이 여비를 제공했다면 그만큼 제약도 많았을 겁니다.

그런데 공교롭게도 저의 여행 시기(1968년~69년)는 도쿄대학투쟁과 정확하게 일치합니다. 그래서 제가 일본으로 돌아온 69년 10월 말에는 투쟁이 대체로 무마되어 '정상화' 돼버린 상태였습니다. 그리고 반년 정도 매일 심각해지는 공해에 쫓겨서 여기저기로 강연을 나가거나 공해운동을 응원하러 가거나 하면서 뛰어다녔습니다. 그때 절실하게 느낀 것이 혼자서 뛰어다녀서 해결될 일이 아니고 지금까지 알게 된 것을 알리기 위해서는 5회나 10회분의 시간이 꼭 필요하다는 것이었습니다.

그렇다면 좀 미안한 얘기지만, 여러분이 여기에 와 주시는 편이 제가 찾아가는 것 보다 다소 능률적이다 —나중에 말씀드리겠지만 이 능률이라는 것은 상당히 함정이어서 능률만 생각하면 반드시 문제가 생깁니다— 우선 공개강좌라는 형태로 아주 기본적인 부분만을 여러분에게 말씀드리고 그리고 나서 이후를 같이 생각해 보자, 또는 한 명 한 명이 지혜를 모아서 생각해 보자, 이렇게 생각이 바뀌었습니다.

특히나 요즘처럼 공해가 여기저기에서 발생하면 그 본질, 보편적인 본질이 무엇인가를 밝혀내지 않으면 끝이 보이지 않게 됩니다. 형태가 바뀐 공해가 잇달아 발생할 것이고, 그 형태만을 쫓아 대책을 세우다가는 공해 문제를 해결할 수가 없을 거라는 생각이 들어서 이 공개강좌를 시도하게 된 것입니다.

조교에게 강의를 허용하지 않는다는 것은 그만큼 강의경험이 없다는 것을 의미합니다. 이렇게 많은 분들 앞에서 두 시간 가까이 강연을 하는 것이 익숙하지 않은 만큼 그다지 좋은 강의는 되지 않을 거라 생각합니다만, 그 부분은 앞에서 말씀드린 것처럼 여러분의 협력으로 채워갔으면 합니다. 전형적인 기술자로 교육을 받은 사람이 공해문제에 대해서 가까스로 자각했을 때 무엇을 알게 되었나 하는 하나의 예로 저의 이야기를 들어 주시길 바랍니다.

현재 제 입장은 공학부에서는 상당히 특수한 경우입니다. 기술자가 자기가 가진 기술을 부정하는 것이 이상하게 보일지 모르지만, 한편으로 생각해 보면 초등학교 때부터 기술자가 되는 것을 목표로 한 사람이 대학을 졸업하고 기업 현장에서 3년 근무하고 다시 대학으로 돌아와서 대학원을 두 개 졸업하고 현재 기술 업무를 하고 있다는 것은 공학부의 기술자가 걸어온 길로서는 가장 이상적인 길이 아닐까요?

제 생각이 맞는다면 현재 공학부 교육이 갖는 결함이나 맹점은 저에게도 필연적으로 나타날 것이고, 그런 것을 자각하는 입장으로는 제가 가장 적합하지 않을까요? 공학부의 표리를 충분히 알 기회도 있었습니다. 그래서 도쿄대학에서 "저 사람은 별난 조교이고 별난 기술자다, 그의 생각은 엉뚱하다."라고 하며 지금은 저의 주장을 부정하거나 무시하고 있지만, 사실 저는 공학부 교육의 이른바 적자와 같은 입장에 서 있습니다.

하지만 앞으로 드릴 말씀 중에 공학부 기술에 관한 이야기는 처음에 그다지 언급하지 않습니다. 사실 공해의 본질과 대책기술은 그다지 관계가 없거든요. 실제로 경험해 보면 기술적으로 해결할 수 있는 공해문제는 많지 않습니다. 설령 있다고 해도 기술적으로 해결할 수 있는 것에 기술을 적용하지 않아서 공해가 발생했고 점점 심각해진 것이라, 어쨌든 기술을 개발하는 것이 그다지 큰 비중을 차지하지 않는 것이 현실입니다.

그래서 앞으로 말씀드리는 것은 그다지 기술적인 이야기가 아니라는 것을 먼저 양해해 주셨으면 합니다. 공학부의 공개강좌로는 오히려 그 편이 적합할지도 모릅니다.

일반적 상황

공해가 가장 발생하기 힘든 나라 일본

아주 일반적인 일본의 경향을 말씀드리면, 일본은 공해가 이렇게 심해질 리가 없다는 것이 유럽에서 돌아온 후의 저의 감상입니다. 심해질 리가 없는 요인이 충분히 갖추어져 있다고 말씀드리면 여러분은 의외라고 생각하시겠지만, 사면이 바다로 둘러싸인 국가는 그렇게 많지 않습니다. 바다로 둘러싸였다는 것은 어둠을 틈타 폐수를 바다로 흘려보내고 육지에 쌓아두지 않아도 된다는 것을 의미하므로 공해를 눈에 띄지 않게 처리하기에 아주 적절합니다. 전에 스웨덴 기술자와 토론할 기회가 있었는데, "영국 실업가의 가장 경제적인 폐수처리방법은 현역 군인을 고용하여 밤중에 수문을 열고 폐수를 전부 바다로 흘려보내는 것이다. 그렇게 하면 아침이 되면 전부 어딘가로 흘러가 버린다. 현역 군인은 그런 일을 정말 깔끔하게 해 주기 때문에 이것이 가장 경제적이다. 이런 일을 영국에서는 실제로 하고 있다."라는 이야기를 해 준 적이 있습니다. 일본도 상황은 비슷해서 밤중에 흘려보내면 아침에는 공해가 대개 어딘가로 사라져 줍니다. 사방이 바다라는 것은 그처럼 유리한 것이어서 중부 유럽의 바다가 없는 나라를 몇 군데 가 보면 폐기물을 어디에 둘 것인가 라는 것만으로도 아주 심각한 문제가 됩니다.

첫 번째 요인

바다로 둘러싸인 나라 —바다로 둘러싸인 곳에서 성장하면 이런 유리한 점은 별로 의식하지 못하지만, 주변이 전부 육지인 나라에 잠시 체제하면 일본은 정말 부러워 보입니다.

두 번째 요인

조수의 간만 —이것은 당연한 일 같지만 결코 당연하지 않습니다. 일본에서는 바다는 조수의 간만이 있다고 알고 있지만, 발트 해나 흑해 같이 조수의 간만이 전혀 없는 바다가 전 세계에 상당히 많습니다. 지중해도 그렇습니다. 이처럼 조수의 간만이 없는 해안에 뭔가를 흘려보내면 그것은 조수에 의해 운반되지 않습니다. 발트 해의 경우, 스웨덴의 스톡홀름은 만의 안쪽에 위치해 있습니다. 여기는 훨씬 작은 수 만개의 섬으로 둘러싸인 섬들이 발트 해의 후미에 퍼져 있어요.

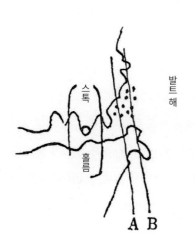

다행히 내륙의 호수로부터 약간의 흐름이 있어서 조금씩 운반되기 때문에 작년에 흘려보낸 것이 왼쪽 지도의 A선 근처에 있고 재작년에 흘려보낸 것이 B선 근처에 있는 것이 스톡홀름의 하수입니다. 조수의 간만이 없으면 이렇게 폐수가 눈앞에 떠있게 된다는 것을 발트 해에 가기 전까지는 몰랐습니다.

세 번째 요인

큰 강우량, 짧은 체류 기간 —이것도 국가에 따라서 상당히 조건의 차이가 있는데, 일반적으로 유럽 여러 나라의 연간 강우량은 500밀리에서 1,000밀리 사이입니다. 500밀리 이하인 나라도 흔합니다. 일본은 대체적으로 2,000밀리에서 많은 곳은 4,000밀리인데, 태풍으로 한번에 내리는 것도 있습니다. 태풍으로 한꺼번에 내리는 비는 더러운 것을 씻겨 내려가게 하는 데 나름대로 도움이 됩니다. 따라서 일본은 비로 씻겨지는 나라라고 할 수 있습니다. 그리고 일단 내린 비가 바다로 나가기까지의 시간이 상당히 짧습니다. 예를 들어 아가노 강(阿賀野川)이나 시나노 강(信濃川), 도네 강(利根川)은 모두 큰 강이어서 수원지에서 하구까지 물이 도달하는 시간이 10일을 넘기는 일이 거의 없습니다.

이 점은 영국도 비교적 유사하여, 영국의 하천 물이 바다로 나오기까지의 평균 시간은 대체로 5일 정도라고 합니다. 하지만 내륙부의 도나우 강은 수개월 걸려서 바다에 도달합니다. 도중에 호수가 있으면 물론 거기에 걸립니다. 일본에서 가장 큰 호수는 비와코(琵琶湖)인데, 비와코는 대개 7년에 걸쳐 물이 교체됩니다. 이 7년이라는 숫자는 결코 오랜 기간이 아닙니다. 스웨덴이나 핀란드에 가면 빙하 퇴적 후에 생긴 호수 중에 교체될 때까지 수십 년이 걸리는 곳이 많습니다. 물론 일본에도 마슈코(摩周湖)처럼 전혀 출구가 없는 호수가 있는데, 그런 곳은 상당히 오랜 시간 물이 머물러 있게 됩니다. 그런 곳을 제외하면 전반적으로 일본의 물은 흐름이 빠릅니다. 흐름이 빠르다는 것은 일단 오염되어도 빨리 바다로 빠져 나간다는 것을 의미합니다. 그런데 수십 년 걸려서 간신히 물이 교체되는 호수라면, 오염되면 그 결과는 대개 인간의 일생 동안에 그곳을 벗어날 가능성은 희박합니다. 게다가 호수는 물이 교체되어도 그 안의 진흙은 교체되지 않고 물고기도 그대로입니다. 따라서 일단 오염되면 좀처럼 회복되지 않는 것이 상식입니다.

하지만 일본에서는 강으로 흘려보내면 10일도 안 돼서 바다로 흘러가고 바다로 흘러간 후에는 모른 체하고 있으면 쿠로시오 해류를 타고 먼 데로 떠내려가 버립니다. 이처럼 물만 보더라도 일본은 비에 씻기고 바닷물로 정화되는 나라입니다. 공기도 마찬가지입니다.

네 번째 요인

바람의 존재 ―이렇게 말씀드리면 여러분은 바람이 불지 않는 나라도 있느냐고 하실지 모르지만 프라하나 부다페스트 같은 중부 유럽 분지에 가면 5일이나 10일간 바람이 불지 않는 날이 자주 있습니다. 그렇게 되면 도시의 상공은 역전층에 의해 검은 공기로 뒤덮이고 구름은 새카매집니다. 일본에서는 10일간 바람이 불지 않는 날은 없습니다. 특히 겨울의 격렬한 계절풍은 매일같이 불어서 대기오염을 날려 버리죠. 간토평야의 대기오염은 존재하지만, 어쨌든 대기오염만 보더라도 유럽과 미국 내륙에 비해 일본은 오염이 발생하기 힘든 조건이 있습니다.

지금까지 말씀드린 것은 자연조건인데, 일본이 사회문제로서 공해가 심각해질리 없는 최대의 조건은 사회적 조건입니다.

다섯 번째 요인

국경이 없다 —국경이나 국제하천이 없는 것은 공해문제에 있어서 아주 유리합니다. 네덜란드처럼 독일 하류에 위치하는 국가에 살아보면 상류에서 흘려보낸 —실수로 흘려보냈겠지만— 농약으로 라인 강 물고기가 전부 죽어 버려서 이것이 국제문제가 되고 분쟁이 발생합니다. 이런 분쟁을 일본에서는 경험한 적이 없습니다. 만약에 일본에 수원(水源)이 있고 그것이 남북조선을 가로질러 중국이나 소련 부근에서 바다로 흘러드는 강이 있다고 가정한다면, 아마도 일본의 고도성장은 인접한 국가들로부터 맹렬한 공격을 받았을 겁니다. 반대로 일본이 하류에 위치했다면, 일본은 예컨대 연어가 거슬러 올라간다든가 하는 문제로 분쟁을 일으켰을 겁니다. 네덜란드에서는 독일이 오염시켜서 발생하는 손해가 사회문제가 되면, 당연히 독일에 폐수처리나 대기오염 방지를 요구하기 때문에 자국 안에서의 공해에도 아주 민감해집니다. 끊임없이 국제분쟁을 반복하고 있는 유럽 여러 나라로서는 그것은 당연한 일입니다.

하지만 일본은 그런 경험이 없는 만큼 공해가 사회문제가 될 가능성은 적었다고 할 수 있습니다.

공해선진국이라는 판정 이유

지금까지 말씀드린 것은 의외의 상황이고, 사실 세계에서 가장 심하게 공해가 발생하는 곳이 일본이라는 것은 여러분도 잘 아실 겁니다.

얼마나 심각한지 수량적으로 나타내는 것은 어렵습니다. 하지만 수질오염이 원인이 되어 인간의 생명에 치명적인 병이 발생한 것은 세계에서 일본이 처음입니다. 미나마타병은 일본에서 두 가지 사례가 연이어 발생하였고, 최근에 핀란드에서 아주 가벼운 세 번째 사례가 발견되었다는 보고가 있었습니다.

무슨 일이든 첫 번째 사례가 한 국가에서 발생하고 두 번째 사례가 다른 국가에서 발생했다면 그 사태는 발생한 순서대로 진행되었다고 생각하겠지만, 일본은 첫 번째와 두 번째 사례가 연이어 발생했기 때문에 다른 여러 나라에 비해 상황이 심각했다는 것을 알 수 있습니다.

그리고 카드뮴 중독인 이타이이타이병이 도야마(富山)와 쓰시마(対馬)에서 발생한 것은 거의 확실합니다. 이에 대해서는 상당히 부정적인 의견이 있지만, 제가 알기로는 부정적인 보고라는 것은 그다지 설득력이 없습니다. 쓰시마의 경우에는 십중팔구라고 할까요, 확실히 이타이이타이병이 존재했습니다. 그리고 카드뮴을 비롯한 중금속 장애라고 생각되는 손가락이 굽어지는 병은 각지에서 드문드문 발생하고 있습니다.

따라서 세 번째 사례 이후에도 일본에서 여전히 같은 질병이 발생하고 있습니다. 수질오염으로 인한 질병만 봐도 두 종류의 질병에서

둘 이상의 사례가 발생한 이상, 일본이 세계에서 인정받는 공해 선진국이라는 것은 부정할 수 없습니다. 사실은 이에 대해서 후생성의 공해과장이었던 하시모토(橋本) 씨가 반론을 했는데, 비단 일본만이 오염되었다고 생각하지 않는다는 것이 그의 책에 쓰여져 있습니다. 그리고 제가 유럽에서 마신 물이 일본보다 상당히 진하다는 것을 그 증거로 제시하고 있습니다.

확실히 유럽의 물이 진하기는 합니다. 하지만 일본처럼 5일 정도면 바다로 흘러가버리는 이른바 증류수 같은 하천과, 도나우 강처럼 몇 번이나 인간의 뱃속을 거친 후에야 나가는 하천과는 이야기가 다릅니다. 어느 정도 사람의 뱃속을 들고나는가에 대한 예를 들어 볼까요? 네덜란드의 델프트(Delft)에서 하수를 분석했는데, 우연히 염소이온을 측정한 적이 있습니다.

염소	수도	180ppm	50ppm
	하수	230ppm	

그때 이런 결과가 나왔습니다. 수도에서 180ppm이던 것이 하수에서는 230ppm으로 늘어납니다. 즉, 수도에서 하수로 한 번 사용될 때 그 차이인 50ppm의 염소가 물속에 더해지는 겁니다. 이 50ppm에 네덜란드 사람이 하루에 100 내지 150 리터의 수돗물을 사용하는 것을 곱하면 대개 한 사람이 하루에 10그램 전후의 소금을 먹는 셈으로 계산이 맞습니다. 따라서 이것은 상당히 확실한 숫자라고 생각합니다. 그럼 이 180ppm은 어디에서 온 것인가라는 의문이 생깁니다. 알프스에서 눈

이 녹아서 나온다면 염소 이온은 제로입니다. 고작 몇ppm이겠죠. 현재 도쿄의 수도가 10ppm전후일 겁니다. 따라서 그것을 넘는 분량은 대개 인간의 뱃속에서 더해진 거라고 생각할 수 있기 때문에 처음에 제시한 180은 상류에서 적어도 세 번 정도는 사람의 뱃속을 지나 왔다고 볼 수 있습니다. 사실 이것은 다소 지나친 생각일 수 있어요. 프랑스에서 상당히 많은 양의 암염(岩塩)광산 폐수가 라인 강으로 방출되었는데, 절반 정도는 거기에서 기인한 것으로 알려져 있습니다. 따라서 세 번은 다소 지나친 생각이라고 할지라도 일회 반 정도는 사람의 뱃속을 거쳐 왔다고 할 수 있습니다.

　네덜란드로서는 이러한 물밖에 마실 수 없어서 아무리 깨끗하게 해도 염소이온이 녹아 있는 성분은 거를 수가 없습니다. 따라서 일본의 수돗물 수질은 유럽에 비하면 확실히 증류수 같다고 할 수 있겠죠. 하지만 그 증류수 같은 수돗물 속에 녹아있는 불순물로 인해 카신-벡 병(Kaschin-Beck disease)의 존재가 지금 의심스러운 상황인 만큼, 역시 일본이 공해의 선진국인 셈입니다. 공해 선진국이라는 저의 주장은 실은 1969년 1월 무렵 아사히신문에 썼는데, 지금은 사토 에이사쿠(佐藤栄作) 씨도 딱히 부정하지 않을 만큼 공해가 널리 퍼지고 말았습니다. 물론 그만큼 심각하게 되기까지는 원인이 있습니다. 이제부터 그 원인을 말씀드리려고 합니다. 이제 막 한 시간이 지났네요. 잠시 휴식 시간을 갖겠습니다. 그 사이 여러분도 공해가 심해진 원인이 무엇인지 생각해 보시길 바랍니다.

고도경제성장은 공해를 전제로 한다

자, 앞에서 일본은 공해가 발생하기 힘든 나라라고 말씀드렸습니다. 그런데 이렇게까지 공해가 심각해진 것을 여러분이 인정하신다면, 발생하기 힘든 조건임에도 불구하고 심각해진 원인이 있을 겁니다. 그래서 제 경험에서 임의로 도출한 요인을 여기에 제시하겠습니다. 물론 이것이 완전한 것인지에 대해서는 아직 자신이 없습니다.

여기에서 말씀드리는 것은 모두 정설은 아닙니다. 전부 제가 임의로 생각한 것이기 때문에 아마도 도쿄대학 아카데미 내부에서는 "저자가 하는 말은 전부 거짓이다."라고 평가될지도 모릅니다. 하지만 저도 10년에 걸쳐서 연구한 것인 만큼 나름대로의 근거가 있기에 언젠가 경제학자와 경제학 분야에서 본격적으로 승부를 겨뤄볼 생각입니다. 지금부터 말씀드리는 것은 대부분이 경제학적인 문제입니다.

첫째, 공해를 무시하여 달성한 고도성장(비용절감 과소투자). 종종 공해가 고도성장의 부작용이다, 또는 결과라는 표현을 쓰곤 합니다. 아마 이 표현은 책임을 회피하기 위한 수단일 겁니다. 즉 공해를 발생시킨 쪽의 변명이라고 볼 수 있습니다. 제가 알기로 공해는 고도성장의 '부작용'이니 '결과'니 하는 단순한 문제가 아닙니다. '부작용'이라는 것은 나빠지지 않도록 잘 처리하면 공해가 발생하지 않는다는 생각을 전제로 하기 때문에 오히려 고도성장의 주요 요인 중의 하나가 아니었을까요? 일본의 경제학자는 지금까지 고도성장의 요인으로 여러 가지를 거론하고 있습니다. 그 중에 가장 가차 없는 지적이 저임금과 보호무역이었는데, 저는 세 번째 요인으로 '공해의 무시'나 '폐수방출허용'

을 주장하고 있습니다. 즉 공해문제는 일본 자본주의의 구조적인 문제라는 겁니다.

물론 근거 없이 하는 주장이 아닙니다. 공해를 흘려보내서 저비용과 부족한 설비로도 같은 양의 생산을 할 수 있는 실례를 몇 가지 들 수 있습니다.

우선 펄프공업. 오늘 좀 더 준비가 되었으면 데이터를 보여 드릴 수 있었는데 어쨌든 세계 주요 펄프 생산국은 대체로 6~7개국입니다. 그 중에서도 특히 미국과 캐나다가 생산량이 많고, 그 다음은 비슷한 규모의 4개국으로 스웨덴, 핀란드, 소련, 일본인데 이 네 나라는 항상 순서가 바뀝니다. 이 여섯 나라를 보면, 일본을 제외한 다른 나라는 산림자원이 풍부하고 물도 풍부합니다. 모두 인구가 적어서 더러운 펄프 폐수를 다소 흘려보내도 바로 사람들에게 피해를 주지 않는 나라들입니다. 이 중에서 일본만이 나무도 없고 물도 풍부하지 않습니다. 인구밀도는 다른 여러 나라에 비해 20배나 100배라는 높은 인구밀도를 가지고 있습니다. 여기에서 말하는 인구밀도는 평균 인구밀도가 아니라 사람이 살 수 있는 토지에 대한 인구밀도입니다.

일본은 경작지당 인구밀도가 대체로 평방킬로미터당 1,600명 정도입니다. 즉 개척 농민으로서의 저의 경험상, 아무리 생각해도 적절한 숫자의 3배나 됩니다. 1헥타르의 토지로 식량을 감당할 수 있는 인간은 대체로 5~6명인데, 일본에서는 어떻게 15~16명이 살고 있는지 신기합니다. 일본 이외의 나라는 그런 것이 문제가 되지 않습니다. 이렇게 인구밀도가 높은 일본에서는 어디에 펄프공장을 세우든 반드시 문제가 생깁니다. 공해가 발생합니다. 그런데도 일본의 펄프공장에서 제대로 된 배수처리를 하고 있는 곳은 거의 없습니다. 가장 대표적인 예가 후지 시(富士市)인데, 인구가 밀집한 마을 한 가운데에 위치하면서 배수처리를 하는 공장이 대기업 중에서 한 곳도 없습니다. 이에 대해 아무도 불만을 말하지 않기 때문에 공장이 들어설 수 있습니다. 즉, 공해를 흘려보낼 수 있기 때문에 고도성장이 가능한 겁니다.

대체로 다른 여러 나라에서 사람은 별로 없지만 물고기에게 피해를 주지 않을 정도로 배수처리를 하는 데 필요한 비용은 생산설비의 10~20%입니다. 일본에서는 그 비용을 아예 없애고 모조리 생산설비 비용으로 돌릴 수 있습니다. 그것도 소비지 근처, 마을 한 가운데에 펄프공장을 지어서 수송비 걱정 없이 제품을 시장에 내놓을 수 있습니다. 그렇게 하면 입지조건상 아주 유리합니다. 수송비가 필요 없고 설비비가 20%나 저렴해지니까요. 이런 조건에서 수익을 내지 못한다면 펄프공장 경영자는 상당히 무능하다고 할 수 있습니다. 사실 들어갈 리가 없는 상위 6개국 중에 일본이 포함되어 있습니다. 종이 소비량에서 보면 영국이나 프랑스가 일인당 펄프 소비량이 일본보다 많지만, 그들은 스웨덴과 핀란드, 캐나다에서 펄프를 삽니다. 그리고 종이를 만듭니다. 일본처럼 펄프수입이 거의 없으면서 상위 6개국 안에 든다는 것은 일본에서의 펄프공업 사업성이 얼마나 좋은지를 말해 줍니다. 즉 공해의 방출 덕택에 비용 절감과 과소투자로도 충분히 생산할 수 있음을 보여주는 실례라 할 수 있습니다.

따라서 저는 펄프를 첫 번째 예로 듭니다. 그래도 펄프는 기간산업이 아니라는 구실이 있습니다. 그래서 기간산업의 사례로 철강을 드는데, 철강이라면 누가 봐도 책임을 회피할 수 없는 기간산업이죠. 이렇게 말하면 아마도 여러분은 입시공부 때 사용했던 일본통계연감을 꺼내서 전후 일본의 철강산업의 성장과 그 중에서 어떤 방법이 가장 성장했는지를 찾아볼 수 있을 겁니다. 실은 저도 오늘 해 오고 싶었는데 시간에 맞출 수가 없었어요. 그래프를 그려서 여러분 각자가 해 보셨으면 합니다.

전후 일본의 제철업이 상당히 빠르게 부흥하고 근대화할 수 있었던 최대의 요인으로 제철 기술자가 하나같이 언급하는 것은 산소를 불어넣는 전로(轉爐) = LD전로의 보급입니다. 지금은 평로(平爐)에도 산소를 불어넣는 방법이 발달해 있습니다. 이 LD전로, 린츠(Linz) 제철소와 다나비츠(Danawitz) 제철소에서 개발한 것이기 때문에 L과 D라는 머리글자를 사용하고 있는데, 사실 이것은 제2차 세계 대전 이전부터 유럽에 알려졌던 기술입니다. 전후에 일본인이 개발한 기술이 아니에요.

하지만 산소를 불어 넣으면 7색의 연기가 나오는 것은 당연한 일이어서 유럽과 미국에서 조업할 때는 이 7색의 연기를 집진기(集塵機)를 사용해서 제거하지 않으면 조업할 수 없습니다. 그 집진기의 비용까지 포함하면 LD전로는 반드시 저렴하다고는 할 수 없습니다. 이미 상환이 끝난 평로를 돌리던 때에 비해 새롭게 LD전로를 도입하여 생산을 합리화하고 능률화해도 반드시 유리해진다고는 할 수 없습니다. 이것은 수년 전부터 제가 어렴풋이 느낀 것인데, 재작년에 유럽에 갔을 때 철강잡지에 실린 LD전로의 도면을 보고 떠올렸습니다. 전로의 본체는 장치 전체에서 보면 작게 쓰여 있습니다. 이 전로에 산소를 불어넣기 때문에 상당히 고열이 되어 이것에 집진기를 사용하기 위해서는 도관(導管)으로 열을 회수한 다음 온도가 내려간 연기에 집진기를 사용합니다.(다음

페이지 그림 참조)

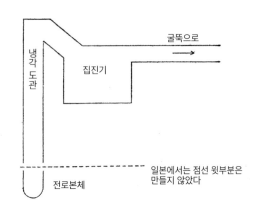

이 집진기와 도
관의 크기가 본체의
몇 배나 됩니다. 따
라서 전로의 본체는
도면에서 열심히 찾
지 않으면 보이지 않
을 정도로 작습니다.

이렇게 큰 도관으로 열을 회수하고 집진을 하는 장치가 있어야만 LD전
로는 작동할 수 있습니다. 그런데 일본에서는 그림의 점선 윗부분을 생
략할 수가 있습니다. 아마도 비용은, 물론 크기만으로 판단할 수는 없
지만 적어도 그 장치의 30%정도는 차지했을 겁니다. 작아도 본체의 가
격은 비싸겠지만 아무리 봐도 이 정도로 커다란 집진장치는 전체비용
의 30%정도는 차지합니다. 하지만 일본에서는 이것이 필요 없죠. 여분
의 수입으로 다음 전로를 만들면 됩니다. 따라서 계속 늘릴 수가 있습
니다.

이런 식으로 철강업은 연기를 계속 밖으로 뿜어내서 아마도 한
대당 30%정도는 이득을 봤을 겁니다. 이것은 복리계산이니까요. 한 대
당 30% 이득을 얻는다는 것은 완성된 철(鐵)로 다음 전로를 만들어 이
익을 올리고 또 그 이익으로 전로를 만드는 것의 반복이라 아마도 두
배를 훨씬 넘는 이득을 봤을 겁니다. 뿜어져 나오는 연기를 처리하지
않는 방식이 일본 철강공업의 제2차 대전 이후의 급속한 합리화를 가
능하게 했다고 할 수 있습니다.

일본에서 제가 그렇게 말하자 바로 미국의 US스틸의 사장이 "일본의 철강업은 되먹지가 않았어, 공해를 흘려보내 저렴해진 강철을 미국에 팔아치운단 말이야."라고 —그가 제가 쓴 것을 읽은 건 아니겠지만— 불만을 말하기 시작했습니다. 대개 인간의 사고란 같은 시기에 같은 것을 생각하는 경향이 있는데, 아마 그쪽에서도 같은 것을 깨달았다고 생각합니다. 어쨌든 이 지적에 대해 일본의 저명한 경제학자가 잘못된 것이라고 반박했다는 이야기를 아직 들은 적이 없습니다. 오히려 이토 미쓰하루(伊藤光晴) 씨나 곤도 칸이치(近藤完一) 씨처럼 저의 의견을 지지하는 분이 있습니다.

그리고 이것은 기간산업은 아니지만 영세기업의 대표격으로 알려진 도금업을 생각해 봅시다. 생각하기에 따라 다를 수 있지만 도금같이 간단히 개업할 수 있고 간단히 망하는 장사는 없다고 흔히 말합니다. 사실 우리가 배수 처리를 하더라도 도금업은 가장 골치 아픈 폐수를 흘려보내는 공업입니다. 협동조합에도 가입하지 않는 아웃사이더나 도금 장인이 독립해서 토방에 수조를 서너 개만 늘어세우면 그걸로 바로 사업이 되는 영세기업의 전형입니다. 그런 곳에 배수설비 같은 걸 갖추라고 한들 될 리도 없고 만약 갖춘다면 사업을 접어야 합니다.

그런데 유럽이나 미국의 업계지를 읽으면 오히려 도금업이 비교적 안정된 중소기업입니다. 일본에서처럼 성쇠가 변화무쌍한 업종이 아닙니다. 그리고 보면 아무리 작은 도금업일지라도 대수롭지 않는 배수처리시설을 설치하면 백만 엔에서 수천 만 엔 정도의 비용이 소요됩니다. 즉 도금업을 새롭게 시작할 때 생산과 직접관계가 없는 비용으로 수백 만 엔에서 수천 만 엔 정도의 돈이 필요합니다. 그만큼의 돈을 적립하지 않으면 도금업에 새롭게 진출할 수 없어요. 사실 제가 영세한 도금업에 한 집 한 집 배수처리 상담을 하러 다니면, 장사가 안 되니까 슬슬 자본을 철수해서 맨션 경영이라도 해야겠다는 도금업자가 많습니다. 그런 식의 자본이 지금 도금업에 투자되고 있는 겁니다.

그러니까 당연히 도금업계에서 저가 수주 경쟁이 치열한 거예요. '2ppm 회오리바람'이라는 말이 있는데 시안(cyan)을 2ppm이하로 낮춘다는 후생성의 통지로 도금업계가 한숨을 푹푹 내쉬던 시기가 있었습니다. 그때조차 사업상 뭐가 제일 힘드냐고 물어보면 동료 간의 저가 수주 경쟁이라는 대답이 압도적이었습니다.

이 경우에는 만약 배수처리 시설이 도금업계가 반드시 설치해야 하는 의무사항이었다면 그것은 모두에게 지워진 공통된 부담으로 작용하여 신규 도금업자의 업계 진출이 훨씬 적어집니다. 그러면 서로 발목을 잡는 일도 적어지고요. 하지만 일본에서는 서로 발목을 잡게 되는 저가 수주와 저렴한 부품의 공급, 그리고 일본의 전략산업인 자동차 산업까지 가세합니다.

즉 전략산업으로 위세를 부리고 있는 자동차업계도 하청을 통해서 저렴한 부품을 매입할 수 있는 기반 중의 하나는 공해를 무시하여 수많은 영세기업이 서로 경쟁하는 조건을 만들었다는 데에 있습니다.

지금까지 펄프, 철강업, 도금업 세 가지 업종의 예를 들었는데, 식품도 그렇습니다. 대개 우유나 빵 같은 식품공업은 물의 측면에서 상당히 공해를 발생시킵니다. 특히 이것은 내륙부에 거침없이 진출하기 때문에 수질오염이 상당히 심각한데, 그렇게 되면 농업용수에 폐수를 흘려보내 늘 분쟁이 발생합니다. 그래서 최근에는 점차 내륙부에 식품공업을 유치하지 않으려는 경향이 있는데, 이런 시국에도 당당하게 유치되는 기업이 있습니다. 바로 코카콜라입니다. 이것은 기묘한 이야기인데, 코카콜라는 어디에 가든 미국만큼의 배수처리를 합니다. 효과의 여부는 별도로 하고 미국만큼 배수처리를 하고 있기 때문에 "우리는 일본의 기존의 식품공업처럼 공해를 발생시키지 않는다."라는 것이 그들의 강점입니다. 이처럼 공해문제는 앞으로 외국 자본이 일본에서 유리한 입지조건을 차지하는 도구로도 사용되지 않을까요?

앞에서 고도성장의 원인이 공해라는 지적을 했는데, 지적이라기보다는 오히려 성명(声明)입니다. 만약 저의 이 성명이 틀렸다면 실례를 들어서 부정해 보라는 것이 경제학자에 대한 저의 입장인데, 안타깝게도 현재까지 그에 대한 제대로 된 논의는 아직 도쿄대학 경제학부에서는 이루어지지 않고 있습니다.

『중앙공론(中央公論)』이나 『동양경제신보(東洋経済新報)』 등의 시사한 잡지에 공해의 전국민적 부담이라는 둥의 논문을 쓰는 도쿄대학의 교수는 많지만, 이러한 상당히 구체적인 문제에 대해서 실례를 들어 답변하는 교수나 조교수는 현재 도쿄대학에는 없는 것 같습니다.

정치와 기업의 밀착

두 번째로 이것은 말할 필요도 없습니다. 새삼스럽게 제가 언급할 필요도 없이 공해의 피해자라면 누구나가 뼈저리게 느끼는 것입니다.

행정과 기업이 서로 공조하여 공해문제를 가속시킵니다. 실은 이것이 이번 저의 공해원론 강좌의 대부분을 차지하게 되겠지만 아시오의 경우를 예로 들자면, 정부는 공해운동을 철저하게 탄압하고 해체시켰습니다. 또한 매수를 하고 있습니다.

예를 들어 운동의 활동가를 한 명씩 경찰이 출두시켜 협박합니다. 그뿐이라면 다행인데 의도적으로 유흥에 빠지게 하여 나쁜 동료와의 관계를 끊을 수 없게 합니다. 그런 수단까지 동원하여 공해운동을 저지시키고 있습니다. 그 실례에 대해서는 〈제3장 아시오구리광산 광독사건〉 편에서 말씀드리겠지만, 가와마타 사건(川俣事件)에서 그랬던 것처럼 피해자의 청원을 순사와 헌병이 무력으로 제압하는 것은 식은 죽 먹기죠. 지금의 학생에 대한 탄압과 같은 규모의 탄압이 피해자에게 가해졌다고 상상하면 대체로 짐작이 가실 겁니다.

미나마타의 경우에는 행정기관인 통산성이 기업의 주장을 대변합니다. 그리고 이때 통산성과 후생성을 구별하는 것은 별로 의미가 없다는 것이 『문예춘추(文芸春秋)』 기자들이 현지를 취재하면서 얻은 결론이라고 합니다. 저도 그 결론에 찬성합니다. 우리 앞에서 정부가 모두 기업 편을 들어 버리면 속이 빤히 보이니까 어느 부분에서는 다소 국민 편이라는 제스처를 취하고 어느 부분에서는 기업 편을 들게 하여 양쪽이 싸우게 하는 수법을 씁니다. 어쨌든 통산성이나 경제기획청 같은 행정이 기업의 주장을 대변한다는 것은 미나마타의 실례로 충분히 입증이 됩니다.

극단적인 경우를 말씀드리면 니가타 환자의 진정서가 도쿄에 도착했을 때의 일입니다. 통산성의 공업용수 과장인지를 하고 있던 고사이(小才)라는 남자가 환자를 앞에 두고 창문 밖을 가리키면서, "저기 5

층짜리 빌딩에서 도쿄대학을 나온 박사들이 연구를 하고 있는데, 너희가 말하는 공장폐수설 같은 건 모두 근거가 없다고 한다. 그걸 지금 새삼스럽게 불만을 말하러 왔는가?"라고 정색을 했다고 합니다. 제가 알기로는 통산성 건물 근처에는 5층이나 8층짜리 연구기관은 없을 겁니다. 아마 대장성(大蔵省)이나 어느 합동청사를 가리키면서 말했겠지만 이렇게까지 일본의 관료라는 자들은 상대가 모를 것 같으면 태연하게 거짓말을 합니다. 이런 관료를 양성하고 있는 곳이 도쿄대학이니 우리에게도 책임이 있습니다.

그리고 다고노우라(田子の浦)의 수질기준. 이에 대해서는 오늘 (1970년 10월12일)도 사소한 분쟁이 발생했는데 현재의 기업이 손해를 보지 않고 처리할 수 있는 기준, 그리고 물로 희석시키면 그럭저럭 눈속임할 수 있는 수준인 70ppm. 물고기는 안중에도 없고 항구만을 생각한 70ppm의 부유물질이라는 수질기준을 10월 1일부터 다고노우라 항에 공시하고 있습니다.

이것은 도쿄대학 도시공학의 스기키(杉木)교수가 수질심의회의 전문부 회원으로서 회답한 숫자인데, 그 숫자와 회답 과정에 대해서 오늘 우리 조교와 대학원 학생들이 불만을 토로했습니다. 중립을 지켜야 할 정부와 대학이 이처럼 기업과 밀착해 있습니다. 정부의 중립의무 여부는 차후에 생각해 봐야 할 문제지만, 대학은 중립을 이념으로 삼고 있습니다. 중립의 의미에 대해서는 나중에 잠깐 언급하겠습니다. 어쨌거나 명색이 중립적 기관인 곳에서 이렇게나 끔찍이 보호하고 있는 일본 자본주의가 고도성장을 하지 않았다면 그게 오히려 이상한 일이겠죠. 그 기업의 리더가 어지간히 무능한 경영자가 아닌 이상에는 말입니다.

인권사상의 빈약함

세 번째 요인으로 —이것은 아마 우리에게도 상당히 공통적인 문제라고 생각하는데— 우리의 인권사상은 우리 손으로 쟁취했다는 기억이 없습니다. 아주 최근까지 1945년 이후 갑자기 부여받았다는 느낌이었습니다. 그리고 다시 조금씩 가장자리부터 찢겨져도 공짜로 받은 거니까 그냥 빼앗기는 것은 당연하다는 생각이었는데, 어딘지 모르게 공해문제는 차별의 한 형태 같아요. 여러 면에서 그 증거를 들 수 있는데, 먼저 공해 피해자는 차별을 받습니다.

공해로 인해 병이 들면 가난해질 수 밖에 없고, 가난해지면 차별을 받습니다. 미나마타의 일임파(보상협정을 짓소와 행정부에 일임한 환자들의 모임-옮긴이) 환자가 그 굴욕적인 보상 조정안을 수락한 이유는 그것이 차별로부터 탈출하기 위한 유일한 합법적인 선택이었기 때문입니다. 지금까지는 섣불리 회사로부터 위로금을 받은 탓에 부자 취급을 받아 힘든 처지에 있었습니다. 하지만 이번에는 전 국민이 보는 앞에서 부족하나마 사망자에 대한 보상이나 생존자를 위한 위로금 등을 국가가 정해 주거나 국가가 선택한 권위자가 정해 줍니다. 이전에 비하면 훨씬 당당하게 받을 수 있는 보상금입니다. 그것을 현재의 차별에서 벗어날 수 있는 유일한 방법으로 눈앞에 있을 때 붙잡지 않거나 그것에 의지하지 않으면 그것이 오히려 비합리적인 선택입니다. 따라서 소송을 한다는 것은 제정신이 아닌 겁니다.

실제로 제가 미나마타병 환자로서 제정신으로 미나마타에 있었다면 역시 그 보상금을 받았을 겁니다. 이것은 극단적인 예지만, 쓰시마에 이타이이타이병이 존재하는지의 논의에 대해서 여러분도 어느 정도 아실 거라고 생각합니다. 신문에서 읽으신 적이 있겠지만 "가족 중에 이타이이타이병 환자가 있거나 마을에 환자가 있다는 말이 퍼지면 시집도 못 가고 취직도 못 한다. 그런 무책임한 말을 타지에서 온 학자가 퍼트려서는 안 된다."는 연판장이 마을 안을 돈 적이 있습니다. 회사 노동조합원이 도와서 만들었다는데, 이것이 고바야시 준(小林純) 씨와 하기노(萩野) 선생님에게도 전해진 일이 있습니다.

즉, 지금 공해환자라는 사실을 자기가 선언하는 것은 차별의 원인이 됩니다. 차별이 존재하는 이유는 원래 자신이나 타인의 권리에 대한 인식이 부족하고, 어떤 의미에서는 내가 차별당하고 있기 때문에 타인을 차별하지 않으면 분이 풀리지 않아서일지도 모릅니다. 어쨌든 차별은 권리와 개인의 인권에 대한 우리의 무지와 둔감의 표출입니다.

공해와 차별은 사실 다른 면에서 비슷한 부분이 있습니다. 차별당하는 사람에게, 예컨대 대학의 조교나 직원 같은 차별을 받는 이들에게는 뭐가 마음에 들지 않는지, 어디에 불만이 있는지 좀처럼 예를 들어서 말할 수가 없습니다. 차별은 생활 전체에 존재하는 것이어서 우연한 한두 가지만을 가지고, 예를 들어 급료가 다르다든가 이번 달은 근무량이 많다든가 언급해도 상대는 반드시 유력한 증거를 가지고 반론을 합니다. 차별당하는 사람이 졸업이나 취직을 할 수 없다느니 결혼을 못한다느니 불평을 해본들 '취직의 기회는 균등하다'는 통계가 버젓이 존재합니다. 차별받는 녀석도 보란 듯이 결혼했지 않느냐라는 증거들이 존재해요. 언어로 말하고 숫자로 표현할 때는 그러한 차별의 전체적 양상은 사라져 버리고 항상 부분밖에 남지 않는 법입니다. 공해도 그렇습니다.

　지금 우리가 피해를 입고 있는 도시공해는 아황산가스가 몇ppm 이라든가 납이 몇ppm 이라고 아무리 숫자를 나열해도 항상 부분적인 표현에 불과합니다. 우리가 호흡하는 공기 속의 독성물질로는 아황산가스, 일산화탄소, 납, 옥시던트가 존재합니다. 그리고 오염된 물을 마십니다. 식품첨가물과 수은이나 염소계 농약에 오염된 식품을 먹고, 소음이나 진동에 시달리면 어딘가 몸 상태가 안 좋아집니다. 어딘지 모르게 몸이 안 좋다, 그럴 때 위에서 언급한 어느 하나의 요인과 천식이나 기관지염을 연관 지을 수 있을지 의문입니다. 설령 아황산가스 몇ppm에 대해서 기관지염이 몇 퍼센트라는 식의 상관관계를 피해자가 알아냈다고 해도 가해자는 환경기준의 절반이니까 기관지염에 걸릴 리가 없다고 반박하겠죠. 하지만 피해자는 항상 몸 전체로 피해를 입습니다. 종합적으로 피해를 입고 있는 것입니다.

　하지만 그것을 표현하기 위해서는 현재로서는 대기 중의 아황산가스 농도가 몇ppm, 물의 BOD가 몇ppm이라고 숫자로 표현할 수밖에 없습니다. 그런 부분적인 표현을 기준으로 가해자나 제3자가 판단합니다. 따라서 공해인식은 가해자와 피해자의 차원이 다릅니다.

　피해자는 몸의 총체로 받고 있습니다. 하지만 가해자는 그 중에서 부분화된 지표밖에 받아들이지 않습니다. 그렇기 때문에 "측정해 보니 별 것 아니다."라든가, "저것은 좌익의 헛소리다."라고 평가를 하는 거예요. 이처럼 근본적으로 차원이 다른 피해자와 가해자의 인식을 같은 선상에 두고 양쪽의 중간을 택하는 것은 원래 불가능한 일입니다.

　이 불가능한 일을 하는 학식경험자가 무수히 있습니다. 가해자와 피해자의 의견을 공평하게 듣고 양측의 주장을 정중하게 청취해서 납득할 수 있는 방법을 찾아내는 학식경험자가 실제로는 많습니다. 이때 인식의 차원이 다르다는 것을 몰랐다고 한다면 우리의 태만이고, 그런 것으로 판단해 버린다면 우리는 공해 피해자를 차별하고 있는 셈입니다.

차별의 실상이 뭐냐고 누군가가 묻는다면 이것만큼 대답하기 힘든 것은 없습니다. 유일한 대답은 나와 너의 위치를 바꾸자고 하는 겁니다. "내가 차별할 테니까 너는 차별을 받아라." 이렇게 밖에 말할 수 없습니다. 공해도 이것과 마찬가지죠.

피해자가 어떻게 느끼는지 가해자가 물었을 때 "너도 여기에 와서 나와 같이 살아봐."라는 것이 유일한 답입니다. 나와 같은 공기를 마시고 물을 마시고 그 후에 아픈지 어떤지 생각해 봐라, 그런 식입니다. 그러한 판단이 우리 근본에 없다면 우리가 가지고 있는 자신과 타인의 인권사상은 어딘가 빌려온 것의 빈약함이 있지 않을까요?

최근에 제가 그것을 강하게 느낀 것은 미야모토 켄이치(宮本憲一) 씨의 일본의 지자체가 지난 100년간 27분의 1로 감소했다는 지적에서였어요. 이것은 『사회자본론』에 쓰여 있었다고 생각하는데, '미야모토 씨가 이렇게 말했다'고 제가 언급하는 것은 현재의 도쿄대학에서 미야모토 씨의 재인용이 지나치게 많은 것에 대한 저의 경고입니다.

미야모토 씨가 처음으로 생각한 것을 마치 자신이 생각한 것처럼 논문에 쓰는 교수들이 너무나 많습니다. 미야모토 씨는 처음에는 화가 났지만, 요즘은 항의하는 것도 귀찮을 정도로 무단 재인용은 아주 일반적으로 행해지고 있어요. 어쨌든 일본의 지자체 합병에 대해서 지적한 미야모토 씨는 정말 대단하다고 생각합니다.

지자체 숫자가 27분의 1이 됐다는 것은 두메산골 마을처럼 합병하려고 해도 할 수 없는 곳도 있기 때문에 메이지시대(明治時代)초기에 자연발생적으로 존재하던 30이나 50개의 마을들이 현재 하나의 시정촌(市町村)이 되었습니다. 이 지차체 합병의 붐은 두 번 있었습니다. 한 번은 1877년 전후, 고초야쿠바 체제(戶長役場制)를 두고 이전의 자연발생 마을들을 광역행정으로 초등교육 보급을 위해서 지자체를 합병했습니다. 두 번째 붐은 전후(戰後)의 일로, 우리가 기억하는 지역개발과 중학교의 설립유지입니다. 지자체의 행정을 합리화하는 방법으로 '지자체 합병'이라는 두 번의 커다란 붐이 일었는데, 이것의 주요 목적은 교육의 보급이었습니다.

　　교육의 보급이 얼마나 중요한지는 유럽을 여행하면서 깨달았습니다. 예를 들어, 70엔의 물건을 사려고 100엔을 건넵니다. 그러면 상대는 내 손을 끌어당겨 손바닥을 펼치게 하고는 먼저 70이라고 말합니다. 그리고 80, 90, 100이라고 하면서 10엔짜리 동전을 세 개 줍니다. 즉, 더하기는 있지만 빼기가 없는 겁니다. 이것은 미국과 유럽에서 물건을 사 본 사람이라면 —공항 주변도 비슷한 상황이고— 경험이 있으실 거라고 생각합니다. 일본에서라면 한 자리의 뺄셈을 못 하고 물건을 파는 일은 거의 없습니다.

　　그리고 또 하나는 방언이 표준어로 대체되었습니다. 안 믿기시겠지만, 독일어에서 '야-'라고 해야 될 때 '니-'라고 하는 지방이 있다는 이야기를 듣고 깜짝 놀랐는데, 실제로 그런 지방이 있었습니다.

　　일본에서 짓소 미나마타공장이 처음으로 지어졌을 때 동북지역 출신의 직공이 미나마타 인부와 이야기할 때 말이 통하지 않아서 노랫

말로 겨우 의견을 나누었다고 합니다. 이처럼 표준어와 계산능력의 보급이 근대적인 생산 즉, 우수한 노동력과 병사를 육성하기 위해서 얼마나 근본적인 문제였나 하는 것도 미야모토 씨가 지적하고 있는데, 이것은 노동력의 질의 문제라고 생각해야 합니다. 우수한 노동력을 공급하기 위해서 지자체 합병이 이처럼 적극적으로 행해진 것은 세계에서도 유례를 찾아 볼 수가 없습니다. 유럽과 미국에서는 지난 1세기동안 지자체의 숫자가 10%도 줄지 않았다고 합니다.

일본처럼 27분의 1로 줄어든 것은 세계에서 유례를 찾아볼 수 없는 합리화입니다. 한편 이전에는 주민 500명이 한 명의 촌장을 선출했는데, 합병 후로는 5만 명이 한 명의 시장을 선출하게 되어 그만큼 주민 결정권이 약화됩니다. 어쩌면 우리의 자치권은 메이지 초기에 비해서 27분의 1로 줄었을지도 모릅니다. 이것은 상당히 극단적인 의견일 수도 있지만 마을 합병으로 인해 자치권이 우리 손에서 권력으로 흡수되는 과정을 공해문제의 사례연구를 보면 확실히 알 수 있습니다.

공해 반대 운동을 봉쇄하기 위한 마을 합병은 정책으로 나타납니다. 이것은 아시오 이래 후지에 이르기까지 자주 반복됩니다. 즉 지자체의 합병을 허용할수록 우리 개개인의 자치권력 의식은 약화됐습니다.

여러분은 아마도 하니 고로(羽仁五郎) 선생님의 『도시의 윤리』라는 유쾌한 책을 읽은 적이 있을 겁니다. 저도 그 연구회에 잠시 출석했는데 참으로 유쾌한 토론이었습니다. 다만 이야기가 너무나 잘 되어 있어서 처음에는 사실이라고 믿을 수 없었습니다.

하지만 남독일에서 체코슬로바키아, 보헤미아, 슬로바키아 등 시골 마을을 다녀 보면 하니 씨의 지적은 정말로 잘 들어맞습니다. 마을 한가운데에 광장이 있고 그 한쪽에 관청이 있습니다. 그리고 관청 지하에는 반드시 맥주홀이나 레스토랑이 있습니다. 그곳은 마을이나 도시에서 가장 싸고 믿을 만한 레스토랑이어서 절대로 바가지를 쓸 염려가 없습니다. 맛도 그런대로 나쁘지 않습니다. 그래서 저같이 무전여행에 가까운 여행을 하면 우선 어디에 가도 '라트하우스(Rathaus)'라는 관청을 찾습니다. 거기 식당에서 배를 채우는데 이것은 모두 옛날의, 지금도 그렇지만 외지에서 오는 관광객의 접대용 레스토랑이 관청에 뿌리를 내린 것입니다. 그리고 교회가 있는 것은 당연한 일이고, 또 하나 흔한 예로 우체국이 호텔이 됩니다. 우편배달부는 중세이래의 폐쇄된 촌락 공동체에서 정기적으로 방문하는 유일한 외부사람입니다. 외부에서 손님이 방문하는 곳이 우체국이고 방문한 손님이 바로 그곳에 묵기 때문에 호텔이 됩니다. 이런 호텔 우편함은 유럽의 작은 마을에 가면 흔히 볼 수 있습니다. 흔히 라고 할까, 일반 호텔의 원형이라고 할 만큼 널려 있습니다.

　　그래서 촌장의 태도가 마음에 들지 않으면 귀가 길에 저녁 반주를 들이키고 있는 촌장을 레스토랑에서 붙잡고 입씨름도 할 수 있습니다. 옛날 고초야쿠바 시절에는 화롯불 한쪽에 촌장이 앉고 그 옆에 대리가 앉고 좀 떨어진 곳에서 서기가 책상을 향해 앉아 있는 것이 관청의 아주 일반적인 모습이었습니다. 만약 그런 지자체에서 주민의 정치적인 의향이 반영되면 그것은 아주 보수적이고 비능률적인 것이 되기 쉽습니다. 요즘 우리 같으면 "그런 답답한 짓을 하고 있겠어?"라고 하겠죠. 하지만 반대로 공해가 발생하면 주민의 저항 거점으로서의 자치권력이 거기에 모입니다. 즉 공해문제에서 보면 지금까지 합리적이고 진보적이라고 생각했던 것이 오히려 못 미덥고, 보수적이던 것이 실은 무기였다는 사례가 자주 발생합니다. 이것은 나중에 노동조합을 언급할 때 다른 예를 말씀드리겠지만, 지금 여기에서 유럽의 지자체 의식이 견고함을 거론한 것은 자치권력 의식이 광장중심의 마을 만들기 형태로 나타나기 때문입니다. 이것을 합리화를 위해서 합병하는 것은 쉬운 일이 아닐 겁니다. 아마 주민은 지금까지 500명이 촌장을 선출했는데 합병 후에는 왜 천 명이 선출해야 하냐고 반항할 것입니다. 사실 하수도 계획을 예로 들면, 5개나 10개의 촌락이 연합해서 하수도 계획을 짜고, 하수도를 5개나 10개를 한 블록으로 하여 기술자가 살펴보고 정비와 수선을 하고 있습니다. 일본이라면 분명히 합병하고 나서 하수도를 만들 겁니다. "하수도를 만들어 줄 테니까 합병해라."라는 식으로.

그래서 결국 합병을 했을 겁니다.

하지만 독일 등 유럽에서는 위생문제가 합병의 커다란 계기가 되지는 않습니다. 물론 공업을 유치하기 위해서 종종 합병하지만 지난 100년 동안 지자체의 숫자는 크게 바뀌지 않았습니다. 미국의 경우에는 더 철저합니다. 즉, 개척지 농민의 생활이란 —중고등학교 때의 저의 경험에서 말씀드리면— 아주 불안정하다는 것을 알고 있습니다. 서부극을 보시면, 말을 타거나 마차를 끌고 도착하여 여기에 살려고 정했을 때 처음으로 선출하는 것은 주민의 생명과 재산을 지켜줄 보안위원회입니다. 이곳이 보안관을 임명할 권리를 갖습니다.

그 다음으로 무서운 것이 질병입니다. 그래서 주민 중에 위생문제에 관심이나 경험이 있는 사람을 모집해서 위생위원회를 구성합니다. 일단 개간지에는 의사가 없기 때문에 약국의 심부름꾼을 한 적이 있다든가, 초등학교 교사로 다소 화학방정식을 읽을 수 있다든가 하는 사람이 어쩔 수 없이 위생위원회를 구성합니다. 이 위생위원회의 권고를 무시하고 제멋대로 행동한다면 개척지라는 곳은 겨울을 넘기지 못할 수도 있습니다.

예를 들어 설사를 한 가축을 한 마리 숨겨두면 마을 전체에 번질지도 모릅니다. 그래서 위생위원회는 일상생활에서 아주 강한 권한을 가집니다. 만약 위생위원회의 허가 없이 나중에 들어온 〈벼락자산을 가진 공장〉이 위세를 부리기라도 할라치면 자치단체가 쫓아내는 것이 당연했습니다. 물론 그 중에는 나쁜 자도 있어서 그를 돈으로 매수하여 눌러앉는 회사도 있지만, 원칙적으로 자치권이 강한 곳에서는 공해가 발생하기 힘들어요.

따라서 27분의 1로 자치권을 제한받고도 여태껏 불만을 말하지 않는 일본에서 공해문제가 심각해지는 것은 당연합니다. 이른바 인권사상의 하나의 표출이라 할 수 있는 자치 권력의 미약함이 일본의 공해를 심각하게 한 요인입니다.

네 번째 요인으로, '과학기술의 지연과 태만'이라는 문제가 있습니다. 이 문제는 저와도 직접적인 연관이 있어서, 지금까지처럼 속시원하게 말씀드리지 못할 것 같습니다. 저도 지금까지 태만했던 당사자이기 때문에 자신만만한 논의를 하기가 어렵습니다. 이번 제1회는 공해가 심각해진 세 번째 원인까지 말씀드리고 네 번째 원인인 과학기술의 지연과 태만 혹은 그 부패함은 다음 강의 때 말씀드려도 될까요? 이러니저러니 얘기하다 보면 삼사십 분 정도는 걸릴 것 같거든요. 도쿄대학 건물에 살고 있는 우리 자신의 문제로 커다란 요인은 아닐지 모르지만,

그래도 심각한 요인인 만큼 짧은 시간으로 끝날 것 같지 않습니다. 그래서 공해가 심각해진 세 번째 요인까지 말씀드리고 오늘은 마치려고 합니다. 아직 시간이 좀 남았으니까 여기까지 범위에서 토론이나 문책, 반론도 좋습니다, 여러분의 의견을 듣고 싶은데 어떠신지요?

질문 및 토론

A   제가 잘못 들었는지 모르겠지만, 공해가 심각해지지 않는 요인
           으로 마지막 부분에서 국경과 국제하천이 있다고 했는데, 이유
           중의 하나는 유럽 등지에서 그런 일이 발생하면 국제문제가
           생기고 상당히 엄중한 여론이 발생하기 때문이라고 하셨잖아
           요? 하지만 일본에서는 그런 일이 없어서 실제로 오염이 심각
           해져도 문제가 안 되는 경우가 많다, 그래서 일본은 국제하천
           이 없기 때문에 오히려 공해가 발생하기 쉽다고 이해하면 될
           까요?

우이 준   글쎄요, 공해를 객관적인 척도로 나타낼 수 있다면 발생하기
           쉬운 요인으로 넣는 편이 좋겠죠. 하지만 실제로 지금 우리가
           직면하고 있는 공해문제는 결코 그런 Environment Pollution
           이라는 말로 정의할 수 있는 간단한 문제가 아닙니다. 죽느냐
           사느냐의 문제입니다. 도쿄에서는 좀처럼 현실적인 논의가 이
           루어지기 힘들지만, 미나마타나 니가타에 있을 때는 공해문제
           를 강하게 밀고 나갈지 미온적으로 할지는 생사의 갈림길이
           되는 절박한 논의입니다. 하지만 일본은 거기까지 몰리는 경우
           가 적었습니다. 실제로 공해가 발생했지만, 유럽 여러 나라처

럼 그 일로 서로 치고받는 심각한 상황은 일어나지 않았습니다. 즉, 사회 분쟁이 발생하기 힘든 분위기 때문에 공해 문제가 이슈화되기 힘든 겁니다. 이 의견은 논쟁의 여지가 있을지도 모릅니다.

B 『문예춘추』 6월호에 실린 선생님의 담화 마지막 부분에 다이너마이트가 나오는 부분이 있었지요? 국제심포지엄에 참석한 학자를 후지 시(富士市)에 데리고 갔더니 "어떻게 이런 상황에서도 혁명이 일어나지 않았죠?"라는 말을 들었다고 쓰여 있는데, 그건 일본의 인간성과 세계의 인간성과도 관련이 있지 않을까요? 몸 그 자체는 인간이니까 다르지 않겠지만, 여기에는 인간성도 크게 관계가 있다고 생각합니다.

그리고 과학과 기술의 지연과 태만은 다음 수업 때 말씀하신다고 하셨는데, 기술도 역시 공해에 영향을 미칠 거라고 생각합니다. 이른바 과학은 무엇을 위해서 만들어진 것인가라는 것, 과학은 인류를 위해서 만들어졌는가, 인류를 멸망시키는 방향으로 이끌어가는 기술자라는 이름의 과학자의 인식의 차이가 공해에 상당히 영향을 미치고 있는 건 아닐까요?

우이 준 글쎄요, 후자의 질문은 얘기하기 껄끄러운 다음 강의와 관련된 것이라 저도 아직은 적당한 답변을 드릴 수 없습니다. 다만 전자의 인간성의 차이로 설명할 수 있는지의 여부를 말씀드리면, 저는 그런 부분을 인간성의 차이로 설명하지 않습니다. 대부분의 경우는 역사적인 조건의 차이로 설명할 수 있습니다.

예를 들어, 가이노(戒能) 선생님이 말씀하신 "일본의 자본주의는 왕후귀족과 격투하여 권리를 쟁취한 역사가 없다. 근대 자본주의 발흥시대에 왕후귀족으로부터 권리를 쟁취하기 위해서는 생산이 선(善)이다. 사람들에게 행복을 가져온다는 것을 입증해야 했고, 또한 자신들이 왕후귀족보다도 윤리적으로 뛰어나다는 것을 내세워 대중인민을 같은 편으로 끌어들여야 했다. 일본의 자본주의에는 그런 기회가 없었다. 따라서 일본에서는 도덕적인 문제가 자본주의 생산 안에서 논해지는 일은 별로 없었다."라는 것이 이것과 연관됩니다.

공해의 두 번째 요인이었던 정부와 기업의 밀착관계와 관련되는데, 가이노 선생님의 이 지적을 저는 충분히 이해합니다. 사회적 책임이라고 해 봤던들 상당히 뻔뻔스러운 소리를 한다는 것을 알 수 있습니다.

나중에 사례연구 부분에서 일본의 자본가가 훨씬 나았던 때가 있었다는 예를 한두 가지 제시하겠습니다. 지금처럼 부패하고 타락한 시대만 있었던 건 아니거든요. 공해문제에 더 성실하게 대처했던 시대가 있었다는 것을 밝히는 것이 이 강의의 목표 중 하나이기도 합니다.

지금 우리가 공해문제로 악전고투하면서 자본가 개개인보다는 일본의 자본주의와 체제가 어디까지 부패했는가에 대해 끊임없이 절망하고 있지만, 자본가가 좀 더 제대로 처신했던 시기도 있었습니다. 그때에 비하면 현재는 말세라는 인식을 가져도 됩니다. 따라서 지금의 구미와 일본의 차이로 인간성의 차이는 별로 문제가 되지 않습니다.

C   우리는 공해에 대해 개념이나 정의를 내리고 싶어 하는데, 일본에서의 공해는 공해대책기본법 등에서 정의를 내릴 수 있는 것과 가장 넓은 의미에서의 ―광의의 경우와 협의의 경우가 있

겠지만— 공해의 정의는 무엇일까요? 설명해 주셨으면 합니다.

우이 준 이 강의는 대학에서처럼 정통적인 방법을 취하지 않고, 정의를 내리는 것부터 출발하지 않았다는 지적이 이 질문 안에 포함되어 있는데, 공해학자라고 알려진 사람들이 어떻게 정의하고 있는지 질문에 대한 참고예로서 말씀드리겠습니다.

실은 공해라는 말에 대해서 상당히 궁금했기 때문에 지금까지의 정의의 예를 책에서 발췌해 봤습니다. 대략적으로 말하면, 기술(技術)적으로 정의하는 예는 공해문제에 힘쓰고 있는 사람이 기술적으로 정의합니다. 예를 들어 대기오염이나 수질오염을 정의할 때, 가능한 한 기술적으로 정의합니다. WHO의 대기오염처럼 상당히 충격적인 정의가 있습니다. 도쿄대학 출판사에서 간행한 『공해』에 서술되어 있는 '신체 및 재산에 불리해진다'라는 정의도 그렇습니다.

그런데 공해심의회나 산업구조 심의회, 그리고 기요우라 라이사쿠(清浦雷作) 교수는 "공해의 가해자는 불특정 다수이고, 피해자도 불특정 다수이다."라고 늘 말합니다. 이 말이 나왔을 때 사실은 예전에 가토 이치로(加藤一郎) 씨와 상당히 격렬한 토론을 한 것이 생각났습니다. 공해기본법이 제정되는 과정에서 도쿄대학에서 〈공해연구회〉라는 것이 열려서 1년 정도 법률학자와 교류한 적이 있었어요. 그러는 중에 가토 씨가 '공해는 대부분의 경우 가해자와 피해자가 불특정 다수'라고 하는 이들이 많다는 이야기를 해서 제가 불같이 화를 냈습니다. 불특정 다수라는 것은 두 가지 개념, 즉 불특정과 다수를 합친 거예요. 제대로 조사해 보면 공해는 가해자도 피해자도 다수이긴

하지만 반드시 특정할 수 있습니다. 이것을 불특정하다고 하는 것은 조사가 충분하지 않거나 속임수라는 지적을 한 적이 있습니다.

그래서 공해의 정의를 나열해 보면, 불특정 다수를 강하게 주장하는 그룹과 그렇지 않은 그룹을 일렬로 나열할 수 있었기 때문에 저는 정의를 아예 팽개쳐 버렸습니다. 팽개쳐 버렸다는 것은 다소 난폭한 표현이지만, 주민이 "나는 피해를 입었다. 공해다."라고 주장하면 여기에서는 그것을 공해로 다루겠습니다.

너무 막연할지 모르지만 이 공개강좌에서 사례로 다루는 미나마타, 아시오(足尾), 히타치(日立), 아라타 강(荒田川), 이시카리 강(石狩川), 에도 강(江戸川), 이타이이타이병, 미시마(三島), 누마즈(沼津), 후지(富士), 우스키(臼杵)가 전형적인 공해라는 것은 의심할 여지가 없습니다. 그리고 여러분이 도쿄에서 실감하는 대기오염이나 배기가스도 공해라는 데는 공감하실 겁니다. 정의는 일단 접어두고 '내가 공해라고 생각하는 것 중에서 공통되는 것은 무엇일까'라는 접근방식을 취해 보려고 합니다.

사실 지금 한 질문은 "정의하지 않으면 논의를 진행할 수 없는 거 아니냐?"라는 상당히 근본적인 문제입니다. 저는 이 강의에서 정의보다 먼저 논의를 진행해 보려고 합니다. 이것은 대학 수업으로는 낙제입니다. 이런 방식을 취하면 반드시 학생들한테 불만이 나옵니다. 개념규정을 제대로 하지 않고 논의를 진행하는 것은 말도 안 된다고 말이죠. 그런 의미에서 하니 선생님의 "말을 소중하게 사용하라"라는 것과 다소 모순된다는 생각은 들지만 실제로 일어나고 있는 일을 쫓고 있을 때는 개념규정을 하고 있을 여유가 없기 때문에, 어떻게 정의하는가로 그 논자의 입장이 결정되는 성가신 문제는 잠시 보류해 주십 사 양해를 구하고 강의를 진행하고자 합니다.

D   공해가 발생하기 힘든 조건과 발생하기 쉬운 조건으로 구별하 셨는데, 그것을 일본 전체에 적용시키면 상당히 문제가 있다고 생각합니다. 역으로 작용할지도 모르고 상호간에 얽혀서 공해 가 발생할지도 모릅니다. 만약 우리에게 그러한 인식이 있다면 개개의 구체적인 하나하나의 사례를 쫓아가며 살펴볼 필요가 있을까요?

우이 준   그렇습니다. 말씀하신대로 우리가 지나치게 이런 요인을 맹신 했기 때문에 현재의 심각한 공해문제에 직면하고 있습니다. 다 음 시간에 말씀드리려고 하는 과학기술의 지연과 태만은 이러 한 요소를 지나치게 의존해 버린 결과이기도 합니다. 따라서 이것은 그렇게 본질적인 지적이라고 생각하지 않는 편이 좋을 것 같습니다. 이 정도조차도 지금까지의 공해에 관한 논의에서 는 누락되어 있었습니다.

　　예를 들어, 최근 여러 잡지에 공해 특집이 게재되고 있습니 다. 대개 한 달에 한두 편의 특집이 게재되는데, 공해의 요인에 대해서 다소나마 외국과 비교를 하는 곳은 없습니다. 상당히 기술적이고 조잡한 것은 특집에 나옵니다. 그리고 외국과 비 교해서 어떤가에 대해서는 어디 어디는 대책으로 어떤 법률이 생겼고 진행되었다는 논의는 있지만 이만큼 자연조건이 다른 데 그렇게 비교해도 되는지에 대한 논의는 거의 없습니다.

　　하나 더 여러분에게 말씀드리고 싶은 것은 논문을 읽을 때

역사적인 고찰이 빠진 논문은 읽어도 별로 도움이 되지 않습니다. 일본의 공해문제를 논할 때 역사적인 고찰을 배제하고 현재나 미래만을 논의하는 논문은 읽어도 도움이 안 되기 때문에 읽지 않는 편이 좋다고 할까, 시간 낭비이고 자기 위로에 불과합니다. 그리고 일부러 본질을 흐리게 할 목적으로 쓰는 논문이 종종 있습니다. 그런 의미에서 저는 가토 히데토시(加藤秀俊) 씨가 말씀하시는 "글로벌한, 전지구적인 공해로서의 오염이 중요하다."라는 논의는 아무래도 의구심이 듭니다. 구체적으로 살펴보기는 했지만, 그리 한가하지 않기 때문에 그 점은 더 이상 언급하지 않겠습니다. 오늘은 이 정도에서 제1강을 마치겠습니다.

제2회

1970년 10월 19일

제2회의 진행방식

제1강은 일본의 일반적인 상황과 외국의 경우를 비교해서 일본의 공해가 심각해질 리가 없다는 것과, 그럼에도 불구하고 이 정도로 심각해진 원인을 제시해 봤습니다. 심각해진 원인으로는 첫 번째로 공해를 무시하여 고도성장을 달성할 수 있었다, 즉 '고도성장의 부작용이 공해'라는 표현은 적절하지 않고 오히려 고도성장은 공해로 인해 달성되었다는 것입니다.

두 번째로 정부행정이 철저하게 기업을 보호하고 있다는 것입니다. 세 번째로 우리 자신의 인권사상의 빈약함을 공해의 원인으로 제1강에서 언급했습니다.

오늘 제2강에서 말씀드릴 과학기술의 지연과 태만, 이것은 퇴폐라고도 할 수 있는데 오늘은 과학기술의 퇴폐가 얼마나 진행되어 있는지, 두세 가지 예를 들어 말씀드리겠습니다. 이어서 제가 조사한 순서에 따라서 미나마타부터 몇 가지 케이스를 말씀드릴 생각입니다.

번거롭게 해서 죄송합니다만, 강의실 준비가 생각대로 진행되지 않아서 이번 주도 이 좁은 교실에서 수업을 해야 할 것 같습니다. 여기보다 넓은 교실은 사실 도쿄대학에는 많지 않습니다. 제일 좋은 곳은 야스다 강당인데, 지금은 강제적으로 폐쇄되어서 잠깐 빌려서 사용하기는 힘든 모양입니다. 그래서 다음 주는 만약에 이번 주처럼 수강을 희망하시는 분이 많다면 우리도 이 교실로는 무리라고 생각하여 제1희망으로는 이 뒤의 교수회를 여는 곳, 제2희망으로는 공학부 대강당을 사용할 수 있도록 다시 한 번 공학부장님과 교섭을 하겠습니다. 서두가 길어졌는데, 그럼 오늘 주제인 과학기술의 퇴폐에 대해서 말씀드리겠습니다.

전공 바보의 부패

지난번에도 제가 강좌의 목적으로 말씀드린 것처럼 일본의 대규모 공해문제에서 도쿄대학이 피해자의 입장에서 사태를 규명하기 위해서 노력한 예는 아시오구리광산 광독사건 때뿐이고 그 후는 전무합니다. 오히려 공해의 가해자 측에서 문제의 인과관계를 흐리게 하거나 성실히 연구하는 사람들을 압박하는 쪽에 있었던 예는 무수히 많습니다.

사실 이것은 그런 일을 하는 사람이나 도쿄대학의 기관에 속해 있는 사람의 주체적인 의지와는 상관없이 어쩔 수 없이 그렇게 되어 버리는 모양입니다. 즉 이 대학에서는 선의에서 출발하여 가해자 측에 서 버리는 사고방식을 늘 갖고 있다고 할 수 있습니다.

지난 시간에도 언급했지만, 현재의 공학부나 도쿄대학 전체는 업종별 직업 훈련소로서 졸업 후 바로 사용할 수 있는 인재 양성을 위해서 만들어졌습니다. 대학에서의 연구나 교육은 항상 각각 좁은 전공 분야에서 자신이 예측할 수 있는 범위를 가능한 한 좁힌 후에 그 좁은 분야 안의 서열을 경쟁하거나 자신의 우위를 다른 사람에게 주장하는 것이 연구의 실태입니다.

따라서 공해처럼 종합적인 피해, 즉 많은 자연조건이 복합적으로 얽힌 경우에 발생하는 문제에 대해서는 좁은 전공에서 볼 경우, 종종 말도 안 되는 실수를 합니다. 그래서 선의에서 출발한 학자일지라도 도쿄대학의 학자가 공해문제에 관여할 때는 오히려 전문가이기 때문에 많은 것을 간과하게 되어 가끔이라기보다 반드시 가해자 쪽에 서게 됩니다.

현재 우리가 자연을 얼마나 좁은 시야로 보고 있는지 그 예를 들어보면 —이전에 제가 곧잘 인용했는데— 1970년 봄의 끝 무렵, 도야마현(富山県)의 닛산화학에서 발생한 사건을 다시 한 번 여기에서 언급하려고 합니다. 닛산화학의 하야호시(速星)공장에서 상당히 지저분한 폐수가 진쓰 강(神通川) 유역의 지류인 이다 강(井田川)으로 흘러가서 이다 강 물고기가 종종 죽는 사건이 있었습니다. 이에 분노한 어민이 공장 측에 항의하자, "PH미터는 어제 저녁부터 전혀 작동하지 않았다, PH는 제대로 조정해서 폐수를 흘려보내고 있었다."라고 합니다. 즉 공장 폐수 때문은 아니라는 것이었습니다. 그래서 어민은 활어 수조를 두 개

만들어 그 안에 작은 물고기를 넣어서 이다 강 폐수가 떨어지는 상류와 하류에 배치했습니다. 다음 날이 되자, 하류의 물고기는 전부 죽고 상류의 물고기는 간신히 살아 있었습니다. 이 결과를 가지고 다시 공장에 들이닥친 어민에게 공장 기술자와 때마침 그 곳에 와 있던 후지 현 직원은 "보시는 바와 같이 어젯밤에도 PH는 제대로 조정해서 흘려보내고 있었다, 산성도 알칼리성도 아니다."라고 입을 모아 말했습니다. 물고기가 죽는 비과학적인 실험보다도 PH미터의 기록이 훨씬 과학적이라고 어민들에게 공언했다고 합니다.

우리도 연구를 하면서 자주 이런 실수를 합니다. 하지만 공해 현장에서 이런 일이 지금의 기술자가 아주 일반적으로 떠드는 상식이 된다는 것 자체가 현재의 과학 기술이 상당히 썩어 있다는 것을 의미합니다.

물론 이 부패로부터 우리 자신도 자유롭지는 않습니다. 아마도 여러분은 약을 섞으면 효과가 있다는 말을 믿고 감기에 걸렸을 때나 위에 탈이 났을 때 여러 종류의 약을 섞어서 드신 적이 있을 겁니다. 하지만 독도 섞으면 개개의 성분보다 훨씬 독성이 강해진다는 사실을 까맣게 잊고 있습니다. 그 증거로 아황산가스가 환경 기준의 반이라고 들으면 "그렇군, 그렇다면 어쩔 수 없지."라고 생각하고 물러납니다. 하지만 우리에게 호흡곤란을 일으키는 것은 아황산가스뿐만이 아닙니다. 대기오염을 발생시키는 다양한 물질이 있어서 상승효과를 내는데, 그에 대해서는 환경기준을 정할 때도 공해에 대한 논의를 할 때도 전혀 고려하지 않습니다. 따라서 약의 상승효과는 상식적으로 알고 있으면서 독의 상승효과는 잊고 있다면, 이것은 우리가 현재의 과학에 농락당하고 있다고 할 수 있습니다.

좀 더 진전된 형태로, 요코하마 국립대학의 미야와키(宮脇) 교수가 지적한 예가 있습니다. 경제학자와 도시계획이나 건축에 대해서 다양한 논의를 했을 때 가장 진보적인 논의를 펼치는 경제학자가 태연하게 이렇게 말했다고 합니다. "자연이라는 것은 플라스틱을 녹색으로 칠하면 되는 거 아닌가요? 굳이 이렇게 땅값이 비쌀 때 나무를 남겨 두는 사치는 필요 없어요."라고요. 우리 눈에 보이는 푸른 잎은 햇볕을 받아 탄소가스를 산소로 바꾸고, 대기오염을 상당히 걸러내는 작용도 하고 있습니다. 그런 것은 염두에도 두지 않고 자연이 심리적으로 우리에게 어떤 효과를 미친다고 한다면 물질적으로 그 녹색만을 부여하면 된다는 것이 진보적인 과학자들에게도 상당히 널리 퍼진 사상입니다.

공해와 불가분의 기술체계

도시계획을 전공으로 하는 도시공학과에 소속되어 있으면 때때로 학생이 그린 도면을 논평하고 점수를 매겨야 할 때가 있습니다. 현재의 도시계획은 어떻게 자동차로 살기 좋은 도시를 만들까, 어떻게 콘크리트로 잘 포장을 해서 고층건축 사이를 연결할까? 라는 식으로 말해도 어쩔 수 없는 실정입니다.

그러한 설계를 보면 지표면에는 반드시 자동차나 철도가 달립니다. 인간은 계단을 오르내리고, 육교의 몇 배나 되는 구간을 오르내리지 않으면 안 됩니다. 그런 것을 도면 위에 표현하는 학생에게 저는 항상 같은 질문을 합니다. "이 도면 설계자는 도면에 그려진 구역 어디에 살고 있고 어떤 생활을 하고 있는가? 그리고 가족 구성은 어떻게 되고 이 안에서 어느 정도의 생활을 하고 있는가?"라고요,

이 질문에 대답하는 학생은 아주 드뭅니다. 도시계획을 전공하는 학생 중에서 자신이 어디에 살 것인가에서 출발해서 도면을 그리는 학생은 아주 드물어요. 그런 기술자가 설계한 도시라면 당연히 겉보기에는 아주 좋겠지만 그곳에 사는 사람에게는 아주 살기 힘든 도시가 될 것이 분명합니다. 이런 식의 "당신은 어디에 살고 있습니까?"라는 질문은 아주 성가신 질문을 계속해서 도입하는 실마리가 됩니다. 이렇게 계단이 많은 곳에서 나이를 먹으면 당신은 자신의 다리로 이 계단을 오르내릴 겁니까? 유모차를 밀고 이 계단을 오를 겁니까? 지진이 나면 어떻게 피난할 겁니까?"라는 식으로 얼마든지 질문을 계속할 수 있습니다. 하지만 그 질문에 대답할 수 있을 만큼 고민하고 도면을 그리는 학생은 아주 드뭅니다.

현재의 도시계획 이념은 미관상 보기 좋고, 자동차로 어디든지 자유롭게 갈 수 있는 도시계획입니다. 가장 안 좋은 예로 쓰쿠바 학원도시를 들 수 있습니다. 왜냐하면 그곳은 도쿄대학 도시계획가가 설계했는데, 그는 결코 쓰쿠바 학원도시로 가지 않을 것을 처음부터 알고 있었습니다. 그런 점에서 저는 쓰쿠바 학원도시는 아주 살기 힘든 도시가 되리라는 예상을 하고 있습니다.

그런데 도쿄대학 공학부에서 공부할 정도의 학생이라면 모두 공해에 관계가 있을 거라 생각하는데 제 주변에는 공해에 대해서 전혀 모르는 학생이 있습니다. 예를 들어 전자공학을 전공하는 학생은 "우리

는 공해와 전혀 관계가 없다."라고 합니다. 하지만 컴퓨터 업계에 물어보면, 중형 컴퓨터는 공해 모니터링을 위해서 대도시나 현청소재지 등에 컴퓨터를 판매합니다. 이들이 아주 솔솔한 단골이라고 합니다. 따라서 공해로 수익을 올리는 것까지 포함하면 분명히 도쿄 대학의 거의 모든 분야, 즉 일본 기술자 대부분은 공해에 대해서 얼마간 관련이 있고 대개는 그것으로 수익을 올리고 있다고 할 수 있습니다.

이렇게 컴퓨터에 의한 모니터링이라든가 환경기준에 관한 논의를 할 때 반드시 떠오르는 의문이 있습니다. "왜 발생원을 언급하지 않는가?"

발생원을 언급하면 대기오염도 수질오염도 관측하는 것보다 먼저 공해가 사라질 텐데, 현재의 공해방지기술은 결코 발생원을 언급하지 않습니다. 발생원은 그대로 두고 가능한 한 공해 방지에 자본을 투입하는 쪽으로 기술을 구성합니다. 따라서 컴퓨터를 사용해서 모니터링을 한다는 것은 우리가 지금 소속되어 있는 도쿄대학의 기술적인 상식으로 말하면 오히려 정통적인 길입니다. 이런 기술로 생산을 하기 때문에 당연히 생산의 증가와 함께 공해는 심해지고, 일본 역사에서 왜 아시오구리광산이 가장 먼저 심각한 공해문제를 발생시켰는가에 대해서도 일본 기술의 특질로 설명할 수 있습니다.

아시오구리광산은 1877년 전후부터 상당히 대담한 기술혁신, 예컨대 수력발전으로 물을 퍼 올리는 것을 기계화하고 서양에서 용광로 기술을 도입하는 등의 기술혁신으로 일본의 수많은 구리광산 중에서도 가장 먼저 합리화를 달성했습니다. 그 기술을 도입할 때 공해 문제를 전혀 고려하지 않았기 때문에 아시오구리광산의 생산력 증가와 광독의 심화는 완전히 비례하여 나타나고 있습니다. 이에 대해서는 제3강에서 아시오에 대해 언급할 때 좀 더 구체적인 그래프를 보여 드리겠습니다. 지난번에 말씀드렸던 것처럼 고도성장의 요인으로서의 공해와 그것을 전혀 반성하지 않았던 기술의 퇴폐, 이 두 가지가 현재 우리 주변에서 복잡하게 뒤얽혀 있습니다.

기업기술의 타락

학교 안의 논의이기 때문에 당당하게 이런 이야기를 할 수 있지만, 기업에 들어가면 이것은 불가능합니다.

현재 니가타 미나마타병의 민사소송에서 제가 법정에 나가 피고인 쇼와전공(昭和電工) 측의 기술자가 제출하는 증거를 하나하나 검토하고 반대심문으로 그 내용을 무효화시키는 작업을 하고 있는데, 이때 놀라운 것은 그들이 제시하는 각각의 증거가 정말 전문별로 깔끔하게 분류되어 있다는 겁니다. 화학 중에서도 분석 전문 담당자나 화학 반응 전문가, 통계학 전문가, 그리고 다소 의학 자격이 있는 전문가 등등 문제를 사무적으로 나누어 분담하게 하여 피해자 측이 주장하는 공장폐수설에 납득할 수 없는 부분이 있음을 잇달아 증언합니다. 그 개개의 증언만 들으면 정말 납득이 갑니다. 즉 미나마타병은 공장폐수로 발생하지 않았다고 믿게 만드는 증언입니다. 하지만 하루 종일 세 사람이나 다섯 사람의 증언을 듣고 있으면 서로 전혀 관련이 없고 모순되는 증언이라는 것을 알 수 있습니다.

물론 반대심문의 요령은 그런 상호모순을 파고드는 데 있지만, 회사 기술자로 있는 한 그들은 월급을 받고 상호 모순에 대해서는 전혀 개의치 않는 연구를 하고 있으면 먹고 살 수 있는 겁니다.

만약 아주 상식적인 사람이 자기에게 할당된 연구와 동료 전문가의 연구, 그리고 실제 공해현장을 직접 찾아다니면서 확인해 본다면 아마 저런 연구를 할 수는 없을 거라고 생각될 정도로 현실과는 동떨어진 실험을 하고 있습니다.

유명한 예로, 금붕어를 아주 옅은 농도의 메틸수은 용액으로 길렀는데 금붕어 안의 메틸수은은 별반 축적되지 않았다, 따라서 아가노 강에 수은이 약간 흘렀다고 해서 그것이 물고기 안에 축적될 리 없다는 겁니다. 그 실험을 처음으로 한 사람에게 어느 정도의 수조로 실험해 봤냐고 물었더니 20~30리터의 수조라고 합니다. 그러면 그 수조안에 있던 금붕어의 수은 농도가 얼마나 상승했냐고 묻자 대답을 못 했습니다.

1만분의 1ppm 이라는 아주 옅은 범위에 불과한 메틸수은이 들어 있는 물로, 게다가 10리터나 20리터의 물속에서 금붕어를 길렀다면 모든 수은이 금붕어 안에 축적되었다고 할지라도 분석하기 힘들 정도의 소량입니다.

따라서 그러한 실험 자체가 무의미합니다. 그런데 그런 무의미한 실험이 기업 측 반론으로 제출되면, 그것은 나름대로 세상을 속이고 여론을 눈속임하는 역할을 합니다. 그리고 그동안 피해자의 문제해결을 지연시킵니다.

소송의 경우, 만약 쇼와전공 최고책임자가 법정에 나와서 자기 쪽

증언을 듣고, 반대심문으로 얼마나 몰리고 있는가를 알면 아마 상식적인 인간이라면 여기에서 재판을 끝낼 거라고 생각합니다. 하지만 일본의 재판제도는 변호사에게 일임할 수 있기 때문에 사장은 한 번도 법정에 나올 필요가 없습니다. 그리고 증언을 지시받은 기술자는 자기 증언이 기각되었다는 것을 회사에 보고도 하지 않을 것이고, 흔히 자기 증언이 기각되었다는 것조차 알지 못합니다. 왜냐하면 자신의 좁은 전공 안에서는 어느 정도 조리가 맞아서 그것과 다른 전문가와의 증언의 차이에 대해서는 아무렇지도 않게 생각하는 기술자가 증언하기 때문에, 그 차이를 추궁해도 본인은 아무렇지도 않습니다. 이런 식으로 재판은 판결까지 이어질 거라고 생각합니다. 그렇게 되면 판결까지의 시간이란 피해자에게는 반영구적인 긴 시간입니다.

생사의 기로에 있는 인간에게 내년이 존재하는지의 여부에 대해서는 아무도 확실한 대답을 해줄 수가 없습니다. 우리는 내년(1971년) 여름쯤에는 판결이 나올 거라는 희망을 가지고 있지만 그때까지 전원이 생존해 있을지 확신할 수 없습니다. 이처럼 전공 분야로 나누어서 전공의 틀 안에서만 앞뒤를 맞추려고 하는 기술이 있는 한, 공해 피해자는 구원받을 수 없고 그 전공의 틈새로 공해는 반드시 발생합니다.

저의 일과 관련된 것으로, 회사의 연구는 항상 각각의 전문가에게 벨트 컨베이어 식으로 문제를 맡겨서 능률적으로 처리하게 합니다. 예를 들어 아가노 강 물고기가 얼마나 수은에 중독되어 있는가의 경우에는 물고기를 잡는 전문가가 고용됩니다. 그리고 그것을 분석하는 전문가가 정해집니다. 물고기를 잡는 쪽은 누가 분석하는지 전혀 모릅니다. 분석하는 쪽도 번호만으로 샘플을 받아서 그것이 어떤 성질의 것인지 전혀 모릅니다. 이렇게 하면 선입관이 없어진다는 주장을 하고 있어요.

우리도 종종 그렇게 하고 있습니다. 하지만 직접 분석을 해 보면 결코 기계처럼 정확하지 않기 때문에 도중에 실수도 하고 의외의 수치도 나옵니다. 의외의 수치가 나오면 자신이 잘못했다고 생각하고 옳은 수치를 지워 버리는 경우도 자주 있습니다.

하지만 자신이 물을 퍼서 물고기를 잡는 것부터 시작하여 분석하고 마지막 보고서를 쓰는 것까지 일관해서 일을 처리하면 그런 잘못은 거의 없어집니다. 전공별로 나누어서 —이른바 테일러 시스템이죠— 부분 노동을 이어가는 형태로 하면 능률은 오르지만 오류가 많아집니다. 그래서 보아하니 능률을 올리려는 것이 공해의 원인이 아닐까 하는 생각이 최근에 들더군요. 그래서 저는 완고하게 제 손으로 물을 푸고 스스로 분석하고 있습니다. 이렇게 하면 확실히 능률이 떨어져서 다른 사람의 세 배나 다섯 배 시간이 걸립니다. 하지만 공해 문제를 조사할 때는 공해를 발생시키는 사람의 생각이 능률우선이기 때문에, 피해자나 연구자가 그들과 같은 생각을 해서는 안 된다고 생각합니다.

희석 원리를 부정하다

이야기가 좀 벗어나지만, 제 전공 분야에서 현재 공해방지기술이라는 것이 주목을 받고 있습니다. 외국에서 기술을 도입하거나 도쿄대학의 도시공학이나 위생공학을 졸업한 학생들을 채용해서 설계하게 하는 방법으로 배수처리를 할 수 있다는 신념이 있습니다. 안타깝지만 이것은 현재 그다지 기대할 수 없는 기술이고, 지금 대학에서 가르치는 가장 경제적인 배수 처리는 바다에 버리는 것입니다. 무한대의 물속에 희석되어 분석에 걸리지 않으니까 그렇게 되면 없는 것으로 간주해도 됩니다. 그것이 불가능할 때만 어쩔 수 없이 처리방법을 생각하라고 대학에서는 가르치고 있습니다. 적어도 지난달까지는 강의에서 가르치고 있던 기술입니다.

해양투기와 해양처분은 비난을 받으면서도 지금 도쿄를 비롯하여 각지에서 계속 발생하고 있습니다. 다고노우라에서도 공장폐수가 질척하게 엉긴 것이 해저를 향해서 급격하게 이동하기 시작했다고 합니다. 항구의 제일 안쪽에 오염물을 흘려보내면 그것은 그대로 항구를 지나쳐서 바다쪽으로 빠져 나가 실질적인 해양투기가 됩니다.

희석해서 보이지 않게 되면 존재하지 않는 것이라는 사고방식은 미국에서 하수를 바다로 흘려보내고 당장은 피해가 없었다는 몇 가지 실례로 일본에 도입된 것입니다. 하지만 미국과 일본의 생활방식은 일본이 바다에 의존한다는 점에서 큰 차이가 있습니다.

일본인에게 바다는 식량의 보고이고 물론 헤엄치는 장소이기도 합니다. 말하자면 일본인은 바다를 먹고 사는 것과 같습니다. 미국인에게 낚시란 고작해야 스포츠정도의 개념입니다. 물론 더러워진 물에 대해서는 이런저런 불만도 나오지만 일본처럼 "물고기를 먹을 수 없게 되면 이 네 개의 섬에서 먹을 것이 없다."라고 할 만큼 절실한 것은 아닙니다.

작년에 제가 유럽에서 해양오염학회에 출석했을 때, 학회에서 만난 미국 학자가 "솔직히 말해서 미국은 해양오염연구에 관해서는 이런 학회에 출석하면 모나코나 루마니아 같은 작은 나라한테도 어느 면에서는 주눅이 들 정도로 연구가 뒤떨어져 있다."고 고백했습니다. 현재해양투기가 무해하다느니 완전하다고 하는 사람들의 이론은 모두 미국에서 수입한 것이고 시대에 뒤떨어진 기술입니다. 이처럼 항상 외국기술에 의존하여 개발을 진행해 온 일본의 근대산업과 자본주의는 이제는 외제라면 아무리 시시한 기술일지라도 비싼 돈을 지불하고 들여와서 그것을 응용하고 있습니다.

하지만 이처럼 희석해서 보이지 않게 되면 사라진 것이라는 원리는 ―원리라고 해도 될지 모르겠습니다만 가설이라고 해야 할까요― 사실 지금까지 몇 번의 부정을 거쳐 이제 더는 의존할 수 없다는 제안이 나오고 있습니다. 제일 오래된 것은 ―이 이야기는 모르는 분도 계실 겁니다― '미도리가키'(녹색 굴)라는 현상이 있습니다. 광산 폐수로인해 구리나 아연이 해수에 섞이고, 거기에서 굴 양식을 했을 때 굴이녹색으로 변하고 맛이 떨어지는 현상이 19세기 말부터 알려져 있습니다. 유럽에서 처음으로 알려졌고 일본에서도 제2차 대전 이전부터 이미 수산업의 상식이 되었습니다. 떨어진 굴을 분석해 보면 100ppm 에가까운 구리나 아연이 축적되어 있는 경우가 자주 있습니다.

구리는 10ppm 단위의 것이 흔하고, 아연은 100ppm 단위의 아연이 축적되는데, 물을 분석해도 구리나 아연이 전혀 감지되지 않는 경우가 많습니다.

제일 높은 농축비율을 계산해 보면, 물속에서 굴 안에 1만 배 정도의 농축은 흔히 발생하고 있습니다. 조개류는 일반적으로 물속에서구리나 아연을 농축하는 작용이 있는 듯합니다. 이것은 2차대전 이전부터 알려진 예입니다.

그 다음으로 희석해서 안 보이게 되면 사라진 것이라는 가설을 확실히 부정한 것은 비키니 섬의 수소폭발 실험과 관련된 '원폭 참치'입니다. 이것은 참치가 죽음의 재를 뒤집어썼기 때문에 방사능을 가졌다는 단순한 문제가 아닙니다. 바닷물 안에 미세하게 녹아든 인공방사성 물질이 작은 플랑크톤이나 작은 물고기, 큰 물고기, 그리고 마지막으로 참치에게 먹힐 때마다 농축돼서 상당히 많은 방사능이 물고기의 몸에 축적됩니다. 이때도 바닷물의 양은 상당히 많기 때문에 그 정도 수소폭탄 한두 개정도는 별 것 아니라는 당시의 미국정부와 과학자의 주장에도 불구하고 방사능의 축적이 발생하고 있습니다. 게다가 그때만으로 끝나면 좋은데 현재도 이러한 축적은 바다뿐만 아니라 육지에서도 진행되고 있어요. 특히 북극권은 상당히 심각합니다.

따라서 만약 우리가 좀 더 현명했다면 오염된 물질을 희석해서 흘려보내는 것이 오히려 상황을 악화시킨다는 것을 녹색 굴과 원폭 참치의 사례로 깨달았어야 했다고 지금에서야 절실히 느낍니다.

대개 인간의 지혜는 나중에서야 떠오른다고 하지만, 그렇다고 해도 엄청난 희생을 지불했습니다.

다음 예는 미나마타병입니다. 미나마타병의 경우에도 해수 안의 수은 농도는 고작 $1\mu g/\ell$이라고 하니까 1그램의 백만분의 일이 1리터에 녹아 있었습니다. 즉 일반적인 분석으로는 도저히 측정이 불가능한 낮은 농도였지만, 물고기의 몸속에는 대략 10ppm(10mg/kg)정도의 수은이 축적되어 있었습니다. 이것은 물에서 물고기로 1만 배, 경우에 따라서는 10만 배의 농축이 발생했던 예입니다.

하지만 이때도 우리의 선배, 저를 포함한 많은 기술자들은 일단 희석된 것이 그렇게까지 축적될 리 없을 거라고 방심하고 있었습니다. 그런 우리에게 커다란 충격을 준 것은 1960년대 초부터 중반에 걸쳐 문제가 된 DDT의 농축입니다. 이것도 나중에 상세한 데이터를 소개할 기회가 있겠지만, 대개 물 안에 $0.05\mu g/\ell$정도의 DDT가 있는 듯한데, 이 정도로는 분석할 수가 없습니다. 아마 분석의 한도에서 생각할 때 적어도 이보다는 낮은 농도일 거라고 추정하고 있습니다. 그런데 이것이 산호나 플랑크톤, 수초, 그리고 아주 미세한 식물성 플랑크톤 같은 것을 거쳐서 작은 물고기, 큰 물고기, 그것을 먹는 물새 등에 축적되면 물새 안에 $10mg/kg$, 즉 $10ppm$정도의 DDT가 축적됩니다. 이때 농축 배율은 10만 배의 자릿수가 됩니다. 물새의 알을 조사하면 100만배의 농축이 발생하는 경우도 있습니다. 이렇게 하여 희석해서 안 보이게 되면 괜찮다는 지금까지의 맹신은 확실히 무너졌지만, 1970년대의 지금, 여전히 우리 대학은 희석해 버리면 괜찮다는 논리를 가르치고 있습니다.

생물을 모르는 기술자

그럼 여기에서 생각을 좀 바꿔 보겠습니다. 미나마타병이나 DDT의 농축을 모르더라도 그건 이상하다는 결론이 나올 겁니다. 예를 들어 조개껍질은 대부분이 탄산칼슘($CaCO_3$)입니다. 이 탄산칼슘 이온은 해수 안에서 조개가 모아서 만들어낸 것입니다. 해수 속의 칼슘이온은 고작해야 1ppm정도밖에 녹아 있지 않지만 조개껍질은 거의 순수 ─완전히 순수하지는 않습니다만─ 70~80%는 탄산칼슘입니다. 조개는 물속의 미세한 칼슘을 열심히 모아서 그것을 조개껍질로 자신의 몸 주위에 붙여 갑니다.

인간의 뼈 중에서 적어도 몇%는 인산칼슘으로 구성되어 있습니다. 물고기도 마찬가지입니다. 그런데 물고기가 살고 있는 수중의 인산이온의 양을 측정해 보면 대개 0.01ppm이라는 상당히 낮은 수치입니다. 이 경우에도 인산은 물고기가 살고 있는 환경에서 물고기 뼈에 0.01ppm부터 몇%, 몇%라는 것은 수만 ppm이기 때문에 역시 100만 배에 가까운 농축이 발생하고 있습니다.

이런 것은 굳이 공해에 관한 공부를 하지 않아도 그리고 분석을 따로 공부하지 않아도 상식적으로 알 거라고 생각합니다만, 사실은 모르게 하고 있는 겁니다. 현재의 교육이 모르게 하고 있는 것을 인정해야 합니다.

우선 제 경험부터 말씀드리겠습니다. 도쿄대학에 들어올 때 시험 과목을 몇 가지 선택하게 되는데, 대체로 물리나 화학을 택합니다. 생물 같은 것은 중학교 때밖에 공부하지 않으니까 지금의 공학부 학생도 생물이 얽혀 있는 사건에 대해서는 전혀 알 리가 없습니다. 그래서 조개껍질은 생물이 만들어낸 것이며 생물에는 그러한 작용이 있다고 말해도, "이것은 탄산칼슘이고, 이것을 태워서 밭에 뿌리는 석회 연료로 저렴하다면 사용할 수 있다."라는 인식은 할 수 있어도 생물이 해수 속에서 정성들여 칼슘을 주워 모아서 만들어진 거라고 이해하기는 힘듭니다. 지금의 공학부 기술자는 사물을 이용하는 측면에서밖에 보지 못

합니다.

이렇게 바닷물 속의 미량 성분을 축적하는 생물이 있다면 아무쪼록 돈을 축적하는 생물이라도 찾아주지 않으려나? 라는 식의 아주 현실적인 이야기가 됩니다.

생물이나 자연을 전혀 모른다는 것이 현재 기술자의 특징입니다. 이 점을 여러분이 정확히 알아 두셨으면 합니다.

우리도 위생공학을 공부하고 공해문제를 조사하게 된 후로 20년 만에 생물학 책을 읽거나 직접 현미경을 들여다보고 아메바를 찾거나 할 정도입니다. 따라서 저처럼 직업적으로 그런 일을 해야 하는 경우를 제외하면 보통 일본 기술자는 생물학적인 문제에 대해 거의 무력하고 관심을 갖지 않는다고 할 수 있습니다. 그래서 여기에서 나오는 논의는 쥐 실험에서 나온 환경기준의 50%이기 때문에 절대로 질병이 발생할 리 없다는 식의 조잡한 이론입니다.

이 조잡한 이론에 대해 대답할 유일한 방법은, 그런 말을 하는 인간을 연기를 뒤집어쓰고 있는 지역에 데려가 강제로 거주하게 하는 것뿐입니다. 차별문제와 같은 문제인 이상, 그런 식으로 입장을 바꿔 보게 하는 것 말고는 공해의 실태를 인식할 수 있는 방법이 없을 거라고 제1강에서 말씀드렸습니다. 그런 점에서 보면 도쿄의 대기오염도 독성지옥 같은 모습이 되어가고 있습니다. 가이노 선생님이 농담처럼 "양산과 방독면이 10년 후에 필수품이 될 것이다."라고 말씀하신 것을 우리는 결코 웃어넘길 수 없어요. 그런 일이 실현될 무렵에 가이노 선생님은 "내가 말한 대로지 않은가, 그럼 먼저 지옥에 가 있겠네." 하며 이 세상에 작별을 고할 수 있을지 모르지만, 우리는 그럴 수 없습니다.

그래서 이 공해강좌에 젊은 분들이 많이 와 있다는 것은 저도 마음이 든든하고 안심이 됩니다. 하지만 현재 젊은 세대가 받는 교육은 대학에 들어가기 위해서 필요한 공부만 해야 한다고, 그렇게 하지 않으면 낙오될 거라고 우리 때보다 더 세뇌되는 교육입니다. 따라서 자연을 몸으로 직접 느끼고 종합적으로 파악하는 것은 우리도 어렵지만 젊은 여러분들은 더 어렵지 않을까요?

처음부터 그런 핸디캡이 있다는 것을 알아 버리면 오히려 해결책이 있습니다. 하지만 뭐든지 안다고 착각하고 실제로 자연에 관해 전혀 모르는 것은 아주 위험합니다.

제가 "현재의 과학 기술을 신용해서는 안 된다. 의존해서는 안 된다. 여러분이 받아온 교육은 아주 편중되어 있다."라는 것을 공해원론 강의 초반에 —우리가 처해 있는 일반적인 조건으로— 말씀드리는 것은, 여러분이 그런 인식을 공유한다면 거기에서 빠져나올 길도 있을 거라는 희망이 있기 때문입니다.

일반적인 문제는 앞으로 사례연구를 몇 가지 더 언급한 후에 다시 살펴보기로 하고 여러분에게 제가 걸어 온 여정을 소개하는 의미에서 지금까지 말씀드렸습니다. 그럼 20분 정도 휴식시간을 가진 후에 미나마타병부터 일본의 공해에 대해서 말씀드리겠습니다.

미나마타병

영광의 미나마타공장 - 산업신도시의 원형

미나마타에 대해서는 제가 쓴 『공해의 정치학』이나 이시무레 미치코(石牟礼道子) 씨의 아름다운 문장으로 쓰여진 『고해정토(苦海浄土)』, 그리고 전공이신 분은 의학 논문 등을 통해 전체적으로 아시는 분도 많을 거라고 생각합니다. 여러분 대부분은 최근 동향, 즉 정부 견해가 1968년 9월에 발표되고 잡음이 있으면서도 70년 5월에 후생성이 구성한 〈중재위원회〉에 의해 보상이 제시되었다, 하지만 그 중재가 상당히 말이 많았던 것을 기억하고 계시거나, 적어도 그 뉴스는 기억하고 계시리라 생각합니다. 이제부터 저는 거기에 이르기까지 무슨 일이 있었는지, 그것이 일본 공해의 실로 아름다운 전형이다, 미나마타병에 일본의 현재모습이 적나라하게 드러나 있고 왜 그런 결론에 이르렀는지 그 과정을 말씀드리려고 합니다.

사실 짓소주식회사의 미나마타공장은 일본의 화학공업에 있어서 가장 유서 깊은 —유서 깊다는 표현은 좀 묘하지만— 실제로 우리 기술자에게는 일본 화학공업의 가장 정통적인 공장이라고 할 정도로 가치 있는 공장이었습니다. 이곳은 짓소의 기술적 발전의 기지로서, 수입을 또 다른 공장에 투자하기 위한 기지로서도 미나마타공장이 일찍이 한 시기에 노구치 콘체른이나 일본짓소콘체른이라고 일컬어진 시기부터 주축이 되었던 주력공장입니다. 이 공장의 역사는 실은 상당히 오래됐습니다. 1906년에 도쿄대학 전기공학과를 졸업한 노구치 스스무(野口遵) —우리는 노구치 준이라고 부르고 있습니다— 라는 기술자가 가고시마현의 오구치(大口)라는 곳에 작은 발전소를 하나 세웠습니다. 발전소를 세운 목적은 근처에 있는 오구치 광산과 우시오(牛尾) 광산에 전기를 공급하기 위해서였습니다.

일본의 광산 역사상 전기의 도입은 중요한 전환기를 의미하고 있습니다. 광산이 채산을 맞출 수 있는지의 여부는 이전부터 어떻게 물을 퍼 올릴지의 문제로 거의 결정되었습니다. 사도(佐渡)의 금광은 죄수들의 노동으로 지탱되고 있었는데, 갱내에 고이는 물을 어떻게 퍼낼지가 관건이었습니다. 끊임없이 물을 퍼내지 않으면 현장이 물에 잠겨서 작업자들이 익사할 수 있기 때문에 광산은 곧 물과의 전쟁이었다고 할 수 있습니다. 그런데 그곳에 증기기관이 투입되고 전기가 들어왔습니다. 전기는 깊은 굴속에서도 전선으로 자유롭게 운반할 수가 있기 때문에 펌프를 현장 근처에 설치하고 계속해서 물을 퍼낼 수가 있습니다. 전기의 도입으로 광산의 굴착기술은 비약적으로 발전했습니다. 오구치, 우시오 광산에 전기를 도입해 수입을 늘리는 것에 일찍이 착안한 사람이 노구치 준이었습니다.

그전까지는 오구치 광산과 우시오광산은 증기기관을 사용하여 퍼내고 있었기 때문에 석탄을 때서 펌프를 돌렸습니다. 전기가 들어오면 석탄이 필요 없어지죠. 석탄은 그 전까지 대개 북규슈 서쪽, 나가사키의 탄광에서 미나마타 뭍으로 운반되어 마차로 오구치 광산과 우시오광산으로 운반하고 있었습니다. 하지만 수력발전이 가능해져서 마차로 운반할 필요가 없게 되어 마부는 모두 실직했습니다. 1908년에 전력이 상당히 남는다는 사실을 알고, 남은 전력을 이용하여 카바이드를 만드는 니혼카바이드상회라는 공장이 건설되었습니다. 이 공장을 건설할 때 사업가인 노구치 준은 처음에 지금의 미나마타보다 16킬로미터 정도 남쪽에 위치한 이즈미(出水) 부근 —가고시마 현입니다. 가고시마 현의 이즈미 근처 고메노쓰(米ノ津)라는 곳이지요— 에 공장을 세우려고 했답니다. 이곳에는 좋은 항구가 있고 금광에서 가깝기 때문에 전선을 끌어올 자본도 별로 들지 않습니다.

그런데 이 이야기를 들은 미나마타의 유력자들이 노구치가 묵고 있는 여관에 찾아와 "미나마타가 훨씬 조건이 좋다, 만약 미나마타로 오면 여러모로 공장에 유리한 준비를 해 주겠다."고 합니다. 예를 들어 미나마타까지 전선을 끌어오는데 고메노쓰에 비해 16킬로미터 정도 전신주가 더 필요한데, 그 전신주와 전선을 끌어오는 비용을 지역에서 부담하겠다고 한 거죠. 미나마타는 에도 말기 무렵에는 염전법에 의한 소금 제조로 상당히 흥했던 어촌인데, 전매법 실시로 소금을 마음대로 못 만들게 되자 결국 쇠퇴해 버렸습니다. 미나마타의 유력자들은 이전에 염전을 했던 토지를 헐값으로 넘겨주겠다고 합니다. 그리고 항구는 없지만 미나마타에 항구정도는 만들 수 있으니 이쪽으로 공장을 가져와 달라고 직접 담판을 짓습니다. 이것은 지금 생각하면 지난 10년간 흔히 반복된 공장유치, 특히 산업신도시형 —공장을 유치할 토지를 준비하겠다, 도로도 만들겠다, 물도 공급하겠다, 항구도 준비하겠다 등등의 유치형태— 과 완전히 동일한 방식이 60년 전에 이미 행해졌다고 할 수 있습니다.

여기에서 저는 역사의 아이러니 같은 것을 느낍니다. 물론 미나마타병은 발생하지 않겠지만 현재의 산업신도시가 비슷한 공해를 일으키는 것은 몇 년 후일까요? 지역의 부담으로 거침없이 공장유치를 하는 형태로 일본에서 제일 진보적인 유치를 한 곳이 미나마타입니다.

지역 유력자들의 예상은 적중했습니다. 당시의 미나마타는 염전도 불가능해지고 작은 항구가 있을 뿐인, 마부도 일자리를 잃은 어촌이었습니다. 인구가 만 명 안팎이었는데 공장 유치로 점점 증가하더니 전쟁 말기에는 인구 3만 명을 넘었습니다. 정점이었던 1955년부터 1960년 무렵에는 인구 5만이라는 그럴듯한 도시가 되었습니다.

어쨌든 그렇게 해서 1908년 미나마타에 카바이드공장이 들어섰습니다. 이것은 아주 작은 공장이었던 모양입니다. 카바이드가 어떤 용도로 팔렸냐 하면 어업용 아세틸렌 램프였는데 이것도 아이러니한 이야기입니다. 아세틸렌 램프로 사용하는 카바이드 양은 뻔합니다. 그래서 당시 비료로 새로운 용도를 개척하기 위해서 다음 해인 1909년에 석탄질소 제조를 시작합니다. 그런데 만들기는 했지만 석탄질소라는 것이 —저와 같은 세대에 농사를 지어본 분이라면 아시겠지만— 새카맣고 불쾌한 냄새가 나는 질소비료입니다. 이것을 잘못 들이마시면 머리가 아프거나 심장 발작을 일으키기도 하는 상당히 골치아픈 것입니다.

1920년대 중반 무렵 동북지방에 간신히 보급시켰는데 중독 사례가 상당히 많았다고 들었습니다. 결국 석탄질소는 전혀 팔리지 않아서 이것에 수증기를 더하여 암모니아로 만들고 그 후 황산을 흡수하게 하여 유안을 만드는 변성유안으로 상황을 타개하려고 했습니다.

화학방정식을 좀 도입하겠습니다. 너무 걱정하실 필요는 없어요. 여기에서 보여 드리는 화학방정식은 대개 중고등학교에서 여러분이 배웠던 것입니다. 시라누이 해(不知火海)는 석회암이 많이 생산됩니다. 게다가 코크스를 섞어서 전기화로로 태우면 칼슘카바이드, 보통 카바이드라는 것이 만들어집니다.

$$CaCO_3 + C \rightarrow CaC_2$$

이것을 질소 중에서 한번 더 전기로 태우면,

$$CaC_3 + N_2 \rightarrow CaCN_2 + C$$

탄소가루와 칼슘시안아미드, 석회질소인데 이것이 섞인 것이 만들어집니다. 탄소가 들어 있기 때문에 아무래도 새까매지겠죠. 새까만 비료입니다. 하지만 별로 수익이 나지 않아서 그 다음으로 생각한 것이 이것입니다.

$$Ca\, CN_2 + H_2O \rightarrow NH_3$$
$$NH_3 + H_2SO_4 \rightarrow (NH_4)_2SO_4$$

석탄질소에 고온의 수증기를 더해 주면 암모니아가 만들어집니다. 이 암모니아에 황산을 터트려서 유안, 당시로서는 가장 모던한 비료를 만들었습니다. 하지만 이때 니혼카바이드상회, 이후의 니혼짓소는 경영이 수월했다고는 할 수 없습니다. 상당히 힘든 시기도 있었던 것 같습니다.

1912년에는 전기철도를 놓기 위해서 이 수력발전소를 모조리 당시의 철도원, 지금으로 말하자면 운수성(運輸省)쯤 되겠네요, 그곳에서 인수하려 한다는 이야기가 나옵니다. 공장 측은 헐값에 발전소를 빼앗길 수 없다, 이렇게 카바이드를 만들어서 생계를 이어가고 있으니 제발 좀 봐 달라고 필사적으로 양해를 구합니다. 하지만 그 후로도 경영이 순조롭지 않았기 때문에 이번에는 공장 쪽에서 사 달라고 요청합니다. 결국 그 해에 소기전기(曽木電気), 즉 최초의 수력발전과 니혼카바이드상회의 공장을 철도원(鉄道院)이 매수하게 됩니다.

당시 전국에 철도를 놓을 계획이었지만 진행이 잘 되지 않았는지 철도원에서 전기철도 계획을 포기하고 —미쓰비시 자본이 상당부분 투입되지 않았겠느냐는 이야기를 나중에 들었는데— 돈도 마련되었기 때문에 1915년에 공장을 다시 사들였습니다. 그리고 시멘트 생산을 시작합니다. 그런데 1915년은 제1차 대전 직전이어서 경기가 좋아져서 만들기만 하면 뭐든 팔리는 시기가 옵니다. 1919년인가 20년에는 104%의 이익금을 배당했다고 합니다. 짓소 미나마타공장의 104%의 배당금으로 간부들이 모두 금시계를 샀다든가 하는 뒷얘기가 전해집니다. 어쨌든 그 정도로 호황이었습니다. 하지만 이 호시절은 그리 길지 않았습니다. 몇 년의 호황 이후, 이전과 같은 불황이 다시 찾아옵니다.

선진기술에 의한 공장의 발전

노구치라는 사람은 여기에서 아주 대담한 기술 도입을 합니다. 제1차 세계 대전이 시작되기 전에 독일의 카이젤이 "앞으로 전쟁을 시작해도 화약은 괜찮겠는가?"하고 부하에게 물었더니 "공중질소의 고정으로 암모니아에서 초산은 얼마든지 만들 수 있기 때문에 초석의 수입이 멈춰도 전쟁은 괜찮습니다."라고 대답해서 제1차 세계 대전이 시작되었다는 유명한 이야기가 있습니다. 하버와 보슈가 공중질소 고정에 성공해서 그것이 제1차 대전의 물질적인 기반이 되었는데, 전쟁이 끝난 후에 하버와 보슈의 특허 외에 몇 가지 새로운 암모니아 합성법이 고안됩니다. 그중 하나인 이탈리아의 카자레의 방법을 노구치가 우연히 보게 되는데, 아직 실험실 안에서 반공업화 과정의 작은 장치가 움직이고 있을 때 과감하게 그 기술을 통째로 사들입니다. 그리고 칼슘시안아미드에 수증기를 몇 단이나 뿌려서 하는 오래된 방법이 아니라 느닷없이 공기 중의 질소와 물을 전기분해해서 만든 수소에서 암모니아를 만드는 방법으로 전환합니다.

$$N_2 + H_2 \rightarrow NH_3$$

처음에는 노베오카(延丘)의 현재의 아사히 카세이(旭化成) 공장에 작은 규모의 장치를 들여놨는데, 잘될 거라는 예측에 즉시 미나마타에 노베오카의 세 배나 되는 커다란 설비를 갖추어서 공업생산에 착수합니다.

이 분야의 질소기술은 첫 번째 설비는 대개 외국에서 구입하지만 두 대째는 절대로 외국에서 구입하지 않습니다. 증설은 자체적인 기술로 해결합니다. 이것은 기술자로서도 아주 보람 있는 일인데, 대범하게 보면 외국기술의 수정이고 나쁘게 말하면 남의 흉내입니다. 좋게 말해도 수정에 불과하지만 운이 안 좋으면 기술자에게 그런 기술을 개발할 기회는 평생에 한 번도 없기 때문에 짓소미나마타공장에 근무한다는 것은 우리가 졸업했을 당시에도 반에서 1등이나 2등이 아니면 바랄 수 없는 명예였습니다.

이 카자레 암모니아의 도입 무렵부터 짓소만의 기술개발이 점점 정착하게 됩니다. 1926년에 미나마타공장에 이 암모니아 합성이 유입됩니다. 그리고 나중에 아사히카세이로 바뀐 노베오카 공장은 이것을 공기산화해서 질산을 만듭니다. 아시는 것처럼 이것은 면화약이나 피크린산 혹은 화약의 원료입니다. 1932년에 이번에는 이 카바이드를 원료로 하여 여기에서 나오는 아세틸렌을 수은촉매를 사용하여 아세트알데히드로 바꿉니다. 그리고 이 아세트알데히드를 산소와 화합하여 초산을 만듭니다.

$$C_2 H_2 + H_2O \rightarrow CH_3 CHO$$

$$CH_3 CHO \rightarrow CH_3 CO OH$$

이 기술은 하시모토 히코시치(橋本彦七)라는 기술자의 손으로 확립합니다. 그의 이름을 굳이 언급한 것은 후에 미나마타병이 발생했을 때의 시장(市長)이 하시모토 히코시치였기 때문입니다. 이 또한 역사의

장난 같다는 불가사의한 생각이 듭니다. 이 프로세스를 고안한 본인이 후에 병이 발생했을 때 시장으로 재직하고 있었던 겁니다. 그래서 시의 행정이 미나마타병 같은 골치 아픈 문제에 관여하고 싶지 않았을 거라는 건 쉽게 상상이 갑니다.

그 후 조선짓소를 만들거나 여러 가지 우여곡절이 있었지만, 미나마타공장의 기술적인 발전 중의 최고는 현재 우리가 일반적으로 사용하고 있는 염화비닐수지를 1940년에 이미 미나마타공장에서 생산했다는 겁니다. 일본에서 최초로 생산한 것입니다. 2차 대전 이전에 염화비닐 제조실적이 있는 곳은 미나마타공장 뿐입니다.

미나마타공장은 전쟁말기에 폭격을 당하지만, 그 후 급속하게 회복합니다. 염화비닐은 아세틸렌과 염산으로 간단히 만들 수 있는데, 촉매제로 수은을 사용합니다. 완성된 모노머를 중합(重合)시킨 것이 염화비닐의 수지가 됩니다.

$$C_2 H_2 + HCl \rightarrow CH Cl = CH_2$$

2차 대전 이후, 한 때 이러한 플라스틱 생산은 점령군에 의해서 금지되었지만 곧 생산을 재개합니다. 아마 1949년 무렵에 이미 염화비닐 생산을 재개했을 겁니다. 정확한 연도는 잊어버렸지만 전후에도 가장 먼저 염화비닐수지를 만들기 시작한 회사입니다.

그 후 1952년에 접어들어 아세트알데히드를 원료로 해서 이것을 두 개 연결해서 부틸알데히드를 만듭니다. 그리고 부틸알데히드를 두 개 연결해서 옥틸 알데히드를 만든다는 식으로, 마치 실험실에서 뭔가를 합성시킬 때의 순서를 그대로 공장에서 하는 것 같은 상당히 손이 가는 방법이지만 여기에서 탄소가 여덟 개 있는 알코올을 만듭니다.

$$CH_3 CHO \rightarrow C_8 \text{ 알코올}$$

이것이 옥틸 알코올입니다. 옥틸 알코올을 프탈산과 화합시키면 염화비닐의 가소제 DOP, 연질의 염화비닐 필름이나 가죽을 만들 때 반드시 필요한 원료로서 염화비닐수지에 섞어서 열을 가해 부드럽게 하는 기름 같은 물질입니다. 이 DOP라는 가소제를 미나마타공장에서 만들게 되는데, 이것도 일본에서 처음입니다.

그런데 저는 우연히 1956년부터 59년까지 염화비닐 영업을 하고 있었기 때문에 뼈저리게 느끼는데, 짓소만이 DOP를 만들 수 있었던 그 무렵 염화비닐수지는 아주 불황이어서 만들어도 전혀 팔리지 않았습니다. 저는 닛폰제온(日本ゼオン)에서 판매를 담당하고 있었는데 이쪽은 전혀 팔리지 않는데 짓소의 염화비닐수지만은 날개 돋친 듯이 팔렸습니다. 짓소에서만 만드는 가소제를 끼워서 '가소제를 몇 톤 나눠줄테니까 우리 회사의 염화비닐수지를 몇 톤 사라'는 형태로 시장을 완전히 독점했던 겁니다. 대개 1960년 무렵까지 짓소의 DOP 독점은 계속됩니다. 아마 이 무렵이 미나마타공장의 절정기였을 겁니다.

1952, 53년부터 60년 무렵까지 미나마타 시 인구는 5만 명에 이르는데, 지금까지의 과정을 살펴보면 수력발전이 처음 만들어지고 그 후에 카바이드와 암모니아를 만듭니다. 그리고 그것을 원료로 하여 비료나 화약, 유기합성약품을 만듭니다. 이른바 카바이드 중심형 화학공업

의 전형인데, 그 중에서도 짓소미나마타공장은 염화비닐이나 DOP에서 보듯이 일본 최초의 제품을 개발합니다. 이것은 기술적으로도 좀처럼 쉽지 않은 만큼 기술수준이 높았다고 할 수 있습니다.

전형적인 기업 성하촌(城下町)

이렇게 인구가 증가한 미나마타 시는 미나마타공장 덕택에 시로 승격된 셈이고 전형적인 기업도시가 됩니다.

같은 시기에 기업도시로 유명했던 곳이 야하타(八幡)인데, 미나마타 시는 야하타의 축소판 같은 곳이었습니다. 그래서 전후의 다선(多選) 시장, 이 당시에 재선된 시장이 앞서 언급했던 하시모토 히코시치 씨로 초산 합성에 성공했던 기술자입니다. 미나마타 시는 저의 책에도 다소 언급했듯이 전형적인 성하촌이라고 할 수 있습니다.

공장이 영주님(殿樣)이고, 시청이 대신(代官)입니다. 시민의 이익과 반드시 일치한다고는 볼 수 없습니다. 미나마타 시 산업 비율은 3분의 1이 농림업, 3분의 1이 제조업, 그리고 3분의 1이 3차산업으로 구성되었습니다. 1957년과 58년 무렵의 미나마타 시 인구 구성은 그 시기 일본의 산업인구 구성과 정확하게 일치합니다.

미나마타 역에서 내리면 바로 눈앞에 짓소의 정문이 보이고 커다란 공장이 서 있어서 그 위압감이란 도쿄에서는 도저히 상상하기 힘듭니다. 미나마타 시의 인구가 5만 명이니까, 이것을 200배로 하면 도쿄와 비슷해집니다. 그 짓소공장을 200배 정도의 크기로 부풀려서 지금의 황궁이 있는 곳에 둔다고 가정하면 느낌상 비슷해질 것 같습니다. 그 정도로 도시 한 가운데에서 공장이 차지하는 지위라는 것은 압도적이라고 할까요, 성이 한 가운데에 있고, 그 아래에 성하촌이 형성되어 있는 모양새입니다. 도로도 공장으로 통하는 도로는 전쟁 전부터 포장되어 있었습니다.

　　그리고 제가 한번 학교의 예를 든 적이 있는데, 미나마타에는 전쟁 전부터 고등여학교가 있었는데 이전 학제인 보통 중학은 결국 생기지 않았습니다. 전후에 학제가 개편되고 나서야 실업고교형태의 고등학교가 생겼습니다. 이것도 공장이 중등학교가 생기면 골칫거리다, 극단적으로 말하면 청년빨갱이의 원천이 된다, 빨갱이가 된다는 이유로 반대했다는 이야기가 전해지고 있습니다. 이 미나마타 시에서 공장 직원으로 채용되는 것은 초등학교나 고등소학교 성적이 1등이나 2등인 학생의 특권이었고, 채용되고 나서 대개 일 년 동안 임시직원으로 일했다고 합니다. 주로 사원들의 사사로운 일을 돌보거나 잔심부름을 하는 급사 일을 하다가 거기서 성적이 좋은 이가 간신히 직원이 되었다는 이야기를 이이다 세이에쓰로(飯田清悅郎) 씨가 이전에 들었다고 합니다. 충분히 그런 일이 있을 수 있었던 도시입니다. 현재 짓소미나마타공장은 경제적으로 많이 기울기는 했지만, 시민들 마음속에 공장의 비중은 여전합니다. 그러니 미나마타병 환자는 미나마타 시에서 회사와 이해가 대립한 최초의 집단일 겁니다. 미나마타의 지역사회에서 살아가야 하는 환자에게 보상이 아무리 불충분하고 적은 액수일지라도 그것을 수용하지 않으면 지역사회에서 살아갈 길이 없어집니다. 짓소에 반항하는 것은 당치도 않은 일이라며 모두에게 따돌림을 당하여 살아갈 수가 없습니다. 십수 년 동안 "당신 집에 환자가 나와서 좋겠군, 큰 부자가 되겠어."라는 식으로 차별을 받아 온 환자로서는, 1970년의 환자보상은 후생대신이 보는 앞에서 이번에는 가슴을 펴고 당당하게 보상을 받을 수 있었고, 여러분도 그것을 받아들이는 것이 합리적인 선택이라고 생각하실 겁니다.

저도 미나마타병 환자였다면 그 보상을 받아들였을 겁니다. 하지만 인간은 이성만으로 합리성만으로 선택할 수는 없습니다. 미나마타 지역에서 미나마타공장을 상대로 소송을 건다는 것은 제정신이 아닐지도 모릅니다. 하지만 제정신이 아닐지라도 확실히 해 둬야 할 것이 이 세상에 몇 가지는 있습니다. 이런 공개강좌를 개설한 것도 제정신이 아닐지도 모릅니다.

미나마타병의 발견 - 호소카와 박사의 역할

미나마타병이 언제부터 시작됐는지는 아직 알 수 없습니다. 공식적으로는 1953년에 첫 번째 환자가 발병한 것으로 알려져 있지만, 현재 생존해 있는 사람 중에 그 전부터 이상했다는 사람이 몇 명 있습니다. 그리고 분명히 동일한 증상으로 사망한 사람이 그전에도 있었다고 합니다. 하지만 미나마타병을 둘러싼 현재의 행정이 더 이상 환자를 늘리지 않겠다는 방침을 고수하고 있고, 특히 1953년 이전의 환자는 절대로 인정하지 않겠다는 태도를 구마모토 현과 미나마타 시의 인정위원회가 취하고 있기 때문에 공식적으로는 1953년에 첫 번째 환자가 발생한 셈이 됩니다. 그 전부터 있었을 거라는 것은 우리도 당연히 예상은 하지만, 여기에서는 그에 대한 판단은 미뤄두고 진행하도록 하겠습니다.

1956년 5월 짓소미나마타공장 부속병원에 네 명의 환자가 계속 운반되었는데, 그 처참한 증상을 본 당시의 병원장 호소카와 하지메(細川一) 박사는 "이것은 새로운 병이 아닐까?"라는 의문을 갖습니다. 그때부터 미나마타병의 조직적인 연구가 시작됩니다.

호소카와 박사는 지난 주 10월 13일 화요일에 암으로 돌아가셨습니다. 실은 이 공개강좌를 위해서 호소카와 박사의 인사라고 할까, 젊은이들에게 남겨 줄 말을 부탁하고 싶어서 입원하신 후로 몇 번이나 부탁을 드리러 갔습니다. 그래서 병세가 호전되면 녹음으로나마 말씀해 주시기로 했는데, 결국 그 기회는 없었습니다. 지금까지 미나마타병의 경위를 조사할 때 가장 중요한 곳에 반드시 계셨던 분이었습니다.

그 당시에 호소카와 박사를 중심으로 의사회, 시청, 보건소, 시립병원 등에서 〈희귀병 대책위원회〉라는 조직이 생깁니다. 이 조직은 눈부시게 활약하여 불과 2개월 사이에 환자가 발생하는 구역, 가족관계, 연령, 무엇을 먹고 있는가, 유사한 병의 계통은 없었는가, 유전은 고려할 수 있는가 등을 전부 조사했습니다. 그리고 대략 8월말 경에 이것은 전염병이 아니라 중독이 의심스럽다는 결론에 이릅니다. 중심이 된 것은 역시 호소카와 박사와 짓소미나마타공장 부속병원의 젊은 의사들이었습니다.

호소카와 박사는 아주 수수한 분이셨는데, 젊은 사람들에게 신망이 두터워서 그들의 정신적인 지주가 되고 있었습니다. 도쿄대학 의학부 학생 때, 우와지마(宇和島) 중학교의 동급생으로 나중에 '조르게 사건'에 연루된 공산당원 마쓰모토 신이치(松本愼一)와 친해서 학생 때도 상당히 위험한 지하 활동을 도운 적이 있었던 모양입니다. 그런 경험이 나중에 호소카와 박사의 버팀목이 되기도 했습니다. 학생 때는 형편이 어려워서 돈이 없어 해를 넘길 수가 없었습니다. 그래서 결국 대학에서 기르는 개의 쌀을 훔쳐 와서 그걸 먹고 해를 넘겼다는 이야기를 나중에 들은 적이 있습니다.

대학에 남아서 근무의가 되고 싶었지만 결국 돈을 댈 수가 없어서 당시 근무지로 가장 조건이 좋았던 조선짓소의 산골 진료소 소장자리가 나와서 거기로 갔습니다. 그리고 학생 때는 공부보다 오로지 문학에 심취해 있었다고 합니다. 전쟁에 징집되어 매일 사지를 넘나들게 되어, 의사로서 젊을 때 얼마나 공부에 소홀했는지를 뼈저리게 느끼고 독일어 의학 서적을 보내 달라고 해서 그것을 해어질 때까지 읽고 암기했습니다. 그리하여 간신히 의사로서 자부심을 갖게 되었다고 언젠가 저에게 말씀하신 적이 있습니다. 미나마타로 옮긴 후로는 리케차병인 선열(腺熱)이라는 상당히 고열에 시달리는 병이, 미나마타에서 아시키타(芦北) —다소 북쪽입니다— 야쓰시로(八代) 근처에서 발생했기 때문에 그 풍토병을 연구했고, 학위도 아마 그때 취득하신 걸로 아는데 상당히 완성도가 높은 훌륭한 논문을 쓰셨습니다. 풍토병에 대한 조사를 한 직후였기 때문에 미나마타병이 새로운 병이라는 판단을 할 수 있었다고 합니다.

어쨌든, 1956년 여름에 역학적인 연구는 대략 완성되고, 다음으로 어떤 증상이 이 병의 특징인지도 호소카와 박사를 비롯한 의사들이 전부 조사했습니다. 초기에 알아낸 증상 중 대표적인 것이 '시야협착'이라는 것인데, 주변부터 점점 보이지 않게 됩니다. 대통 안에서 밖을 내다보는 것처럼 시야의 중심만이 간신히 보입니다. 그리고 '운동실조'는 손발이 자유롭게 움직이지 않고 경련이 일어납니다. 이것이 모든 환자에게 동일한 증상이라는 것까지 알아냈습니다. 이것은 지금도 진단에 사용될 정도로 정확한 기록이었습니다. 9월경에는 대략·이것은 식중독이고 원인은 물고기인 것 같다는 결론을 내렸기 때문에 현지에서는 그 이상 깊이 조사할 근거가 없었습니다.

그래서 구마모토대학 연구팀의 협력을 얻어서 구마모토대학으로 연구의 중심이 이동합니다.

미나마타병 원인 추궁의 기묘한 내막

실은 이때부터 모두 공장폐수가 의심스럽다는 생각은 하고 있었지만, 그것은 미나마타라는 지역에서는 너무나도 불경스러운 생각이었기 때문에 입 밖으로는 내지 않았습니다. 그래서 연구도 미나마타에서는 더 이상 계속할 수가 없었습니다. 어느 정도 거리가 있는 구마모토라면 추진하기 쉽겠다는 생각에서, 미나마타 의사들도 선뜻 환자를 구마모토대학으로 인계하고 말았습니다.

이것은 의학계의 일반적 현상으로 보면 의외의 일이죠. 보통 새로운 질병을 발견하여 그에 관한 논문을 써서 학위를 취득한다는 것은 의사에게는 1만 중의 한 명, 평생에 한번 있을까 말까한 행운이라고 할 수 있어요. 그러니 지역에서도 미나마타병을 계속 치료하면서 연구하고 싶은 마음이 굴뚝같았을 겁니다. 하지만 공장폐수에 얽힌 문제라 두려워서 그 이상 할 수 없었다는 것이 솔직한 마음이었습니다.

하지만 그 무렵에는 이미 물고기가 위험하다는 것을 알고 있었습니다. 공장 배수구 근처에서 물고기가 잇달아 죽어가니 사람들의 시선도 자연스럽게 공장을 주목합니다. 그러다 보니 호소카와 박사도 57년 무렵에는 상당히 힘든 상황에 처했던 모양입니다. 공장 안에 있으니 뭔가 진상을 알고 있지 않느냐고 주위에서 추궁하기도 하고, 환자를 진찰하러 가도 '회사의 앞잡이다, 저런 자하고는 말도 섞지 말라'고 모두 입을 모아 험담했습니다. 심지어는 당시 일본공산당 말단조직 중에서 호소카와 박사를 회사의 개로 단정 짓는 전단을 뿌리려는 움직임도 있었습니다. 그런데 마침 미나마타에 돌아와 있던 다니가와 간(谷川雁)이 그런 엉터리 전단을 뿌려서는 안 된다고 말려서 위기를 모면했다는 이야기도 있습니다. 사실 미나마타는 도쿠토미 소호(徳富蘇峰)·로카(蘆花) 형제와 다니가와(谷川) 형제의 출신지이기도 합니다. 유명한 인재가 제법 많이 배출된 도시인데, 호소카와 선생님은 다니가와 간의 주치의를 하기도 해서 상당히 친한 사이였다고 합니다.

어쨌든 미나마타병으로 죽은 환자나 동물 실험으로 죽은 고양이, 미나마타병 물고기나 조개 등을 분석해 보면, 물과 진흙도 그렇지만 다양한 독성 물질이 많이 나옵니다. 망간, 셀렌, 탈륨, 비소, 구리, 납 등 당시의 문헌에도 기록되어 있는데, 무엇을 측정해도 전부 다량 존재하기 때문에 도대체 뭐가 원인인지 알 수 없었습니다.

게다가 하나같이 독성이 있는 것으로 신경이 손상을 입을 만한 것들이었죠. 특히 망간은 옛날에 히라쓰카에서 우물이 오염되어서 상당히 심각한 중독을 발생시킨 전력이 있기 때문에 망간을 주목하여 물고기를 분석하거나 망간의 축적실험, 동물에게 먹이는 실험을 상당히 해 봤지만 전혀 미나마타병과 일치하지 않았습니다.

그렇다면 셀렌은 어떤가 하여 셀렌을 조사해 봤지만 이것도 일치하지 않았습니다. 그리고 신경과 교수가 탈륨이 상당히 유사한 것을 알고 실험을 하기 시작합니다. 그런데 교수가 유사하다고 했으니 모두 유사한 결과를 내면 학위를 취득할 수 있다고 학생들이 생각하기 시작해서 —이것은 일종의 비극이기는 하지만— 교수의 의향에 맞추어 잇달아 논문을 쓴 탓에 그 교수는 더욱더 탈륨이 미나마타병과 일치한다고 확신해 버려서 죽을 때까지 그렇게 생각했다고 합니다.

이것은 강좌제의 하나의 비극인데 이런 일은 곧잘 발생합니다. 교수가 평소부터 통솔력이 아주 강해서 자신이 생각하는 방향으로 연구결과를 가져가려 하면, 우리는 강좌제 속에서 교수의 눈치를 살피며 사는 데 익숙하기 때문에 교수가 무엇을 원하는가를 정말 민감하게 알아챕니다. 그리고 교수가 원하는 방향으로 연구결과를 내려고 하는 학생이 반드시 나옵니다.

이 실험은 아무리 연구해도 전혀 결과가 나오지 않았기 때문에 구마모토대학에서도 가장 힘들었던 시기였는데, 지금 생각해 보면 용케 이 시기를 헤쳐 나갔다고 생각합니다. 1956년부터 59년 봄까지 긍정적인 결과가 아무것도 나오지 않는 연구를 3년 가까이 했습니다. 아마 각 연구실이 대략 이삼백만 엔의 돈을 그런 연구에 사용했을 겁니다. 지금 우리도 그렇지만, 의학부 같은 곳에서 긍정적인 결과가 나오지 않는 연구에 이삼백만 엔이나 쏟아 부으면 바로 빚으로 파산합니다. 하지만 이 시기는 우연히 의학부 학위제도가 구제도에서 신제도로 전환되는 시기였습니다. 당시는 개업은 했는데 좀처럼 학위 취득을 위한 연구를 할 수 없었던 의사가 교수와 이야기해서 이따금 대학을 방문하여 실험을 하는 것이 상식이었습니다. 하지만 그것은 명목상의 이야기이고 실제로 실험을 하지 않아도 쓸 수 있었는데, 대학에 남아 있는 조교 중에서 우수한 사람이 상당히 큰 연구를 하여 논문을 써서 그것을 몇 개로 나누어 학위를 다수 취득합니다. 그것을 함께 분배하는 겁니다. 물론 받는 쪽은 대체적인 시세가 정해져 있어서 몇 십만엔 정도를 연구에 필요한 경비로 납부해야 합니다. 그런 시기가 있었어요. 이것은 나쁘게 말하면 학위 매매이고 좋게 말하면 위탁연구입니다.

구제도 때는 졸업하고 상당한 시간이 지나도 논문만 통과하면 박사학위를 취득할 수 있었지만 신제도로 바뀐 후에는 졸업하고 기한이 지나면 아마 외국어 시험이 필수가 되었던 것 같습니다. 논문만으로는 박사가 될 수 없었고 뭔가의 시험을 통과해야 합니다. 이미 졸업하고 몇 년이나 지난 의사가 시험을 위해서 다시 독일어와 영어공부를 한다는 것은 정말 힘든 일이었습니다.

그렇다면 구제도의 기한이 끝나기 전에 무슨 일이 있어도 학위를 취득해 두려는 것이 당시 구마모토대학을 비롯해 일본 전체 대학, 의학부뿐만 아니라 모든 학부에서 흔히 있었던 일입니다. 의학부에서는 예를 들어 한 시간의 교수회에서 백 몇 편의 논문을 통과시켰다는 유쾌한 이야기도 있습니다.

그 정도로 서둘러서 통과시켜야 했을 만큼 박사가 많이 나온 시기였습니다. 따라서 이 시기에 각 대학에 표면에 드러나지 않는 자금이

유입되었고, 구마모토대학이 긍정적인 결과가 나오지 않는 연구를 3년 가까이 계속할 수 있었던 것도 실은 이 구제도에서 신제도로 학위제도의 전환이 이루어졌기 때문입니다. 만약 이 다음에 미나마타병과 같은 어려운 문제가 또 발생하더라도 우리는 이 우연을 기대할 수 없습니다. 다시 한 번 학위제의 전환 등이 있으면 이야기는 다르겠지만, 아마 그런 일은 없을 겁니다. 학위의 매매나 위탁연구가 아주 나쁜 일이라는 것은 누구나 압니다. 하지만 미나마타병을 지탱했던 것은 이런 나쁜 일이었습니다. 나쁜 일이라고 할까, 일반적인 상식으로 생각하면 이상한 일입니다.

그런데 좀 전에 탈륨이라고 믿어버린 교수가 있었다고 말씀드렸는데, 이것은 상황이 아주 안 좋게 전개된 예이고, 이 시기에 각각의 연구실에서 완고하게 자기 의견을 고집한 덕택에 여러 가지 원인 중에서 진짜 원인이 아닌 것이 하나하나 지워졌다는 것은 인정해야 합니다. 교수나 조교수가 완고하게 자기 의견을 고수할 수 있는 것은 강좌제라는 틀 안에 자신이 갇힐 수 있기 때문에 가능한 겁니다. 만약 이 틀이 없으면 잘못되고 완고한 의견은 그리 오래 갈 수 없습니다. 하지만 미나마타병의 이 59년까지의 시기에는 잘못된 자신의 완고한 의견이 있었기 때문에 그것을 철저히 추궁하여 역시 잘못되었다는 것을 입증했던 겁니다.

만약 그 무렵에 누군가가 뭔가 그럴싸한 것을 언급하여 저마다 따라오는 상황이었다면 진짜 원인은 찾을 수 없었을 겁니다. 경직된 강좌제는 저도 반대 입장에서 싸우고 있는 대상이지만, 미나마타병의 경우에는 긍정적으로 작용했다고 볼 수 있습니다.

1958년 봄이 되자, 2년 가까이 결과가 나오지 않았기 때문에 구마모토대학도 상당히 지쳤던 모양입니다. 현과 시와 구마모토대학에서 대체적으로 병의 원인도 알기 시작했으니 미나마타에 환자를 돌려보내고 중간발표를 한 이후, 구마모토대학은 손을 떼려는 움직임이 있었습니다.

이상하게도 이것은 실현되지 않았습니다. 신문에는 대강 4월 10일경에 미나마타에서 연구 발표회를 열어 미나마타병의 원인에 대해서 어느 정도 밝히고 환자의 신병을 모두 미나마타에 되돌린다는 예고 기사가 이삼일 전까지 나왔는데, 어찌된 일인지 당일에 연구 발표회는 없었습니다. 이에 대해서 아무리 조사해도 왜 그랬는지 알 수가 없었습니다.

지금은 구마모토대학 교수님들도 대부분 잊어버렸고, 이야기하고 싶지 않은 사정이 있을지도 모릅니다. 추측한 바로는 역시 임상적으로 가장 정확한 연구를 하고 계셨던 호소카와 박사가 현지에 계신 이상, 어중간한 결과로는 중간보고나 연구중단이라는 절차를 밟을 수 없었던 게 아니었을까요? 다행히 1958년 4월에 연구는 중단되지 않고 이어졌습니다.

이 무렵, 미나마타 시장인 하시모토 씨가 미나마타병의 원인은 전쟁 중에 가솔린 첨가제로 사용한 테트라에틸납이 아닐까라는 설을 제시했습니다. 테트라에틸납설에 아무도 관심을 갖지 않자, 이번에는 농약이 틀림없다는 이야기를 신문기자에게 언급했다가 비웃음을 사기도 했습니다.

곤란에 빠진 어민

연구 쪽은 이렇듯 전혀 진전이 없었는데, 어민 쪽은 어떻게 되었을까요? 물론 물고기가 위험하다고 알려지고 어민 중에서 환자가 계속 나왔기 때문에 아무도 물고기를 안 사게 됩니다. 그래서 미나마타 만(水俣湾) 일대, 대체로 물고기를 먹은 사람이 중독됐다는 곳을 어획금지 구역으로 지정하자는 진정서가 나옵니다.

하지만 어획을 금지하면 그만큼 보상을 해야 한다는 사실에 현청 공무원의 생각이 미치고, 결국 어획금지는 현재까지 한 번도 실행되지 않았습니다. 즉 정식 법률이나 조령에 의한 미나마타 해역의 어획금지는 마침내 실행되지 않았습니다. 어민은 어쩔 수 없이 '자주적인 조업 단축'이라는 방법을 취하여 미나마타 만 안쪽 독성이 강한 물고기가 잡히는 곳은 조업을 금지하기로 했습니다. 그것이 어느 정도 효과가 있어서 1957년에 어민의 발병이 거의 없었습니다.

이건 좀 다른 이야기인데, 어획금지를 하고 보상했던 곳은 전 세계에서 스웨덴뿐입니다. 미나마타병에 대해서 일본은 모르는 척했고 핀란드도 모르는 척하고 있습니다. 앞으로 캐나다나 미국이

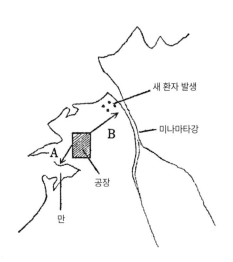

새 환자 발생

미나마타강

B

A

공장

만

어떤 행동을 취할지 흥미로운데, 어쨌든 법적으로 금지하면 그에 맞는 보상을 해야 합니다. 이런 재정적 이유로 차라리 금지하지 않는 것이 국제적인 풍조입니다.

1958년에 접어들면 자주조업을 하던 어민 중에서 다시 드문드문 새로운 환자가 발생합니다.

그리고 이것은 아직껏 왜 그렇게 했는지 이유를 알 수 없지만, 공장이 배수구를 다른 지역으로 바꿉니다. 그 전까지 미나마타 만으로 흘려보내던 공장폐수를 미나마타 강으로 보냅니다. 그때까지 A를 향하고 있었던 물을 이번에는 B를 향해서 흘려보낸 거죠. 왜 이렇게 했는지 아직도 알 수가 없습니다. 어쨌든 이 시기부터 B쪽에서도 물고기가 죽게 되고, 드문드문 배수구 근처에서 환자가 발생합니다. 또한 훨씬 북쪽에서도 환자가 발생하여 발생지역이 확대됩니다. 결과적으로 상당히 커다란 규모의 인체실험을 한 셈이죠.

유기수은설의 최초의 시사

원인물질에 대해서 전혀 실마리가 없는 채로 2년이 흘렀는데, 우연히 영국의 마크 알파인이라는 의사가 1958년 봄에 구마모토를 방문하여 미나마타병 환자를 진찰했습니다. 이때 자신이 어딘가에서 본 적이 있는 유기수은 중독과 증상이 아주 유사하다는 것을 알게 됩니다. 아마 구마모토의 동료 의사들에게도 말했겠지만 기록에 남아 있는 예로는 그 해 가을 발간된 『란세트』라는 유명한 의학잡지에 ―전 세계에서 읽히고 있는 영국에서 발간되는 잡지입니다— 마크 알파인의 아주 짧은 논문이라고 할까, '일본여행기' 같은 글이 실렸습니다. 거기에 미나마타병은 이런 병으로 원인은 아직 알려져 있지 않지만 지금까지 문헌에서 본 수은중독과 유사하다는 내용이 실립니다.

대개 이 무렵부터 구마모토대학 내부에서도 몇몇 교수들이 수은을 주목하기 시작합니다. 수은 분석은 —저도 막 시작했는데 상당히 까다로운 기술을 필요로 해서— 바로 결과가 나오는 것은 아니었다고 합니다. 반년 가까이 기술을 연마해서 어렵사리 물고기와 실험동물을 분석해 보니 속속 수은이 검출됐습니다.

1959년 봄 무렵부터 완고하게 자기 의견을 고수하던 연구실들도 지금껏 자신들이 주장한 원인물질이 미나마타병과 무관하다는 사실을 대개 알고 있었기 때문에 병리학의 다케우치(武內) 교수의 "이것은 수은이 아닐까?"라는 제안에 동참하여 일제히 수은 연구를 시작합니다.

1959년 봄은 이렇게 유기수은 중독의 증거가 잇달아 나온 시기로, 이것이 7월에 처음으로 발표됩니다. 이후의 경과에 대해서는 시간이 다 됐기 때문에 대강 여기에서 일단락하려고 합니다.

그러면 오늘은 아무래도 토론을 하기 힘들 것 같고, 특별히 급한 의견도 없는 것 같으니 오늘 강의는 이것으로 마치겠습니다. 비좁은 곳에 많은 분들을 들어오시게 해서 정말 죄송합니다. 다음부터는 좀 더 조건이 좋은 곳을 찾아보겠습니다.

제3회

1970년 10월 26일

첫 번째 원칙 - 기승전결의 4단계

지난 시간은 미나마타병의 유기수은 중독이라는 증거가 발표되기까지의 과정을 말씀드렸습니다. 오늘은 유기수은이 발견되고 난 이후부터 현재까지의 경과와, 거기에서 무엇을 얻을 수 있고 어떤 것을 알 수 있는지 말씀드리겠습니다.

미나마타병을 조사하면서 알게 된 것인데, 공해에는 기승전결 네 가지 단계가 있는 것 같습니다. 말하자면 공해가 발견되고 피해가 발생한다, 그에 관한 원인연구와 인과관계연구(제1단계)가 시작되어 원인을 밝혀낸다, 이것이 제2단계라고 해 봅니다. 하지만 원인을 아는 것만으로 공해문제는 해결할 수 없습니다. 제3단계로 반드시 반론이 제기됩니다.

이 반론은 공해를 발생시키는 쪽에서 나오는 경우도 있고 제3자라는 학식 경험자가 제기할 수도 있습니다. 어쨌든 반드시 반론이 제기됩니다. 그리고 제4단계는 타협의 단계인데 이때는 어느 것이 옳은지 전혀 알 수 없게 됩니다. 이것이 공해의 4단계입니다. 이 순서가 옛날 한시(漢詩)에서 사용되는 기승전결의 원칙과 유사하기 때문에 '기승전 결의 제1법칙'이라고 저는 말하고 있습니다. 다만 결(結)에서 말끔히 정리되지 않는 것이 공해의 특징입니다.

이것을 미나마타병에 적용시켜보면, 질병이 발견된 1956년부터 59년까지의 원인추궁의 과정이 기(起)에 해당합니다.

유기수은이 발견된 1959년은 이어지는 승(承)의 단계입니다. 그리고 59년 가을부터 60년에 걸쳐서 전(轉)의 단계로 들어섭니다. 즉 반론의 전개입니다. 이 반론은 전반적으로 질보다 양입니다. 왜냐하면 아무것도 모르는 사람을 눈속임하기 위해 만들어진 반론이기 때문에 내용은 문제가 되지 않습니다. 뭐든 상관없이 많이 이야기하는 편이 정확한 원인을 알 수 없게 합니다.

따라서 반론의 특징은 첫째로 '질보다 양'이라고 할 수 있습니다. 그중에는 엉터리 반론도 있습니다. 하지만 엉터리 반론만으로는 타협이 이루어지지 않기 때문에 때때로 상당히 과학적으로 들리는 반론도 있습니다.

1959년에는 공장 측에서 네 번의 반론을 발표했습니다. 이것은 뒤로 갈수록 정밀해지는데, 말하자면 미나마타병과 수은은 관계없다는 주장을 몇 번이나 반복해서 언급합니다. 실은 그 전 해인 1958년에 구마모토대학이 아직 망간이나 셀렌을 고집하던 무렵에, 후생성은 미나마타병의 원인이 공장폐기물에 포함된 오염물이나 독(毒)이고 현재로는 망간이나 셀렌이 아닐까 하는 의미의 발표를 한 적이 있습니다. 그

때 공장이 제기한 반론도 완전히 같은 방법입니다. 즉 그때는 구마모토 대학이 주장한 망간이나 셀렌이 아니라는 반증을 가능한 한 많이 수집했는데, 59년이 되면 망간과 셀렌 대신에 수은으로 이름을 바꿔 무수하게 반론을 제기합니다.

이것과는 별도로, 질보다 양이기 때문에 번지수가 틀린 반론일지라도 어쨌든 구마모토대학에 트집을 잡으면 된다는 식의 반론도 나옵니다. 가장 전형적인 것이 일본화학공업협회의 전무이사였던 오시마 타케지(大島竹治)가 발표한 '전쟁이 끝날 당시 버린 폭약일 것이다'라는 주장입니다. 이것은 현장을 살짝 보기만 하고 당시의 하시모토 시장의 주장을 그대로 언급한 것 같습니다. 9월 무렵에 폭약설을 제기했는데, 10월에 종전 당시에 폭약이나 탄약을 관리했던 장교가 "그런 곳에 아무것도 버린 기억이 없다, 미군의 명령으로 상당히 엄중하게 관리해서 사세보(佐世保) 앞바다의 깊은 바닷속에 버렸다."라는 증언을 하여 진상이 밝혀졌습니다. 하지만 진상 여부는 실은 문제가 되지 않고 어느 한 시기를 "과연 다양한 의견이 있었구나."라고 생각하게 하면 되는 겁니다.

그 다음에 제기된 반론은 동경공업대학의 기요우라 라이사쿠(淸浦雷作) 교수가 발표한 유명한 '아민 설'입니다. 이것은 "물고기가 상하면 아민 정도는 발생한다. 상한 물고기를 먹으면 미나마타병 같은 심각한 병에 걸릴 수도 있다."라는 주장과 "수은이 많이 축적된 물고기는 다른 곳에도 있지만 그곳에서는 미나마타병이 발생하지 않는다. 따라서 미나마타병과 수은은 관계가 없다. 즉 공장폐수와도 관계가 없다."라는 것이 기요우라 교수의 주된 주장입니다.

당시에 기요우라 교수가 쓴 보고서를 살펴보면 "수은이 많이 축적된 물고기나 물속에 수은이 많은 지역은 그 밖에도 일본에 몇 군데 있다. 하지만 이 지명을 공개하면 사회에 불필요한 혼란을 야기하기 때문에 여기에서 지명은 공개하지 않는다."라고 양해를 구하고 있습니다.

기요우라 교수가 언급한 지명을 지도상에서 추측하면, 먼저 홋카이도 동부는 동양에서 제일 큰 수은광산인 이토무카광산의 하류일 겁니다. 그리고 도쿄 만과 이세 만은 논문에도 도쿄 만과 이세 만에 다소 수은이 많은 물고기가 있다는 공장 측의 반론이 있습니다. 그런데 또 한군데 호쿠리쿠(北陸) 어느 지역이라는 곳이 있습니다. 도쿄 만이나 이세 만 만큼 오염되어 있으면 —지금은 물론 오염되어 있지만 10년 전에는 훨씬 깨끗했습니다— 역시 상당히 오염이 심해져서 아마 수은 정도는 찾으려고 들면 얼마든지 있을 만큼 오염되어 있기 때문에 도쿄 만과 이세 만에 다소의 수은이 물고기에서 검출되어도 이상할 것이 없습니다. 그런데 제일 큰 문제는 "호쿠리쿠 어느 지방의 잉어나 붕어 안에서 미나마타보다 더 많은 수은이 발견되었다. 하지만 그 지역에서 미나마타병은 발생하지 않았다."라는 보고를 했습니다.

이것은 상당히 중대한 보고여서 호쿠리쿠의 어느 지방이 정확히 어디인가를 밝혀내는데 저도 2년이 걸렸습니다. 이 사건과 관련이 있을 만한 사람에게 닥치는 대로 물어보고 다녔습니다. 그래서 1962년에 마침내 그곳이 나오에쓰(直江津)라는 것을 알아냈습니다. 나오에쓰라고 하면 가장 먼저 생각나는 것은 짓소와 동일한 아세트알데히드의 합성공정을 갖는 다이셀 —지금은 다이셀이라고 하지만 예전에는 셀룰로이드의 아라이(新井)공장— 그리고 마찬가지로 수은전해법으로 수은을

사용하는 니혼소다(日本ソーダ)의 일본목공장, 두 곳이 나오에쓰 상류에 있습니다.

따라서 나오에쓰에 수은오염이 발견되는 것은 공장폐수 때문에 물고기 안에 수은이 축적된다는 유리한 증거가 됩니다. 그래서 기요우라 교수는 지명을 언급하지 않았던 거라고 저는 판단하고 있습니다. 만약 지명을 공표하면, 그것은 미나마타병에 대한 유력한 증거가 될테니까요.

기요우라 교수는 이 시기에 아주 적극적으로 신문과 NHK 텔레비전을 통해서 '아민 설'을 주장했습니다. 이에 다소 뒤쳐져서 생리학의 대가로 알려진 도호(東邦)대학의 도키타(戸木田)교수도 기요우라 교수와는 별도로 역시 상하기 시작한 물고기를 먹고 환자가 발병했을 것이라는 것을 전제로 아민 설을 발표했습니다.

타협의 장(場) - 관민일치협력

1960년으로 접어들어 도쿄대학 명예교수 다미야 타케오(田宮猛雄)를 중심으로 도쿄대학의 저명인들로 구성된 〈다미야 위원회〉가 제3자의 공정한 기관으로 발족했습니다. 이중에는 도쿄대학의 공중위생학과 교수인 가쓰누마 하루오(勝沼春雄)와 야마모토 타다시(山本正), 사이토 마모루(斎藤守), 도쿄공대의 기요우라 라이사쿠, 도호대학의 도키타 키쿠지(戸木田菊次), 그리고 당시 교육대였던 지바대의 오야기 요시히코(大八木義彦)등등 쟁쟁한 의학과 화학의 권위자들이 모입니다. 하지만 자세히 살펴보면 〈다미야 위원회〉는 일본화학공업협의회의 연구기관으로 일본화학공업협의회에서 나온 비용으로 결성된 것이 당시 협의회의 월보 안에 확실히 쓰여 있습니다. 다미야 명예교수에게 의뢰하여 학자를 모집하여 연구하도록 한다고 말이죠. 따라서 연구에 참가한 사람들이 본인의 의지로 회사 편을 들었는지의 여부는 차치하고, 실제로는 회사 측의 비용으로 〈다미야 연구회〉가 만들어진 겁니다. 아마 다미야 씨는 이 사실을 알고 있었을 겁니다. 몰랐을 리가 없어요.

다미야 교수는 그때 구마모토대학을 방문해서 연구발표를 제대로 한다면 연구비를 나눠 줄 수 있다는 제안을 합니다. 당시 구마모토대학 의학부장은 상당히 성격이 급하고 완고한 사람이었기 때문에 발끈해서 그 제안을 차버리고 돌려보냅니다. 하지만 일본 의학회 회장이자 도쿄대학 명예교수인 다미야 교수의 제안을 거절했기 때문에 ─순간적으로 발끈해서 거절했지만─ 그날 집에 귀가한 후 걱정이 돼서 잠도 못 잤다는 이야기를 들려준 적이 있습니다. 뭐 말하자면, 도쿄대학 총장에게 조교가 덤벼든 격이죠.

그런데 그 사이에도 구마모토대학에서는 수은이 물고기 안에 축적되어 있다거나 미나마타 만에 상당히 많다는 데이터가 속속 나왔습니다. 한편 반론도 줄기차게 나와서 1959년 11월까지 후생성의 외곽단체인 〈식품위생조사회〉 ─공해문제에서 자주 거론되는 이름입니다─ 학식경험자 30~40명으로 구성되어 있는 외곽단체인데 거기에 58년 무렵부터 〈미나마타병 특별부회〉라는 연구반이 생겼어요. 그래서 미나마타병 연구비를 배분하여 연구를 하고 있었는데 ─대부분은 구마모토대학의 교수님들입니다─ 그 연구반에서 "일종의 유기수은이 원인이다,

환자나 실험동물, 그리고 진흙 안에도 많은 수은이 들어 있다."라는 의미의 중간답신을 장관에게 제출하고 바로 해산해 버렸습니다.

연구반에 참가했던 구마모토대학 교수들까지 이 부회가 해산한 것을 며칠 지나 신문기자에게 듣고서야 알았을 정도로 갑작스러운 해산이었습니다. 이처럼 어느 연구그룹에서 바람직하지 않은 결과가 나왔을 때는 가차 없이 해산하고, 다시 전혀 새로운 멤버를 모집하여 다음 연구그룹을 만듭니다. 심의회나 위원회도 같은 방법이 자주 사용됩니다.

이것이 짜고 돌리는 수법이라는 것은 지난번에 말씀드린 대로입니다. 다음 해에 경제기획청 안에 〈미나마타병 연구 연락협의회〉라는 학식경험자와 각 행정기관의 공무원으로 구성된 협의회가 발족합니다. 여기에 참가한 것은 구마모토대학 생화학과 우치다(内田)교수, 구마모토에서 고베로 전근한 기타무라 교수(공중위생), 반론의 가장 강경한 발표자였던 도쿄공업대학 기요우라 교수, 도쿄도립대학의 한야(半部) 교수, 그리고 한때 오사카대학 학장을 역임했던 저명한 생화학자 아카호리 시로(赤堀四郎)교수도 포함되었습니다. 이 연락협의회는 일 년에 네 번 정도 회합을 열었는데 그 후 예산이 끊겼다는 이유로 자연소멸하고 여기에서 나온 결과는 전부 비밀에 부쳐졌습니다.

이때 구마모토대학에서는 조개 안에 들어 있는 독에 관한 연구에 박차를 가한 끝에, 우치다 교수 등의 노력으로 그것이 아무래도 메틸수은 같다는 것까지는 밝혀냈지만 기요우라 교수의 반론으로 논의는 결국 벽에 부딪치게 되고 여기에서도 흐지부지되어버립니다.

도립대학의 한야 교수는 이때 아주 중대한 발견을 했습니다. 해수 안 수은농도를 그대로 측정하면 다른 지역과 별다른 차이가 없습니다. 하지만 한번 산(酸)으로 분해해서 유기물을 전부 파괴하여 무기물로 만들어 버리면 수은농도가 자릿수가 하나 늘 정도로 많아집니다. 미나마타에는 어찌된 일인지 이상한 현상이 있다, 아마 유기수은이 흐르는 것 같다는 결과가 나오는데, 이것은 상당히 중대한 결과였죠. 만약 이 시기에 조사를 좀 더 진행했더라면 공장에서 유기수은이 직접 나오고 있다는 것을 알아냈을 겁니다. 하지만 이것도 결국 비밀에 부쳐지고 한야 교수의 결과는 진짜 원인을 밝히기 일보직전까지 갔으면서도 그걸로 끝나 버립니다. 연구를 비밀로 하면 비판이 없어지죠. 나중에 스웨덴이 왜 일본과 다른 발전을 했는지 상세히 말씀드리겠지만, 일본의 연구는 비판을 두려워한 나머지 가능하면 비판을 피하려는 생각으로 결과만을 가져 와서 옳고 그름을 논합니다. 결과에 이르는 과정을 차분히 밝혀내려고 하지 않는 것이 일본에서의 연구의 관습입니다.

물론 다른 사람들 앞에서 창피를 당하는 것은 누구에게나 기분 좋은 일은 아닙니다. "타인에게 기분 나쁜 일은 가능하면 하지 말자."라는 겸양의 미덕이나 배려에서 같은 과학자들끼리는 결코 사람들 앞에서 타인을 비난하거나 비판하지 않습니다. 저 같은 사람은 아직 성숙한 과학자로서 자격이 없는 건 아닐까하고 때때로 생각하는데, 좀 더 성숙하기 위해서는 아직도 혼이 나야 할지도 모릅니다.

한야 교수의 예는 연구를 비밀로 했기 때문에 원인을 발견하기 직전까지 갔으면서도 기회를 놓쳐 버린 상당히 유감스러운 예라고 할 수 있습니다.

그런데 지금 말씀드린 반론이 타협의 단계로 유도합니다. 나중에는 도대체 누가 옳은지 알 수 없게 됩니다. 그것이 1960년부터 68년까지 —왜 68년이냐면 바로 그때 진짜 이유가 슬그머니 공표되기 때문에, 68년부터 다음 공해 과정이 시작됐다고 봐도 됩니다— 타협의 단계입니다. 이 단계를 살펴보면 '제3자'라는 것에 의문을 갖게 됩니다.

제2의 원칙 - 제3자는 곧 가해자의 입장

우리 같은 공해 피해자는 '제3자'라는 이름으로 발언하는 사람의 정체가 과연 무엇일까 라는 의문을 갖습니다.

그래서 지난번에 말씀드린 것처럼 일본의 공해는 차별문제이고 제3자는 존재하지 않는다, 그 구조를 조사하는 실마리가 된 것이 미나마타병에 대한 반론의 전개 방식입니다. 정말 공정한 사람이라면 자기 입으로 공정하다고 말하지 않습니다. "나는 정직하다, 거짓말을 하지 않는다."고 말하는 정치가가 있기는 하지만, 우리는 "나는 거짓말을 하지 않습니다."라고 말하는 정치가일수록 거짓말을 하고 대부분이 거짓말을 할 거라고 생각합니다. 사실 정직한 사람은 손쉽게 자기가 정직하다고 말해서는 안 됩니다. 또한 공정한지 아닌지에 대해서는 쑥스러워서 도저히 자기 입으로 "나는 공정한 인간이야."라고 말할 수 없는 법이죠. '공정한 제3자'라는 타이틀을 달고 나오는 이들의 대다수는 대학교수인데, 이들이 나올 때 여러분은 속지 않도록 조심해야 합니다. 대다수라기보다 십중팔구, 심하게는 100% '제3자'가 가해자 측에 서 있습니다.

자, 지금 '기승전결의 원칙=제1원칙'을 미나마타의 경우에 적용시켰다기보다는 미나마타의 경과를 통해 제1원칙을 도출했는데, 제2원칙인 '제3자는 존재하지 않는다'는 것도 동시에 떠올랐습니다.

먼저 1959년 여름의 미나마타는 어떻게 되었는지 말씀드리겠습니다. 『공해의 정치학』에도 썼습니다만, 여기에서는 간단히 언급해 보겠습니다.

"미나마타병은 유기수은에 의한 것인 것 같다."라는 최초의 발표가 있었던 것은 1959년 7월입니다. 구마모토대학이 문부성에서 지급되는 과학연구비로 개최한 연구발표회에서 ―비공개이기는 했지만― 처음으로 이 유기수은설을 공표했습니다. 즉 외부사람은 없었지만 처음으로 사람들이 모여 있는 자리에서 이를 언급한 것이 7월 22일입니다.

이 발표는 바로 신문에 실려서 세상을 떠들썩하게 했지만, 사실은 신문에 나왔기 때문에 사회적인 움직임이 발생한 것은 아닌 것 같습니다. 오히려 그 전부터 어민과 마을 사람들 사이에 원인은 공장폐수라는 확신이 점점 깊어지고 있었는데, "역시 생각한 대로다, 구마모토대학이 말한 공장폐수였다."라는 식으로 이 유기수은설 발표는 방아쇠가 된 셈이었습니다.

여론이 떠들썩해졌지만, 미나마타의 생선가게와 소매상, 그리고 어민들은 왠지 서로 눈치만 볼뿐 행동에 나서지 않습니다. 한방 터트리고 싶지만 영주님이 두렵다고나 할까요. 어쨌든 "생선가게가 먼저 교섭을 해라, 아니다 이런 때는 어민들이 나서는 것이 맞다."라는 식으로 서로 양보만 하고 있었던 것 같습니다. 그러다가 8월에 접어들자 갑자기 데모나 농성, 공장과의 단체교섭이 시작됩니다.

공장 측은 여전히 고자세입니다. 자신들이 조사한 바로는 수은과 미나마타병은 관계가 없다, 따라서 보상에 응할 이유가 없다, 하지만 이전부터 어획량이 줄었다 줄었다 하니까 조금은 위로금을 지불하겠다는 식입니다. 결국 회사 측 대표를 회의장에 가둬 두고 고춧가루를 태워 연기를 피워서 밤새도록 괴롭히거나 불법감금으로 어민이 연행될 뻔하거나 하는 사소한 분쟁들이 이어지다가 어느 단계에서 지역의 유력자가 중재에 나서게 됩니다.

제3의 법칙 - 기하평균 법칙

결국 시회의원이나 시장 같은 지방의 유력자가 중재에 나서서 8월중에 어민의 보상 요구에 대한 중재가 이뤄집니다. 회사에서 미나마타 어업협동조합에 3,500만 엔의 보상금을 지불하는데, 이것은 처음에 주장했던 수억이라는 피해액에서 깎이고 깎여서 3,500만 엔이 된 겁니다. 이때의 경과를 지켜보면서 제가 제3원칙으로 '기하평균원칙'이라는 것을 제시했습니다.

보상금은 반드시 지불하는 쪽과 받는 쪽 주장의 중간, 즉 더해서 2로 나누는 정치적인 타협의 산술평균이 아니라 양쪽을 곱해서 제곱근으로 나타내는 기하평균으로 정해집니다. 저는 이것을 '공해의 제3원칙'이라고 말하고 있습니다. 따라서 한쪽이 제로라고 말하면 어떤 요구라도 전부 제로를 곱해서 제로가 됩니다. 한 푼도 내지 않겠다고 하는 쪽이 제일 강한 겁니다.

예를 들어, 가해자 측이 "십만 엔 주겠다."라고 하고 피해자 측이 "손해는 백만 엔이다, 백만 엔을 보상해라"라고 주장할 때 더해서 2로 나누는 55만 엔은 되지 않습니다. 이전에 오노 반보쿠(大野伴睦)라는 정치가가 있었는데 그가 정치적 타협을 "더해서 2로 나눈다"고 표현한 적이 있어요. 그래서 우리도 정치적 타협은 더해서 2로 나누는 것이라고 믿고 있었는데, 보상금의 경우는 더해서 2로 나누지 않습니다. 이것을 더해서 2로 나누면 110만엔을 2로 나누기 때문에 55만엔이 될 겁니다. 하지만 대개 30만엔 정도로 결정되는 것이 일반적입니다.

이것은 심리적으로 아마 서로 간에 양보하는 비율이 같은 수치로서 기하평균이라는 것이 근거가 있을 거라고 생각합니다. 즉 피해자 측에서 보면 3분의 1로 깎아 준 것이고, 가해자 측에서 보면 3배나 지불한 겁니다. 양쪽에서 볼 때 심리적인 타협에 준하는 수치가 기하평균입니다. 이것은 상당히 정확하게 들어맞는 원칙입니다.

저는 올해 5월의 중재 발표가 있기 한 달 전에 미나마타병 보상액이 사망자에게는 2백만 엔 전후가 될 거라고 예상했는데, 이것이 거의 적중했습니다. 가해자 측이 지불한 것은 32만 엔의 위로금, 피해자 측이 요구한 것은 사망자에 대한 1,300만 엔의 보상금. 이것을 곱하여 제곱근으로 나타내면 200만 엔입니다. 즉 양쪽 주장에 상당한 차이가 있을 때도 기하평균은 성립합니다. 10배정도가 아닙니다. 32만 엔 대 1,300만 엔은 40배 정도 차이가 나지만… 여전히 기하평균은 성립합니다.

여러분도 보상금을 요구할 때는 상대가 처음에 어떠한 대답을 냈느냐에 따라 최종적으로 지불하는 액수가 정해져 버립니다. "백만 엔

내놔라!"라고 할 때, 상대가 "만 엔밖에 줄 수 없다."라고 한다면 10만 엔으로 결정됩니다. 처음에 상대측이 "10만 엔이다."라고 한다면 최종적으로 30만 엔으로 결정됩니다.

따라서 그러한 과정에서 정직하게 손해를 계산한다는 것이 얼마나 어리석은 것인가는 처음부터 알고 있습니다. 어차피 값을 깎을 것인데, 우리 같이 가난한 사람들은 순진하게 이만큼 손해가 발생했으니까 돈으로 환산해서 얼마라는 식의 계산을 하지만, 공해 피해에 있어서는 이런 것은 전혀 의미가 없습니다. 결국 기하평균으로 헐값에 결정되기 때문에 과학적 근거를 가진 보상금이란 공해에는 있을 수 없습니다. 과학적 근거에 의한 피해보상이 이 세상에 있을 거라고 생각한다면 큰 오산입니다. 여러분이 그러한 프로세스로 자신이 입은 손해를 계산했다고 해도 상대는 결코 그것을 인정하지 않습니다. 결국 기하평균에 의해서 결정됩니다.

시라누이 해(不知火海)로 확산되는 오염 - 어민 난입 사건

9월부터 11월에 걸쳐서 이번에는 환자와 죽은 물고기, 그리고 고양이의 자살 등 미나마타병의 전형적인 특징이 미나마타 시내뿐만 아니라 북쪽의 이웃마을인 쓰나기(津奈木)와 다노우라(田ノ浦), 아마쿠사나다(天草灘)의 시시 섬(獅子島)으로까지 크게 확산되자 생선이 팔리지 않게 됩니다. 그러자 시라누이 해 어민들이 연합해서 공장과 교섭을 합니다. 하지만 공장 측은 냉정하게 이를 거절합니다. 때마침 11월 2일에 국회의원 시찰단이 미나마타를 방문했는데, 그곳에 집단 진정을 하고 돌아오던 어민들이 공장으로 난입하는 사건이 발생합니다. 이것이 유명한 11월 2일의 '시라누이 해 어민난입사건'입니다. 공장에 난입한 수가 2,000명이라고 하는데, 사실 4,000명 정도가 모였고 안으로 난입한 것은 1,500명 정도였을까요? 어민이 난입해서 사무실 안으로 뛰어들어 닥치는 대로 때려부숩니다. 이시무레 씨가 나중에 기록한 것처럼 타자기나 전화기 같은 근대기술을 상징하는 기계일수록 호되게 당한 난입사건이었습니다.

대부분의 사람들은 이때 처음으로 미나마타병에 대해서 알게 됩니다. 제가 미나마타병의 공포를 알게 된 것도 이 무렵이었어요. 8월에 이미 '원인은 유기수은인가'라는 작은 기사가 도쿄의 중앙지에 실렸지만, 일반 시민이 미나마타병이라는 이름을 알게 된 것은 대개 11월 2일의 난입사건 이후였고, 이것은 확실히 신문의 첫 페이지를 장식할 정도로 엄청난 사건이었습니다.

공장을 부순 이래로 어민들의 입장은 상당히 불리해졌지만, 전 국민에게 사건의 존재를 알린다는 의미에서는 유감스럽지만 이 한 번의 공장난입이 몇 십번의 진정보다 효과가 있었습니다.

그런데 이때도 지사가 중재에 나서고 현회의원이 그것을 도와서 어민은 25억 엔의 손해를 주장했지만 결국 1억 엔에 보상을 매듭짓습니다.

1억 엔이라고 하면 상당히 거액 같지만, 4천 가구의 어민이 균등하게 분배한다고 하면 한집 당 2만 5천 엔입니다. 게다가 보상이 어업 경영자나 선주에게 집중됐기 때문에 실상 어민의 손에 쥐어지는 것은

3천 엔이나 5천 엔이에요. 일 년 이상 생선이 팔리지 않고 그 후 거의 수확이 없었던 시라누이 해 어민에게 오랜 교섭과 난입의 대가가 고작 3천 엔 내지 5천 엔이었단 말입니다.

물론 당시 구마모토의 3천 엔 내지 5천 엔이라는 금액은 지금의 만 엔 정도의 화폐가치가 있었지만, 그렇다고 해도 어업보상이란 게 이런 겁니다. 하루에 몇 만 엔 정도의 어획량이 있어도 금전으로 보상할 경우에는 한 번으로 끝나는 보상이 고작해야 몇 천 엔에 불과합니다.

이 경우에도 기하평균은 정확하게 들어맞았는데 이것은 그냥 사족으로 드리는 말씀이고 다음으로 넘어가겠습니다.

통산성 대 후생성

이 시기의 각 계층의 반응을 살펴보면, 우선 관청의 반응으로 후생성은 관할 관청이기 때문에 1956년부터 58년까지는 마지못해 대응하고 있었습니다. 59년에 접어들어 유기수은설이 나오자, 좀 전의 연구반 해산을 보면 알 수 있듯이 사건을 무마하려고 합니다. 그리고 연구팀을 수시로 교체하는 수법을 씁니다. 통산성은 처음부터 일관되게 기업을 옹호합니다. 그렇다고 이것이 후생성과 통산성 중에 후생성이 국민을 더 잘 보살핀다는 의미는 아닙니다. 우리는 후생성에 자주 희미한 기대를 하지만, 『문예춘추』 1970년 10월호에 미나마타병을 예로 들어서, 후생성이 얼마나 악랄하게 여론을 왜곡하였는지에 대한 실례가 저널리스트의 시선으로 상세하게 언급되어 있습니다.

즉 모든 정부가 기업 쪽에 서 버리면 너무 노골적이니까 그중에 다소 국민을 보살피는 것처럼 보이는 기관을 제비뽑기 같은 걸로 정해서, 그들이 요란하게 떠들게 하고 실제로는 그렇지 않은 방향으로 진행시키는 겁니다. 이것은 근대 정치의 요령중 하나입니다. 이를 위해서 후생성이 존재합니다. 짓궂게 들리겠지만 오랫동안 후생성이 해 온 것을 해석하는 입장에서는 그렇게밖에 말할 수 없습니다. 우리가 소속해 있는 도시공학과는 후생성 공무원도 배출하는 학과이기 때문에 때로 그들과 한 잔 하면서 속내를 들을 기회가 있습니다. 상대가 후배나 제자일 경우에는 다소 겁을 줘서 속내를 털어놓게 하는데 그들도 같은 말을 합니다. "정부 안에서 그런 일을 할당하고 있기 때문에 해야 한다." 라고 말하는 이가 곧잘 있습니다.

피해자를 규탄하는 노동조합

노동조합의 반응은 회사보다 빨랐습니다. 11월 2일의 어민난입사건 직후 직접 회비를 모아서 긴급집회를 열고 —어민을 위해서가 아니라 긴급집회의 회의장 비용을 모아서— 어민을 비난하는 결의를 한 겁니다.

"우리 자전거 등이 다소의 피해를 입었다. 이번에 어민이 한 행동은 정말 유감스럽고, 앞으로 충분히 반성하여 두 번 다시 이런 사태가 발생하지 않도록 강력히 요청한다."라는 유명한 성명문이 나중에 나오는데, 어쨌든 종업원 자체의 집회가 11월 4일에 열립니다.

11월 3일은 아시는 것처럼 국경일이어서 아무 움직임도 없이 신문에 기사만 나오다가, 4일부터 종업원의 어민규탄이 시작됩니다. 5일에는 노동조합이 어민의 비난을 결의합니다. 그리고 6일에는 미나마타 노동조합협의회가 거의 같은 내용의 결의문을 발표합니다.

짓소 미나마타공장의 종업원이 미나마타지역 인구의 3분의 2이상을 차지하기 때문에 최대 규모의 조합이 성명을 발표하면 다수결로 '불만 없음'이 노동조합협의회를 통과합니다. 노동조합협의회 측은 "폭력 행위는 인도적 입장에서 용납할 수 없는 행위이다."라는 한 줄을 짓소 조합의 성명문 가장 마지막에 덧붙이고 있습니다. 짓소 조합원은 분명히 폭행당했습니다. 그리고 돌을 맞은 사람도 있는 것 같지만, 국철(国鉄)이나 자치단체노동조합이나 교원조합의 조합원은 자신이 폭행당한 것은 아니기 때문에 적어도 짓소노동조합이 한 것이 다소 지나쳤다는 언급정도는 할 수 있다고 봅니다. 하지만 대기업의 조합이 그렇게 주장한 것에 대해서 오히려 한술 더 떠서 "인도적 입장에서 용납할 수 없는 행위이다"라고 덧붙일 정도로 일본의 기성조직들은 권력에 아부하고 있습니다.

미나마타에서 볼 수 있듯이, 피해자에게 가혹한 것은 회사보다 노동조합입니다. 이것은 일본 다른 지방에서도 흔히 있는 일입니다. 최근의 예를 들면, 도호아연(東邦亜鉛)의 안나카와 쓰시마는 회사보다 조합 쪽이 열심히 공해를 무마시키려고 하고 있습니다. 그리고 제가 알기로는 오이타의 쇼와전공(昭和電工)도 조합 쪽이 공해가 없다고 열심히 성명을 내고 있습니다.

저는 대기업 노동자란 일종의 '특권 계층'이라고 생각합니다. '계급'이라고 하면 좀 지나쳐서 문제가 발생하기 때문에 '특권 계층'이라는 말을 사용하고 있습니다. 일반적으로 지역주민과 상당히 거리가 있는 높은 곳에 있습니다. 그리고 사용하는 말도 다릅니다. 노동조합에 '결집한다'든가 '회의를 갖는다'는 식으로 사용하는 말도 주민과는 전혀 다릅니다.

이것을 요코하마 시장인 아스카타(飛鳥田) 씨는 노동조합의 지도자란 동질 집단인 회사의 종업원이라는 형태로 상당히 공통된 면을 갖는 사람들의 집단이기 때문에, 주민운동처럼 다양한 직업과 생활양식을 갖는 이질적인 집단에는 적응하기가 힘들다고 말합니다. 저도 같은 생각입니다. 동질집단 안에서 형성된 윤리나 운동방법은 좀처럼 주민운동에 동화되기 힘든 법입니다.

그리고 동질집단 안에서 평소에 동료들끼리 서로 돕는 것에 익숙해져 있기 때문에 조금이라도 고립되면 무너집니다. 과반수에서 한 사람이라도 부족하면 전부 패배한 것이라는 사고방식이 몸에 배어 있습니다. 그래서 현재의 노동조합은 공해반대운동처럼 혼자이든 오랜 동안 소수이든 또는 뭇매를 맞더라도 공해반대를 부르짖어야 하는 조건 하에 있으면 어떻게 할 방법이 없습니다. 이런 경우에 노동조합의 힘은 전혀 의지할 수가 없습니다.

미나마타공장을 지키는 시민통일전선

이어서 시민의 반응에 대해서 말씀드리겠습니다. 미나마타의 경우, 어민 이외의 거의 모든 시민은 공장 측에 섰다고 보면 됩니다. 1959년 11월에 노동조합협의회를 필두로 상공회의소까지 통일전선이 형성됩니다.

이 통일전선의 대표 진정단(陳情団)은 구마모토 현지사를 만나 공장폐수설 같은 허무맹랑한 이야기를 믿고 공장조업을 중단시켜서는 안 된다는 진정서를 냅니다.

그리고 일부러 도쿄까지 상경해서 —이때 시장도 시의회의장도 모두 줄줄이 따라가서— 통산성과 후생성 등에 공장의 조업정지는 곤란하다는 진정서를 내고, 내친김에 수산청에 공장에 대한 온화한 조치를 요청하기까지 합니다. 거기서는 오히려 훈계를 듣고 돌아가긴 했지만요. 어쨌든 '공장을 지켜라'라는 통일된 행동이 상당한 설득력을 얻게 됩니다. 우리 주변에는 무언가를 지키라는 식의 통일행동이 많습니다. "평화헌법을 지켜라!"라고 말하면 아무래도 안 좋은 이미지가 있는데, 어차피 자신의 권리로 사용하지도 않는 다른 사람에게 부여받은 권리를 그대로 극진하게 모신다는 생각은 아무래도 이상합니다. "평화헌법을 지켜라!"라는 사람은 평화헌법으로 이득을 본 사람일지도 모릅니다. 게다가 그것은 "사수한다." "끌어안고 지킨다."라는 형태로 운동이 제기됩니다.

하지만 공해 피해자에게는 평화헌법 같은 것이 도움이 된 적이 별로 없습니다. 공해반대운동이라는 것은 기껏해야 관공서와 발생원(発生源)에 진정해서 머리를 숙이고 걷는 것입니다. 2차대전 이전의 운동이 오히려 강경했습니다.

그러고 보면 미나마타 사건이 과연 전후의 일인가 하고 순간 의심이 들 때가 있습니다. 이야기를 들으면서도 "그런 일이 전후일본에서 벌어지고 있다고?"라고 여러분은 생각하시겠지만, 실제로 있었습니다. 지금도 여기저기에서 공해가 발생하고 있습니다. "전후 민주주의란 공해문제에 있어서 대체 뭐란 말인가?"라고 묻는다면 없는 거나 마찬가지입니다. "민주주의가 존재하니까 당신의 주장을 들어주는 것 아니냐"라고 하는데, 그것은 민주주의가 아니라 국회위원에게 "부탁합니다."라고 하는 거죠. 그런 건 2차 대전 이전에도 있었습니다. 어쩐지 최근에는 전후 민주주의가 공해와는 전혀 무관하다는 생각이 듭니다.

전후 민주주의에 화풀이를 해 봤자 어쩔 수 없겠지만, 다만 최근에 전후 민주주의가 정말 존재했는가에 대한 논의가 드문드문 나오고 있습니다.

어떤 이에게는 민주주의가 있었던 것 같습니다. 예를 들어, 저도 대학 조교로서는 전후 민주주의가 있었다고 생각합니다. 하지만 공해 피해자로서는 없었습니다. 대학 조교로서는 지금처럼 공개강좌를 열어도 적어도 3주간은 아직 해고되지 않았으니 그만큼 인권이 진보했다고 봐야겠죠?

반면 공해 피해자로서 생각해 볼 때 어디로 가져가도 인과관계를 알 수 없다, 너의 주장은 트집이라고 하면서 거부당합니다. 결과적으로 울며 겨자 먹기로 단념해야 했을 때, '전후 민주주의가 과연 존재했을까?'하고 생각해 보면 미나마타 때는 절대 없었다고 할 수 있습니다.

공무원, 학자, 경찰 트리오

앞에서 기하평균 법칙으로 대부분의 요구는 처리될 수 있다고 말씀드렸는데, 환자의 보상금은 다소 적용하기 힘들었습니다. 왜냐하면 '인간의 생명을 얼마로 판단해야 하는가'라는 난문이 미나마타의 경우에도 제기되기 때문입니다.

결국 현 지사와 현청공무원이 지혜를 모아서 도달한 결론은, 인간을 노동력의 주체로 평가하면 산재(勞災)나 탄광의 함몰에 의한 광산 재해에 따른 보상이 참고가 됩니다. 게다가 미나마타병의 인과관계에 대해 언급하지 않겠다는 것을 전제로 한 그 유명한 위로금 보상 —회사 측이 "가난한 이웃이 병들어 있을 때 불쌍하니까 위로금을 줍니다."라는 유명한 말을 내뱉었는데— 사망자에게 30만 엔, 성인 생존자에게 연금 10만 엔, 미성년자에게는 처음에 1만 엔이었다가 이후에 올려서 3만 엔, 성인이 되면 5만 엔의 연금을 지불합니다. 이 위로금의 특징은 성인이 되면 5만 엔이라는 겁니다. 병을 앓았을 때 성인이었던 사람과 미성년과의 사이에 커다란 격차가 발생하고 있는 점입니다.

"병을 앓았을 때 성인이었다면 피해가 심했을 것이다. 하지만 태어났을 때부터 불구자라면 어차피 성인이 되어서도 도움이 되지 않는 것은 당연하다. 그러니까 5만 엔으로 만족해라."라고 해석할 수밖에 없습니다. 왜 5만 엔으로 정했는지에 대해서는 나중에 여러 가지 억지 이유가 언급되었습니다. 예를 들어, "조만간 유력한 치료법이 발견될 수도 있으니 서둘러서 지불할 필요가 있느냐?"라는 것이 현청 공무원의 구실이었습니다. 하지만 그렇지 않다는 것이 현재는 확실해졌죠.

그렇게 인간을 노동력의 주체로만 평가하고, 아이에 대해서는 성인이 돼도 어차피 불구자니까 5만 엔이라는 생각으로 결정한 이 조정의 입안자는 끝까지 책임을 져야 합니다.

여기에는 상당히 유명한 문장이 있습니다. 위로금 조정의 제4조와 제5조입니다. 제4조는 '갑은 장래에 미나마타병이 갑의 공장폐수에 기인하지 않는다고 결정되었을 때는 —갑이라는 것은 공장 쪽입니다— 그 달로 위로금 교부를 중단한다.' 즉 미나마타병과 공장폐수가 관계가 없으면 더 이상 지불하지 않겠다는 겁니다.

제5조, '을은 —환자입니다— 장래에 미나마타병이 갑의 공장폐수에 기인했다고 결정된 경우에도 일체 새로운 보상금을 요구하지 않는다.' 즉 미나마타병의 원인이 공장폐수라고 밝혀져도 더 이상 보상을 요구하지 않겠다는 영구합의협정입니다.

이 위로금 조정, 또는 위로금 보상이라고 하는데, '두 번 다시 새로운 요구는 하지 않는다'라는 것은 옛날부터 영구합의조항으로 이런 성격의 계약에 반드시 포함되어 있습니다. 실은 아시오 때부터 포함되어 있어요. 앞으로 여러분이 어딘가로부터 보상금을 받을 때는 반드시 이것이 한 줄 포함될 것을 각오해야 합니다.

법적으로 유효한가에 대해서는 심히 의문이 남습니다. 요전의 〈지구사(千種)위원회〉는 '이것은 유효하다'는 해석 하에 보상중재를 했는데, 실은 짓소미나마타공장 스스로 1925년 무렵부터 몇 년 정도 어업 보상을 할 때마다 '앞으로 두 번 다시 지불하지 않겠다'는 문구를 포함시키고, 재교섭을 하면 마지못해 지불한다는 식으로 분명 세 번 정도 고쳐 썼습니다.

애당초 자신들이 어긴 조항인데 환자에게만 이 영구합의를 적용시킨다는 것은 아무리 생각해도 논리적으로 맞지 않습니다. 요전에 지구사 박사와 가사마쓰(笠松) 교수에게 "이런 일이 있었던 것을 아시나요?"라고 물었더니, "전혀 몰랐다. 우리가 조사한 바로는 그런 것은 없었다."라는 대답이었습니다. 따라서 요전번의 미나마타병 보상 중재라는 것은 요컨대 서면심사였습니다. 후생성이 준비한 서류를 그대로 읽고, 그것을 토대로 앞뒤를 맞추었을 뿐입니다.

나중에 다시 말씀드리겠지만, 이 위로금 보상은 '미나마타병과 공장폐수와의 관계는 알 수가 없다.'라는 전제하에 체결된, 즉 기업책임은 묻지 않는다는 것을 전제로 체결된 것이었습니다. 이때 책임을 묻지 않았기 때문에 10년 후에 이렇게 공해가 심각해진 것은 아닐까요.

그런데 1970년 5월에 또다시 책임을 묻지 않았으니 앞으로 10년 후에는 어떻게 될까 걱정될 만큼 기업의 책임을 묻지 않는 것의 의미는 커집니다.

이 환자 보상은 12월 30일에 성사됩니다. 12월 30일이 어떤 날입니까? 가정을 이루고 지방에 사는 사람이라면 연말에 한 푼 없이 새해를 넘기는 것이 얼마나 힘든 일인지 아실 겁니다. 특히 학생이라면 흔히 하는 일이고, 미나마타처럼 오래된 지역사회에서 생활할 때는 빚을 결제하는 것이 전부 연말입니다.

그래서 환자들은 돈을 빌릴 수 있는 만큼 빌려서, 한 푼도 없이 공장 앞에서 농성을 하여 간신히 공장을 교섭 테이블까지 끌어낼 수 있었는데, 30일에 눈앞에 위로금 중재를 제안 받고, "여기에 도장을 찍지 않으면 우리는 손을 뗄테니 너희들 마음대로 해라."라고 시의원, 시장, 현의원, 현 지사의 대리 등이 몰아세워서 결국 도장을 찍습니다. 따라서 우리가 역사를 살펴볼 때, 12월 30일에 이 중재가 이루어진 것이 얼마나 비정상적인 상태에서 체결되었는지 간파할 수 있어야 합니다.

그런데 환자보상 후에 시끄러워진 여론을 진정시킬 필요가 있었습니다. 실은 공장에 난입한 어민들을 경찰이 닥치는 대로 체포와 구류를 반복했기 때문에 "아무리 봐도 편파적이지 않은가. 그리고 무엇보다 지사님이 저런 싸구려 중재안을 제안했을 리 없다."라는 여론이 등장합니다. 현회에서도 그것은 문제가 됩니다. 이때 지사의 정치적인 판단은 아주 훌륭합니다. 경찰에게 어민만 괴롭히는 것은 부당하다는 성명을 냅니다.

물론 경찰은 "정치가인 지사가 이런 폭행사건을 간섭하다니 괘씸하다."라고 하며 발끈합니다. 그래서 한동안 양쪽 모두 신문기자에게 "경찰이 지나쳤다.", "지사는 괘씸하다."라며 공방전을 펼치다가 결국은 흐지부지 끝납니다. 여기에서 가장 득을 본 사람은 지사입니다. 어민을 가엾게 여겨 나서 주었다고 공감을 삽니다. 경찰도 지사의 권위에도 끄떡없이 체포할 주민은 체포하고 기소할 사람은 기소했습니다. 그래서 양쪽 모두 득을 봤습니다. 손해를 본 것은 어민뿐입니다.

정치의 역학이라는 것은 이렇게 보면 점점 실상이 보입니다. 신문에 양쪽이 열심히 써댄다는 것은 지사도 경찰도 앞을 내다보고 대강 며칠정도 논쟁을 격화하고, 어느 선에서 매듭지으면 되는지 나중에 살펴보면 그러한 약속을 며칠 경에 했는지 알 수 있습니다.

아마도 '보행자천국'이라는 것도 그런 거겠지요. 이번 경시총감이 도지사가 되기 위한 포석중의 하나라는 것을 우리도 다소 교활해지면 보입니다. 이러한 사건에서 항상 역학이라는 것을 읽지 않으면 우리도 장기의 말처럼 사용될 우려가 있습니다.

환자보상 후의 여론 진정은 이렇게 하여 지사님도 현민(県民)의 입장에 섰고, 경찰도 중립적인 입장에 서서 경사스럽게 정리됩니다. 그리하여 1960년에는 깔끔하게 타협이 성립합니다. 좀 전에 말씀드린 〈다미야 위원회〉도 발족했다가 사라져 버립니다. 경제기획청의 협의회도 거창하게 발족했다가 사라져 버립니다. 그렇게 미나마타병은 완전히 잊혀집니다.

우연히 메틸수은을 발견

1962년에 접어들어 이루카야마(入鹿山) 교수가 누군가가 대청소 때 벽장 안에 넣고 잊어버린 작은 병에서 초산 공장의 촉매(解媒) 폐액을 발견합니다. 그것을 분석했더니 메틸수은이 검출된 겁니다. 그래서 그 안에서 메틸수은 화합물을 찾아 그 결정을 만들고, 그것을 고양이에게 먹였더니 미나마타병이 발병했습니다. 공장폐액으로 미나마타병이 발생한다는 사실을 명확히 밝혀낸 이루카야마 교수는 일본위생학회지와 위생학회 등에서 발표하지만 아무도 주목하지 않습니다. 이것이 1962년부터 63년의 일입니다.

63년에 발표한 학회보고에 이번에는 신문기자가 관심을 보입니다. 이루카야마 교수를 취재한 내용이 그 지역 신문의 특종기사로 실렸을 때, 우연히 제가 이루카야마 교수와 이야기를 하고 있었는데 거기에

학과장이 사람을 보내 "일 났군, 일 났어. 당신이 쓸데없는 걸 떠들어 대는 게 문제야"라며 교수를 혼내는 것을 들었지 뭡니까. 다음 날 공장을 방문해서 "그런 발표가 있었는데 어떻게 된 겁니까?"라고 물었더니 "그것은 잘못된 것이라고 구마모토대학에서 사과를 한 참입니다"라면서 공장 측이 시치미를 떼는 것에 정말 놀랐습니다.

이 무렵 구마모토대학 학과장도 다미야 타케오를 돌려보낸 완고한 할아버지에서 구쓰나 마사치카(忽那将愛)라는 사람으로 바뀌었는데, 그때는 공장 측도 상당히 협조적이었다고 합니다. 우리가 쓴 『안전성의 사고방식』 중에 구마모토대학 공학부가 연구를 방해하는 쪽으로 돌아섰다고 썼더니, 그 사람한테서 사실과 다르다는 항의 편지가 왔습니다. 그래서 다시 한 번 만약을 위해 —우리도 사실에 근거하여 썼기 때문에— 다른 방법으로 알아봤더니 우리가 쓴 대로였습니다.

지금에 와서 왜 구마모토대학 의학부 교수가 공학부 교수의 명예에 대해서 언급하는지 이상해서 구마모토에 문의해 봤더니, 머지않아 총장 선거를 하는데 그가 출마할 예정이라고 하더군요. 즉 지금의 학자들은 필요하면 미나마타병조차 이용할 수 있습니다. 자신의 지위를 굳히기 위해서 공해의 사망자조차 이용할 수 있어요. 우리가 이런 강연을 할 때 사망자를 이용하지 않을 방법을 찾는 것은 쉽지 않습니다. 지금 저런 교수들이 하는 것을 흉내 낸다면 나 자신도 공해를 이용한 셈이 됩니다.

그런데 이루카야마 교수의 메틸수은 발견은 우연이 행운을 가져온 것입니다. 미처 치우지 못한 병을 우연히 발견했고, 게다가 그때까지 샘플을 전부 사용해 버려서 이젠 틀렸다고 포기하고 있을 때 병을 하나 발견한 겁니다. 보통 때라면 치우는 걸 깜빡한 병 하나쯤은 무심코 버려 버릴지도 모릅니다. 하지만 마지막 한 병의 이 우연 덕택에 메틸수은이 발견된 것입니다.

호소카와 박사의 가망 없는 싸움

한편, 공장 안에서는 지난번에 말씀드린 것처럼 공장부속병원장인 호소카와 박사가 정년을 맞이해 퇴직합니다. 하지만 퇴직한 후에도 한동안 미나마타병 문제를 위해서 회사에 머물게 됩니다. 이것은 호소카와 박사 자신의 의지이기도 했고, 공장 쪽도 처음에는 비교적 순순히 박사의 뜻을 받아들였던 모양입니다.

1959년 봄부터 호소카와 박사는 공장폐수로 인해 미나마타병이 발생하는지 알아볼 목적으로 연구를 시작해서, 각 공장의 폐수를 순서대로 고양이에게 먹이는 실험을 시작합니다. 그리고 1959년 10월에 마침내 초산공장의 폐수를 마시고 고양이 한 마리가 미쳐 버립니다. 이것이 유명한 '400호 고양이 실험'입니다. 공장 내의 고양이 실험에는 일련번호를 붙였는데, 400호 고양이의 실험에 대한 기록은 결국 비밀에 붙여졌습니다. 하지만 예를 들어 404호, 405호 고양이 실험 같은 데이터는 숫자를 포함하여 정식으로 공표되었습니다. 그러니 번호가 빠진 400호에 대해 당연히 의문이 생길 수밖에요.

하지만 공장 쪽은 필사적으로 은폐하려 합니다. 이 발견의 경로는 —지금 생각하면 정말로 우연에 가까운 것이었지만— 제가 공장의 젊은 의사를 상대로 미나마타병에 대해 상당히 핵심을 찌른 논의를 하고 있을 때, 그 의사가 일부러 공장 쪽이 실험을 하고 있었다고 언급합니다. 그때 전화가 걸려오고 그가 잠시 자리를 뜹니다. 그때 그가 놓고 간 노트를 카메라맨인 구와하라 씨와 제가 —구와하라 씨는 카메라로 찍고 저는 손으로 옮기고— 아마 3~4분 사이에 전부 옮기고 상대가 돌아왔을 때는 제자리에 두었습니다. 그렇게 해서 공장 내의 연구 일부를 파악할 수 있었어요. 그것을 이번에는 퇴직 후에 고향으로 돌아간 호소카와 선생님 자택을 방문하여 그 노트를 보여드리고 이것이 사실인지 아닌지만 확인해 달라고 부탁드렸습니다.

호소카와 선생님은 결코 자기 입으로 회사에 불이익이 되는 것을 말하는 분이 아니라고 알고 있었기 때문에 "예스나 노라고만 대답해 주시면 됩니다."라고 말씀드렸어요. 호소카와 선생님은 잠시 침묵하시더니, "어디에서 이것을 봤느냐?"라고 물으셨어요. "어디에서 봤는지는 말씀드릴 수 없습니다. 이것이 사실인지 아닌지만 말씀해 주십시오."라고 요청했더니, "이것은 사실이다. 이것뿐만 아니라 또 다른 것도 있었다."라고 말씀하셨습니다.

그리고 반나절정도 걸려서 띄엄띄엄 이야기해 주셨습니다. 호소카와 선생님은 느긋한 분이라서 무슨 이야기를 해도 마지못해 말하는 것처럼 보이는데, 처음 봤을 때는 '정말 마지못해 이야기하는 사람'이라는 인상을 떨치지 못하면서 반나절에 걸쳐 캐물어 본 것이 400호 고양이 실험입니다. 공장폐수, 아세트알데히드공장의 증류폐수를 먹였더니 미나마타병이 발생했다는 겁니다.

그런데 공장 측은 이 사실의 공표를 금지시켜 놓고 앞에서 읽어

드린 '장래 미나마타병이 공장폐수가 원인이었다고 밝혀져도 더 이상 지불하지 않는다. 만약 미나마타병과 공장폐수가 관련이 없다고 밝혀지면 즉시 지급을 중단한다.'라는 계약을 체결했습니다. 아무리 봐도 이것은 자신에게 책임이 있다는 걸 알면서도 시치미를 뗀 겁니다.

하지만 최근 들어 여러 기술자의 증언을 살펴보면, 그들은 호소카와 박사가 그때 보고한 것이 그처럼 중대한 것이라고는 생각하지 않았습니다. 이렇게 중대한 문제에 대해 호소카와 박사가 진실을 밝혀냈는데, 그 심각성을 만약 대부분의 공장 기술자가 깨닫지 못했다면 기술자의 머리 구조에 중대한 결함이 있다는 얘깁니다 (웃음소리). 여러분에게는 웃을 일일지 모르지만 기술자인 저로서는 보통 심각한 문제가 아닙니다. 도쿄대학에서 하는 교육이나 받는 교육이 그런 기술자를 일반적으로 양성하고 있다면, 그리고 자기 회사의 공장폐수 때문에 고양이가 미쳤다는 결과를 보고도 '몇 백 마리 중의 한 마리니까 상관없겠지.'라고 생각하게 하는 교육을 하고 있다면 이것은 남의 일이 아닙니다.

그러한 기술자가 아직 도처에서 공해를 퍼트리고, 그로 인해 여러분이 고통을 받고 있다면 그건 웃을 일이 아니죠.

그런데 1960년 전반에 호소카와 선생님이 자부담으로 하는 연구가 금지되고, 그 결과에 대해 발설이라도 하면 큰일이기 때문에 엄중하게 함구령까지 내립니다. "이제 당신은 쓸데없는 짓은 하지 않아도 된다. 기술부에서 이런 물질로 실험을 하라고 상세히 지시할 거니까 그대로만 해라."라는 것이 당시의 방침이었습니다.

그래서 DDP나 피크린산, 농약, 폭약 등 정말 여러 가지를 고양이에게 먹여서 조사합니다. DDP를 지나치게 섭취하면 미나마타병과 유

사한 전신이 떨리는 반응이 나타난다는 것을 고양이를 통해 알게 된 것
도 이때입니다. DDP의 독성은 일부 사람은 그 전부터 알고 있었는데
1960년 단계에서 지나치게 사용하면 독이 되는 실험까지 미나마타공
장에서 하고 있었기 때문에, 이것이 만약 공표되었다면 우리에게도 큰
도움이 되었을 겁니다.

결국 호소카와 박사는 직장에서 끈기 있게 버텨서 1960년 여름부
터 다시 한 번 공장폐수에 의한 고양이의 사육실험을 재개합니다. 그
리고 62년 봄에는 공장내부에서 원인물질을 쥐고 있는 장점이 있어서
공장폐수 속에서 메틸수은을 검출합니다. 그 폐수에서도, 결정으로 만
들어낸 메틸수은 화합물에서도 모두 미나마타병이 자연스럽게 발생할
수 있다는 것을 밝혀냅니다. 이때가 1962년 2월 무렵입니다.

그 무렵부터 짓소 미나마타공장은 안정임금쟁의라는 장기쟁의를
눈앞에 두고 어수선해졌습니다. 호소카와 선생님은 '이걸로 내 일도 끝
났다.'고 느꼈고, 공장도 어수선해져서 오래있을 일은 아니라고 생각하
여 고향으로 돌아갈 각오로 이번에는 정말로 퇴직합니다.

이렇게 하여 미나마타병은 완전히 중재가 끝난 것처럼 보입니다.
1963년에 이 400호 고양이 실험에 대해서 호소카와 선생님이 전모를
밝혀 주셨을 때도, 안타깝지만 저도 구와하라씨도 이것을 공표할 만한
용기가 없었습니다. 만약 63년에 공표했더라면 64년부터 시작된 니가
타의 제2미나마타병은 막을 수 있었을지 모릅니다. 호소카와 선생님도
그렇게 생각했다고 합니다.

"회사에서 회사 돈으로 한 연구라 비밀로 하는 것이 원칙이었기
때문에 연구 결과를 발표할 수 없었다. 그것이 제2미나마타병에 대한

책임의 일부인 것은 사실이다."라고 저에게 말씀하신 적이 있습니다.

이렇게 제1미나마타병은 완전히 지워집니다.

니가타 미나마타병

니가타 미나마타병의 발견 과정

1965년에 이르러 니가타에 제2의 미나마타병이 발생했습니다. 그 경위가 실은 좀 의외였습니다. 니가타 지진 때, 구조 활동을 위해 여러 기관의 의사선생님들이 지진 피해 지구(地区)에 자리를 잡고 긴급 구조 활동을 했습니다. 그때 지구 및 지역주민과 안면을 트게 되었죠. 그런데 그중에서 아가노 강 하류에서 민물고기를 잡는 어민에게 이유를 알 수 없는 묘한 병이 드문드문 발생한다는 소문이 퍼졌는데 그런 환자 한두 명이 대학병원에 실려 왔습니다.

마침 그때 어느 의학부 강사가 미나마타병을 비참한 공해병의 한 예로 강의하고 있었답니다. 그런데 학생들이 저마다 "교수님이 이야기한 환자와 똑같은 환자를 봤는데요."라는 말을 해서, 강사가 환자를 진찰했습니다. 환자의 증상이 자신이 강의한 미나마타병과 너무 딱 들어맞아서 이상하게 생각했지만, 그것을 미나마타병이라고 진단할 만한 자료가 부족했습니다.

환자 수도 한두 명뿐이고 배짱도 없었다고 나중에 저에게 말해 주더군요. 사람은 모름지기 배짱이 있어야 한다는 말의 의미를 뼈저리 게 느낀 것은 그때부터입니다. 그 선생님이 아무래도 이건 미나마타병 이지 않을까 생각한 것은 64년 11월이나 12월 무렵이었습니다. 학생도 "선생님, 이상해요."라고 말하면서도 미나마타병이라고 결단을 내리지 못한 채 한동안을 보내고 있었죠. 그 사이에 도쿄대학에서 쓰바키 타 다오(椿忠雄)라는 조교수가 니가타대학 교수로 전근하기 위해서 협의차 왔는데 ―뇌신경내과 교실이 새로 마련되어 새로운 교수를 도쿄대학에 서 영입했던 거죠― 그때 우연히 아무리 봐도 뇌신경내과 질병으로 보 이는 환자가 있다고 해서 이 괴질 환자를 진찰했습니다.

다행히 쓰바키 조교수는 이전에 도쿄에서 미나마타병 환자를 한 두 차례 본 적이 있고, 메틸수은을 원료로 하는 무좀약을 지나치게 도 포해서 미나마타병과 유사한 증상으로 사망한 예가 두 번 정도 있었는 데 그 환자의 임종까지 진찰한 경험이 있어서 메틸수은 중독과 니가타 의 괴질이 상당히 유사한 것에 깜짝 놀랐습니다. 그래서 환자의 머리카 락 중의 수은과 혈중 수은 등을 측정하기 시작합니다. 이것이 65년 1월 의 일입니다.

4월에 니가타대학에 부임한 쓰바키 교수는 비밀리에 미나마타병 연구를 진행하여 5월 초에 처음으로 학계에서 「미나마타병일지도 모 르는 이상한 병의 일례」라는 것을 발표합니다.

그런데 환자가 드문드문 대학으로 이송되는 것을 알게 된 〈민주 의료기관연합회〉 소속의 늣타리(沼垂) 진료소의 의사가 『적기』의 통신원에게 "아무래도 뭔가 있는 것 같으니까 좀 더 조사해 봐라."라고 의뢰했습니다. 그래서 그 통신원이 현지를 조사하고 그후 니가타 현청에 가니 현청도 뭔가를 알고 있는 것 같단 말이죠. 그리고 마침내 대학으로 가서 주치의를 만나서 "혹시 미나마타병이 아닌가요?"라고 슬쩍 물었다고 합니다. 『적기』에 특종 기사가 나면 그야말로 큰일이기 때문에 깜짝 놀란 대학 교수들은 서둘러 신문기자를 모아놓고 "실은⋯⋯"하고 신문에 발표를 한 겁니다.

아마 그 1, 2년 전에 『적기』에 상당히 큰 특종기사가 실린 적이 있었는데, 한일회담 때의 '다카스기(高杉)발언'이 바로 그겁니다. 공산당 기관지인 『적기』는 취재력이 상당히 좋기로 유명합니다. 『적기』에 선수를 뺏긴다는 것은 모든 상업신문에 상당한 타격입니다. 다행히도 니가타대학 교수들의 훌륭한 결단으로 『적기』를 앞질렀는데, 대학 교수들인 만큼 한 곳만을 편애하지 않고 신문기자를 모두 불러 모아야 공평하다는 생각에서 아사히(朝日), 마이니치(毎日), 요미우리(読売) —중앙의 세 신문사입니다— 그리고 지방신문인 〈니가타 일보〉 관계자를 모아놓고 발표했습니다.

취재경쟁 환자를 밝혀내다

하지만 신문기자가 이들만 있는 게 아니잖아요? 방송 기자도 있고 통신사도 있습니다. 편애 없이 발표한다고 했지만 결국 방송사도 통신사도 빠졌습니다. 그리고 중앙지인 산케이도 출석하지 않았어요. 니가타에 지국이 없다면 어쩔 수 없지만, 엄연히 지국이 있습니다. 다음 날 산케이에만 기사가 안 실렸으니 그야말로 기자는 혼쭐이 납니다. 특종 기사가 빠졌으니 오죽하겠어요.

그래서 NHK와 산케이 ―산케이는 시사통신과 계약이 돼 있어서 시사통신 계통의 지방지들은 모두 특종이 빠져 버렸습니다. 교도(共同) 통신은 다행히 니가타일보(新潟日報) 안에 지국이 있어서 다행이었죠. 그 데스크에 앉아 있던 남성이 이전 미나마타 때 보도 경험이 있어서 "이것은 중대사니까 전국 뉴스다."라고 해서 특종이 됐습니다. 하지만 시사 쪽은 완전히 특종누락이고 NHK도 한 발 늦은 만큼 필사적이었습니다. 현지의 환자들에게는 상당히 민폐였을 겁니다. 각각 별도로 취재를 했기 때문에 간신히 한 팀을 쫓아내면 금방 또 다른 팀이 옵니다. 저도 나중에 상당히 불평을 들었습니다.

하지만 이렇게 특종이 빠졌기 때문에 신문기자들이 필사적으로 경쟁해서 기자회견 때는 환자 6명 정도, 사망자 2명 전후라고 발표했던 것이 환자 12~13명, 사망자 5명이라고 밝혀질 정도로 약 일주일 동안에 조사가 빈틈없이 이루어졌습니다. 신문기자의 취재는 공무원의 조사에 비하면 훨씬 과감해서 질병의 범위 등을 조사할 때는 오히려 유리할 거라고 생각합니다.

니가타는 이렇게 해서 처음부터 신문기자의 협력 ―협력인지 아닌지는 모르겠지만― 노력으로 순조로운 발전, 순조로운 발족이었습니다. 이 기자회견이 열린 것이 6월 12일입니다. 아마 토요일이었을 거예요. 일요일인 13일에 조간으로 전국에 알려집니다.

그때 저도 『아사히 저널』에서 조사 의뢰를 받았는데 조교가 된

해여서 학생실험 준비 등으로 도저히 바로 갈 수 있는 상황이 아니었어요. 어쨌든 두 번째 미나마타병이 발생했다는 것은 정말 충격이었습니다. 그래서 어차피 조사한다면 이번에는 진실을 밝혀내고 싶었어요. 그것도 가능한 한 빨리. 그래서 『아사히 저널』에 연락해서 이미 은퇴해서 시코쿠에 계신 호소카와 선생님과 함께 방문하기로 했던 겁니다. 선생님과 저를 비롯해 두세 명의 기술자가 『아사히 저널』로부터 다소의 여비를 받아서 현지를 1주일 정도 조사하게 되었습니다. 각지의 취재경쟁으로 6월 중은 피해자가 모두 신경이 곤두서 있을 때, 시기를 조금 늦춰서 7월 초부터 중순까지 1주일간 다녀오기로 했습니다.

그리하여 7월 초부터 한참 더운 아가노 강(阿賀野川) 강변을 돌며 한 집 한 집 방문했습니다. 지금도 저는 일가 전체가 미나마타병에 걸린 구와노 추고(桑野忠吾) 씨 댁을 방문했던 것을 기억합니다. 구와노 추고 씨는 완고한 할아버지인데, 아주 인품이 뛰어난 분입니다. 하지만 이때는 신문기자들에게 시달려서 "신문사에서 왔습니다."라고 말했더니 장작 패는 도끼를 들고 뛰어나올 듯이 화가 나 있었어요. 그래서 주뼛주뼛 댁으로 들어갔는데, 의외로 친절하게 이야기해 주셨습니다. 그때 여러 이야기가 나왔습니다. "실은 고양이가 묘하게 죽어서 말이지."라고 구와노 씨가 말하자, 호소카와 선생님이 "그 고양이는 이렇게 앞발을 꺾고 눈이 푹 가라앉아서 갑자기 뛰어나가지 않았습니까?"라고 물어봅니다. "당신은 보지도 않았는데 어떻게 그걸 아느냐?"고 구와노 씨가 되물어요. 그래서 이것이 전형적인 미나마타병이라는 것을 우리는 확실히 증거를 가지고 알게 되었습니다. 물론 호소카와 선생님은 미나마타병 고양이의 증상을 거기에서 말해주셨을 뿐입니다.

그런 이야기를 하면서 제가 "지금 여기는 고양이가 없는 것 같네요."라고 물었습니다. 강가 어부의 집에서는 쥐가 그물을 갉아 먹는 것이 제일 문제여서 항상 고양이를 기릅니다. 구와노 할아버지가 "그게 묘한 일이 있어서 말이야."라고 서두를 꺼냈습니다. "실은 그 고양이가 죽기 일 년 전에 선친의 고양이도 같은 식으로 미쳐서 죽었거든. 그래서 이 집에는 고양이에게 재앙을 불러오는 기운이 있는 건 아닌가 해서 두 마리가 죽은 후부턴 고양이를 기르지 않기로 했다네"

그 무렵부터 이미 니가타 지진과 제2미나마타병이 관계가 있는지의 여부에 대해서 상당히 논의가 됐는데, '선친의 고양이가 죽은 시기'는 아무리 생각해도 지진보다 몇 개월 전의 일입니다. 그렇다면 이 오염은 니가타 지진보다 더 이전에 있었던 거죠. 농약이나 그 밖의 중독이 아니라 미나마타병 중독인 것은 '고양이의 재앙'이라는 말로 알 수 있습니다. 너무나도 비슷하게 죽었기 때문에 그것이 비정상적이라 생각하여 '재앙'이라는 말로 기억되고 있었던 겁니다. 어쨌든 이 미나마타병은 틀림없이 일 년 이상 전부터 니가타에 발생하고 있었습니다.

숨기는 것이 원흉

이렇게 호소카와 선생님의 노력으로 지진 전부터 미나마타병 오염이 아가노 강 주변에서 발생했다는 것이 우리 조사에서도 밝혀졌습니다. 그 길로 호소카와 선생님은 도쿄의 짓소를 방문하여 예전의 비밀 연구를 이 기회에 공표하도록 부탁했다고 합니다. 물론 짓소 쪽은 간신히 무마시킨 참이라 그런 요청을 받아들일 리가 없죠. 애매한 소리만 하면서 적당히 상대했다고 해요. 그때 우리는 강 상류의 쇼와전공(昭和電工)을 의심하고 있었기 때문에 "아무래도 쇼와전공이 수상하다."라고 호소카와 선생님이 말씀하시자, 짓소의 간부가 즉시 쇼와전공에 전화해서 총무부장이 달려옵니다. 그리고 호소카와 선생님한테 조사결과를 2, 3일에 걸쳐 자세히 들었다고 합니다.

쇼와전공은 정부 조사단이 결론을 발표하고 후생성 연구반이 결론을 낸 후 비로소 알았다는 식으로 이야기하지만, 실은 1960년 7월에 이미 사건의 전모를 알고 있었던 겁니다.

우리는 호소카와 선생님과 헤어진 후, 이 유역에서 수은을 사용한 적이 있는 공장이나 수은을 뿌렸을 법한 농약, 그리고 그것을 저장한 창고 등을 찾아다니며 조사했습니다. 공장에 가면 다들 좋은 얼굴을 하진 않아요. 다만 우리가 간곡히 부탁하면 "뭐 우리는 별로 비밀로 할 것도 없으니까"라고 하며 마지못해 보여 줍니다. 그런데 딱 한 곳, 아무리 부탁해도 보여 주지 않은 곳이 쇼와전공의 가노세(鹿瀬)공장이었습니다. "도쿄대학의 조교라지만 들은 적도 없는 이름이군. 아직 교수도 오지 않았는데 조교 따위한테 보여줄 수는 없어."

나중에 생각해 보면 결국 숨기는 곳이 제일 위험합니다. 그것은 공해 문제에서 일반적인 일입니다. 처음으로 문제가 발생했을 때, 대충 씻어서 숨긴 곳이 제일 위험합니다.

자, 이렇게 일주일 정도로 대강 짐작을 했는데, 니가타현은 이제 일 났습니다. 현의 위생부장은 기타노라는 사람이었는데, 우리도 이 사람을 만나서 미나마타 때의 경험을 여러모로 이야기했어요. 당시 저는

『월간합화(月刊合化)』에 「미나마타병」이라는 제목의 자료집을 실었습니다. 이 『월간합화』를 일본가스화학의 마쓰하마공장 조합원이 통근버스 안에서 읽고 있자니 '미나마타병'이라고 쓰여 있으니까 총무과장인가 하는 사람이 황급히 그것을 낚아채 가더니 제록스로 복사를 해서 유일한 자료로 사용했다고 합니다. 그 정도로 적당한 자료가 없어서 곤란했던 시기였습니다.

저도 일단 익명으로 썼던 것을 뒤늦게 "이것은 저의 논문입니다."라고 차마 말 못하죠. 그래서 그냥 모르는 척 하고 있다가 기타노 씨에게 이렇게 말했습니다. "현청이나 관공서에서 하는 일은 비밀주의이고, 미나마타 때 그랬던 것처럼 아는 것도 비밀로 했기 때문에 알 수 없게 됩니다. 그러니까 가능하면 공개해야 하지 않을까요?" 기타노 씨는 제 의견을 상당히 성실하게 받아들여서 데이터를 신문기자에게도 공개했습니다. 후생성에서 "저 사람은 보아하니 비밀이야기까지 모두 폭로해 버린다."라는 불만이 나와도 여전히 현에서는 가능한 한 신문기자에게 이야기하고 신문기자의 협력을 얻는 방법으로 일관했습니다.

그리고 그때 제가 한 가지 더 이야기한 것은 "니가타현 내의 대학이나 연구자만으로 미나마타병을 연구하는 것도 괜찮을 것이다, 자기 지역에서 연구하는 것은 좋은 일이다, 하지만 다른 곳의 협력을 받아들이지 않고 좁은 소견을 고집하면 해결하기가 힘들다, 적어도 구마모토대학의 협력만이라도 구해야 할 것이다."라는 것입니다. 이에 대해서 니가타대학은 반대 의견이었습니다. 학자의 공명심 때문이죠. "니가타대학에서 발견한 환자의 원인규명에 어째서 구마모토대학이나 고베대학 연구자의 협력을 요청해야 하느냐, 우리만으로도 충분하다."라는 의견이 많았습니다.

중간에 끼어 이러지도 저러지도 못한 것은 기타노 위생부장과 쓰바키 교수였죠. 쓰바키 교수도 문제의 심각성을 알고 있어서 "의학부나 니가타대학만으로는 힘들다."라고 말했지만 동료들은 모두 반대했다고 합니다. 결국 기타노 부장이 억지로 강행해서 구마모토에서는 이루카야마 교수, 고베에서는 이전 구마모토에 있었던 기타무라 교수가 연구반에 참여해서 그 문제는 가까스로 해결됐습니다.

물론 이것은 나중에 기업 쪽의 맹렬한 반격을 받아서 —특히 현 공무원은 대학 교수들에 비해 낮은 입장이라— 부장이라고는 하지만, 현 지사의 말 한마디로 해고되는 처지이기 때문에 쇼와전공의 반론이나 공격은 기타노 씨에게 집중했습니다. 예를 들어 신변을 뒤지면 한두 가지 스캔들쯤은 있지 않겠느냐면서 사립탐정을 고용해서 신변조사까지 했다고 합니다.

하지만 기타노 씨는 끝까지 타협하지 않고 자신이 정한 공개의 원칙을 고수했습니다. 나중에 그에게 이야기를 들었는데 "우이 씨를 처음 만났을 때는 뭐가 뭔지 영문을 알 수 없었어요. 당신 같은 사람까지 찾아오고 정말 혼났습니다."라고 하더군요. 그는 우리 같은 일개 학생한테까지 "지금 여기까지 알고 있고, 여기서부터는 모르겠다."라고 솔직하게 이야기해 주었습니다.

여러분이 공해문제를 조사할 때, 반드시 그런 일에 직면할 겁니다. 직함이 없다는 이유로 상대도 해주지 않는 경우가 수시로 있을 거예요. 직함이 없어도 성실하게 상대해 주는 사람은 정말로 신용할 수 있습니다. 직함을 보고 교수니까 이야기하고, 조교라고 상대도 안 하거나 학생이라고 모른 체 하는 것이 기존의 일본의 권위이고 관공서였습니다. 그러한 권위나 관공서가 공해문제를 알고 있을 리 없습니다. 진실은 항상 현장에 있습니다. 그 현장을 찾아다니는 우리야말로 진실을 알아낼 가능성이 있습니다. 냉방이 된 연구실에서 부드러운 의자에 몸을 젖히고 다른 이에게 명령이나 하는 사람이 진실을 밝혀내는 것은 쉬운 일이 아닙니다. 이것은 공무원에게도 대학교수에게도 동일하게 적용되는 이야기입니다.

유서 깊은 진료소와 피해자

그런데 니가타 때 한 가지 더 특이했던 것은, 원래 눗타리 진료소라는 곳이 계기가 되었는데, 눗타리 진료소는 그때까지 여러모로 유서 깊은 곳이었습니다. 니가타현 니가타 시(市) 교외라고 하면, 농민운동의 역사를 다소나마 알고 있는 사람이라면 바로 기자키 마을(木崎村)이 생각날 겁니다. 아사누마 이네지로(浅沼稲次郎)나 미야케 쇼이치(三宅正一) 같은 이름난 사회주의자가 2차대전 이전에 거기에서 자랐습니다. 일본 최대의 소작쟁의가 일어난 곳이죠.

이 소작쟁의 후에 이번에는 도쿄대학의 인보사업(불우이웃돕기)과 사회의학연구회 의사들이 중심이 되어 노동자와 농민의 의료운동이 시작되었습니다. 2차 대전 이전의 무산자 의료운동으로서 이것도 유명한 운동입니다.

이 기자키 마을 쟁의에서 선두에 선 사람들의 자손이 지금의 미나마타병 환자 중에도 있습니다. 그리고 무산자 의료운동의 계보가 전후에 다시 부활해서 민의련이나 노동자의료협회라는 형태로 1952년 무렵부터 다시 운동이 시작되었습니다. 무산자 의료운동은 탄압으로 와해되었지만, 기자키 마을 주변에서는 마지막으로 남은 재산으로 병원을 세워 아직도 그 역사를 더듬어볼 수 있습니다.

또 하나의 계보는 전후 1946년 후에 동맹파업 같은 답답한 걸 하기보다 자본가를 내쫓는 편이 낫지 않겠느냐는 투쟁이 전국으로 확대된 시기가 있었습니다. 노동자의 생산관리투쟁이죠. 공장을 점거하고 생산관리를 합니다. 원료는 스스로 돈을 거출하여 삽니다. 제품 매출수익은 자신들의 주머니에 넣습니다. 이것을 가장 철저히 실시한 곳이 동양합성(東洋合成)이라는 니가타의 망하기 직전의 작은 공장이었습니다. 황산암모늄을 만들었는데, 원료인 석탄은 북규슈 탄광노조에서 조달하고 제조된 황산암모늄은 주변 농민조합에 팝니다. 200일 정도 분투했습니다.

물론 이곳이 성공하면 자본가 모두가 끝장이기 때문에 생산관리는 위법이라는 이유로 아마 맥아더 명령인지 뭔지로 와해시켰습니다. 현재도 생산관리를 하면 반드시 법률에 저촉되게 되어 있습니다. 하지만 생각해 보면 자본가는 필요 없다는 주장은 확실히 맞는 말이에요, 정말 필요 없거든요. 그래서 저는 동맹파업 같은 미적지근한 수단은 법적으로 인정하고, 생산관리는 훨씬 강력한 수단이기 때문에 법적으로 금지한 것이라는 생각이 듭니다.

이 생산관리투쟁을 일본에서 가장 오래 해낸 것은 동양합성노조입니다. 동양합성노조는 결국 모든 자본가와 권력의 공격을 받고 무너집니다.

마지막에 다소 돈이 남았습니다. 어차피 남은 돈이라면 조금이라도 노동자를 위해서 사용하자고 이야기가 되어 작고 낡은 목조건물 한 채를 사서 노동자의료협회에 기부합니다. 이것이 늦타리 진료소입니다. 그리고 당시의 조합 간부 중에서 갈 곳이 없었던 사람이 거기에 거주하며 진료소 사무국장이 됩니다. 이 분이 나중에 〈민주단체 미나마타병 대책회의〉의 사무국장이 된 고바야시 쓰토무(小林つとむ) 씨입니다. 고바야시 씨 이야기로는 회사가 없어지고 공장이 없어진 노동조합이 마치 동창회를 여는 기분으로 아직껏 조합대회를 일 년에 한 번 개최한다고 합니다. 이러한 별난 노동조합이 일찍이 니가타에 있었어요. 따라서 전국에서도 예를 찾아 볼 수 없을 정도로 전통 있는 곳에서 공해 문제가 발생한 겁니다.

그래서 이 고바야시 씨가 중심이 되어 〈민주의료기관 연합회〉를 중심으로 환자동맹이나 간호사의 모임 등이 모여서 환자를 지원하는 〈민주단체 미나마타병 대책회의〉를 만들었어요. 그리고 "여하튼 환자의 조직을 만들어야 한다, 이대로 가면 마을의 명망 있는 이들에게 진정서를 제출해도 결국 소수파에 불과하다."라고 환자들을 설득했습니다. 마지못해 하면서도 스물 몇 명의 환자가 찬성해서 —공산당이 관여하고 있는 건 아닌가 싶어서 망설인 사람도 상당히 있었지만 —결국 환자 모임을 만듭니다.

그리고 니가타현과 시청 등에 "생활보호 정도는 지불하라!"라고 진정서를 제출합니다. 〈민주단체 미나마타병 대책회의〉측은 평소부터 그런 진정이라기보다 요구를 제안하여 동요시키는 것에 익숙해져 있기 때문에 그들과 환자가 협력하면 관청에서는 처치 곤란해집니다.

그래서 어쩔 수 없이 생활보호를 적용시키거나 생업자금이라고 하여 "당분간 갖지 않아도 된다." 는 돈을 빌려 주거나 진료비를 무료로 해 주었습니다. 또한 "병원까지 가는 교통비는 어떻게 할 거냐? 환자는 병자니까 버스를 타는 것도 쉽지 않다."라는 요구에 "교통비도 지불하겠다."라는 식으로 서서히 환자를 지원하게 되었습니다.

이렇게 〈민주단체 미나마타병 대책회의〉의 후원과 환자의 요구로, 니가타의 경우에는 미나마타처럼 완전히 방치되어 차별 속에 내던져지는 일은 없었습니다. 이것은 자그마한 진전이라고도 할 수 있습니다. 두 번째도 같은 일이 반복된다면 이미 구제할 길이 없지만, 어쨌든 환자의 지원만은 미나마타에 비해서 니가타 쪽이 약간 진전되었습니다.

한편 니가타 현의 기타노 위생부장에게 교섭하러 가자, "조례나 법률 중에 이럴 때 도움 되는 것이 있나?"라고 부하 직원에게 찾아보라고 합니다. 그러자 "생활보호법의 조례가 있습니다."라거나 "이럴 때에는 이 조례를 확대해석하면 어떨까요?"라는 식으로 저마다 의견을 냅니다. 보통은 창구에 문의해도 "규칙에 없다"느니 "운용상 이렇게 되어 있다"느니 하면서 전혀 상대해 주지 않는데 니가타현의 위생부장인 기타노 씨가 그런 식으로 생각해낸 것을 시나 마을 ―도요사카초(豊栄町)라는 작은 마을 등 환자가 발생한 마을을 포함해서― 양쪽이 실행에 옮겼습니다. 요컨대 니가타 현이 리드하는 형태로 대책이 진행된 겁니다.

묵살된 후생성 연구반 보고

그때 후생성은 바로 연구반을 구성하는데, 이 중간보고가 병이 발견된 지 9개월만인 1966년 3월에 드디어 발표됩니다. 그런데 막상 모이고 보니, 행사장에는 통산성과 경제기획청 등의 공무원이 쭉 늘어서서 시작부터 "공장폐수라고 하지만 아직 증거가 부족한 건 아닌가?"라는 식으로 트집을 잡아서 발표를 위한 회합이 성립되지 못할 지경이었습니다.

완성된 중간보고서도 완전히 비밀에 부쳐졌습니다. 다만 쇼와전공에게는 비밀이 아니어서 —이 보고서에는 확실히 쇼와전공이 가장 의심스럽다고 기재되어 있으니까요— 3월에 이 보고서를 접어둔 후 4월부터 6월에 걸쳐서 먼저 반론이 나왔습니다. 그리고 7월, 9월, 10월, 11월까지 잇따라 반론이 제기됐습니다.

그런 걸 보면 쇼와전공에는 누군가가 보고서를 건넸던 거죠. 저도 이 보고서를 손에 넣기까지 상당히 시간이 걸렸는데, 그토록 비밀로 한 것까지 누군가는 반드시 대기업으로 들고 달려가는 것이 지금의 관료입니다.

쇼와전공 쪽은 필사적으로 반론을 제출해 줄 학자를 찾았어요. 처음에는 미나마타병 때 실적이 있었다고 하여 도쿄도립대학의 한야 교수한테 갔습니다. 마침 한야 교수의 후배가 저하고 도치기현에서 일을 하고 있었는데, 그 사람이 수은 분석담당이었다고 해요. 한야 씨한테 이야기를 들은 그가 "여기는 골치 아픈 상대니까 그만두십시오. 쇼와전공은 상당히 의심스러워요."라고 해서 한야 교수는 이 일을 그만둡니다. 그 다음으로 평소부터 왕래가 있었던 요코하마국립대학의 기타가와 교수에게 여러 가지 이야기가 있습니다. 기타가와 교수는 이 문제를 상당히 단순하게 생각한 듯 "지금까지의 대기오염이나 가스 폭발은 반드시 원인이 결과의 10킬로 이내에 있다."라고 말하며 지도를 꺼내서 환자가 나온 곳에서 10킬로 반경에 원을 그립니다. 그러자 이전부터 원인이 아니었을까 하고 때때로 거론되었던 농약 창고가 정확하게 10킬로 이내에 들어왔기 때문에 "이거야, 이거!"라고 하면서 현장에도 가지 않고 반론을 발표했습니다.

이런 엉터리가 어디 있습니까? 수질오염의 경우는 원인과 결과가 반드시 10킬로 이내에 있는지 없는지로 증명할 수 없습니다.

아시오구리광산 광독사건의 경우, 원인과 결과 사이에 몇 킬로 정도 거리가 있었을까? 나중에 재판에서 그런 반대 심문이 나와서 기타가와 교수는 진퇴양난에 빠졌습니다. 아시오 광산이라고 밝혀진 시점, 즉 기류(桐生)로부터 남쪽은 노다(野田), 도쿄의 교외, 고스게(小菅) 부근까지의 거리는 40킬로에서 100킬로가 넘습니다. 그리고 이타이이타이병의 원인은 가미오카(神岡) 광산인데, 여기도 병이 발생한 후추마치(婦中町)까지 40킬로나 떨어져 있습니다.

좀 더 방대한 예를 들면, 미국과 캐나다 국경의 오대호(五大湖)에 수은이 흘러내려서 물고기 안에 수은이 축적됩니다. 그 영향은 몇 백 킬로나 떨어진 세인트로렌스 만에 이릅니다. 대서양의 후미까지 영향을 받았습니다. 지금 수은이 축적되어 떠들썩한 것은 실은 이 세인트로렌스 만입니다. 이곳은 수백 킬로나 떨어져 있습니다.

이걸 보면 거리 문제는 그다지 결정적인 요인이 될 수 없어요. 그런데도 10킬로 이내에 농약창고가 있다고 해서 농약설이 제기됩니다. 그리고 지진 후에 환자가 발생했기 때문에 지진 때 창고에서 농약이 흘러나왔을 것이라는 추측으로, 이른바 '지진 농약설'도 이때 완성됩니다.

실제로 현장에도 가 보지 않고 지진 농약설을 국회에서 증언했으니 엉터리도 이런 엉터리가 없죠. 그리고 또 하나 중대한 사실을 놓치고 있었어요. 미나마타병은 물고기를 먹었다고 그 날 바로 걸리는 병이 아닙니다. 다른 지역에서 와서 물고기를 낚아서 그걸 먹고 병이 난 예도 있습니다. 그 경우는 9개월 정도 지나서 발병했습니다.

그리고 또 하나는 배수구를 북쪽으로 바꿨더니 북쪽에서 병이 발생했다는 예가 있습니다. 이 경우는 6개월부터 12개월, 혹은 15개월 정도 지나서 처음으로 발병했습니다. 그 말은 곧 오염이 시작되고 나서 발병하기까지 상당히 긴 시간이 걸린다는 겁니다. 적어도 6개월 이상 걸리는 것은 확실합니다.

아가노 강 때 첫 환자는 지진 발생 2개월 후인 1964년 8월에 발생했는데, 2개월은 잠복기로는 지나치게 짧습니다. 게다가 호소카와 선생님 이야기에도 나온 지진 발생 이전에 미친 고양이가 있었어요. 최근에 또 하나, 미나마타병의 특징 중 하나인 시야가 바깥쪽부터 보이지 않게 되는 '시야협착증상'이 지진발생 10일쯤 전에 우연히 니가타대학의 안과를 방문한 환자의 진료기록카드에 기록이 남아 있습니다. 아무리 생각해도 지진 전에 증상이 나온 겁니다.

이렇게 조사를 해 보면 아마 지진 농약설 같은 것은 거론되지도 않았겠지만, 말을 꺼낸 이상 혈안이 돼서 반론을 제기하겠지요. 앞에서 기승전결이라고 말씀드렸는데 슬슬 전(轉)이 전개될 거라고 예상을 하면 대개 2주일쯤 후에 반론이 나오기 때문에 저의 4단계라는 것은 2주일 정도의 오차로 미래를 읽을 수 있을 만큼 정확하게 맞아 든다는 것을 알았습니다.

끼리끼리 돌려막는 수법

이러한 반론이 나오면서 난항을 거듭하며 1967년 4월에 후생성 연구반의 보고서가 나옵니다. 처음에 '쇼와전공의 공장폐수라고 단정한다.'가 결말의 한 행이었는데, 당시의 후생성 환경위생국장이었던 다테바야시(舘林)라는 남자가 "이렇게 하면 지나치게 강하다. 어떻게 좀 더 완곡하게 해 달라"라고 부탁하여 '진단한다.'로 수정해서 간신히 타협했습니다.

이 다테바야시라는 남자는 남몰래 상당히 나쁜 짓을 하고 있었어요. 여러분은 이 자가 국장이었던 때 허가된 약이나 식품첨가물을 드시고 계시니까 웃을 일이 아닙니다. 고베대학에서 기타무라 교수가 와서 국회에서 "이것은 공장폐수가 틀림없다."는 증언을 할 때도 아마 전날 밤 그의 숙소를 찾아와서 "어떻게든 단정만은 피해 달라, 너무 심한 말을 하면 앞으로 재판이 벌어졌을 때 이야기가 시끄러워져 받을 보상금도 못 받게 된다."라고 말했을 겁니다. 왜 그런지 참 알 수가 없습니다. 알 수는 없지만 그런 구실로 학자의 증언을 가능한 한 느슨하게 하려는 책략을 쓰는 겁니다. 전형적인 관료인 거죠. 지금 후생성의 부장이나 국장은 모두 이런 짓을 하고 있습니다. 그들이 어떤 발언을 하든 넙죽넙죽 받아들이는 국민이라면 공해 피해자가 되는 것은 당연합니다. 신문을 읽을 때 관료가 말하는 것은 그 의도를 꿰뚫어 볼 필요가 있다고 지금 절실히 느낍니다. 아직 웃어넘길 수 있을 정도라면 그건 여전히 진실을 간파하지 못한 것을 의미하고, 그만큼 무서운 뭔가가 은폐되어 있다는 겁니다.

여기에서 끼리끼리 돌려 가는 수법이 나옵니다. 즉 하나의 그룹에서 불리한 결론이 나오면 그 그룹을 해산하고, 식품위생조사회 안에 이번에는 그 결론을 검토하는 모임을 만듭니다.

이 검토하는 모임은 미나마타병을 전혀 모르는 사람들로만 구성됩니다. 도쿄대학 도요카와 코헤(豊川行平) 교수는 여러분이 잘 아시는 도쿄대학 투쟁의 발단을 만든 사람입니다. 그리고 이름을 전부 기억하고 있지는 않지만, 미나마타병을 전혀 모르는 사람의 예로 게이오대학의 쓰치야(土屋) 교수가 있습니다. 그도 아무것도 몰랐을 겁니다. 수은 문제에 대해서나 미나마타병에 대해서 그때까지 스스로 조사한 적이 전혀 없었을 거예요. 쓰치야 교수도 위원회의 멤버로 현장을 조사한 연구반의 보고를 서면만으로 검토하게 됩니다.

여기에서 주요한 부분을 빼고 내용을 부실하게 만들려고 했습니다. 예를 들어 당시 『아사히 저널』 기자가 다양하게 회사 쪽 취재를 하면서 "누군가 지진 농약설을 지지하는 의학 관계 전문가가 계십니까?"라고 물었더니 "그건 도요카와 선생님한테 가야 합니다."라고 대답해서 기겁을 했다고 합니다. 도요카와 코헤 씨가 정말로 그렇게 생각했는지의 여부는 본인에게 물어보지 않았기 때문에 알 수가 없지만, 그 당시에 회사가 도쿄대학 의학부를 아군이라고 생각했던 것은 사실입니다. 저도 몇 번인가 그런 이야기를 들은 적이 있어요. 도쿄대학 교수들의 공장 폐수설을 결코 인정하지 않는다는 언급이 몇 번 있었기 때문에 도쿄대학 의학부를 회사 측이 아군이라고 생각했던 겁니다.

이 〈식품위생조사회〉는 상당히 오랫동안 보고를 여러 각도로 언급해서 결국 "장기(長期)오염은 공장폐수가 원인이었던 것 같다, 단기(短期)오염이 있었을지도 모른다."라는 문장으로 귀결됐습니다. "단기 오염은 공장을 닫을 때의 실수나 지진 발생 때의 농약 유출 중 어느 한쪽이라고 생각되는데, 지진 때의 농약 유출은 이것을 부정할 유력한 증거가 있다. 공장을 닫을 때의 실수는 조사해 봤지만 알 수 없었다. 단기 오염 유무에 대해서는 알 수 없다."는 아주 애매한 뭔지 모를 보고서를 1967년 8월에 제출했습니다.

이것으로 끝났다고 생각했더니 다시 한 번 돌려 가는 수법을 사용합니다. 이번에는 특별조정비라는 예산으로 연구비를 과학기술청에서 지급하겠다고 해요. 그래서 과학기술청은 자체적으로는 아무것도 조사하지 않지만, 정부 견해의 담당자가 됩니다. 그리고 그 조사 결과를 통산성이 발표합니다. "지진 농약설은 근거가 있다."라는 견해입니다. 뭐, 견해는 자유니까 누가 뭘 말하든 그건 상관없지만, 그것과 원인연구와는 원래 함께할 수 없습니다. 피해자와 가해자의 주장을 같이 늘어놓고 중간을 취하는 것처럼, 제대로 원인연구를 한 연구보고와 단순한 견해를 같은 선상에 놓고 중간을 취하면 어떤 식으로 말해도 결론은 애매하고 핵심이 빠집니다. 바로 그런 짓을 해요. 이렇게 해서 2~3개월이면 결론이 날 거라고 예상했던 것이 일 년을 넘기고 1968년 9월 26일에 그 유명한 정부 견해를 발표합니다.

재판투쟁과 피해자의 연대

그 사이에 환자 쪽은 기다리다 지쳐서 세 가족이 1967년 6월에 민사 소송을 제기합니다. 그 계기가 된 것은 NHK텔레비전에서 "가령 연구 결과가 유죄로 나와도, 쇼와전공은 납득하지 않는 한 절대로 연구 결과를 수용하지 않을 것이다."라고 뻔뻔스럽게 말하는 총무부장을 본 환자가 대노하여 재판을 단행합니다.

이 재판이 1967년 6월에 시작되어 지금도 계속되고 있어서 저도 다음 달에 니가타에 가야 되는데, 이른바 일본의 4대 공해소송의 첫 번째가 되었습니다. 대개는 원고에게 유리하게 진행되는데, 이것은 아주 우수한 변호단과 의지가 확고한 원고, 그리고 어느 정도의 지원 조직으로 기능을 한 〈민주단체 미나마타병 대책회의〉와 그 외의 무당파(無党派)의 응원에 힘입어 비로소 원고, 즉 피해자가 유리한 입장에 설 수 있었습니다. 재판에 대해 미국 속담에 이런 말이 있어요. "좋은 사건과 좋은 재판관, 좋은 변호사, 돈이 없으면 이길 수 없다."

그만큼 재판은 쉽게 공해의 해결이 될 수 없습니다. 이것은 공해 재판뿐만 아니라 일반적인 재판에서도 마찬가지입니다. 그만큼 조건이 갖춰지지 않으면 재판은 할 게 못 된다는 속담입니다. 사실 니가타의 경우는 상당히 우수한 변호단이 함께 했고 지역의 젊은 변호사들이 앞장섰기 때문에 현재 상당히 유리하게 진행되고 있습니다.

실은 이 환자들은 재판을 단행한 이후에 그 해 연말 도야마의 이타이이타이병 환자를 방문했습니다. 병문안을 간 거죠. 그 전까지는 표면에 나서지 않는 경향이 있었습니다. 아직 미나마타병의 원인 연구에 쫓기고 있던 1966년 말, 제가 이타이이타이병 발생 지구를 우연히 방문한 적이 있습니다. 그때 그곳의 개업의인 하기노 선생님한테 마침 지역 회합이 있으니까 출석해서 이야기를 좀 해 달라는 요청을 받았거든요. 그래서 회합에 나가서 "일본 전국에서 상당히 다양한 공해를 봤지만 이런 기묘한 공해는 처음이다."라는 이야기를 했습니다. "이렇게까지 철저하게 짓밟히고 원인을 알고 있으면서도 두말 못하는 피해자는 일본 전체를 다녀 봤지만 이타이이타이병이 처음이다. 인과관계도 확실히 밝혀졌는데 항의의 움직임 하나 없다. 벼의 보상인지 뭔지를 받으면 그것을 의리라고 생각하여 공장에 대해 요구 하나 하지 않는 것은 아무리 생각해도 기묘하다."라고, 당자자인 피해자들을 앞에 두고 이야기한 적이 있습니다. 당연히 모두 기분 나쁜 표정이죠. 하지만 그때 저의 이야기가 이타이이타이병 환자를 분연히 일어서게 한 하나의 계기가 되었다고 합니다.

그 후로 니가타에서 재판이 시작되자 도야마의 피해자 두세 분이 상황을 살피기 위해 방문합니다. 이야기를 듣고 이번에는 1967년 말에 도야마에서 병문안을 옵니다.

1968년 1월에 니가타 환자가 이번에는 미나마타를 방문합니다. 이것이 미나마타에 상당히 큰 충격이 되었습니다. 이 환자를 맞이하기 위해서 부랴부랴 〈미나마타병 대책시민회의〉가 발족합니다. 그리고 평소에는 절대로 사람들 앞에 모습을 보이지 않던 환자가 몇 십 명이나,

걸을 수 있는 사람은 대부분 미나마타역에 모여서 그들을 맞이했습니다. 이 만남 자체도 감동적이었지만, 그 후에 파급된 다양한 효과도 의외였습니다.

이것을 가장 신경 썼던 것은 회사 측입니다. 그때까지 물가상승을 이유로 아무리 연금을 올리기 위해 교섭해도 애매한 소리만 하면서 교섭에 응하지 않았던 짓소 미나마타공장이, 두 달 정도 후인 68년 3월에 환자에게 50%에 가까운 연금 인상을 통지했습니다. 정말 엄청난 일이죠. 환자들이 연대하면 상대가 이렇게 움츠러든다는 것을 보여주는 아주 생생한 실례라 할 수 있습니다. 이쪽이 올려 달라고 하기도 전에 상대가 먼저 올려준 겁니다.

그런데 앞서 언급했듯이 1968년 9월에 정부가 견해를 발표했는데 이것으로 인과관계가 명확해졌기 때문에 미나마타의 환자는 다시 한 번 회사와 교섭을 시작합니다. 여러분이 잘 아시는 것처럼, 사장은 환자의 집을 한 집 한 집 찾아다니며 고개 숙여 사죄합니다. 그래서 "책임을 인정했으니 보상 이야기에 다시 한 번 응해 달라."라고 요청했지만, 회사 측은 "그건 그것, 이건 이것."이라면서 시치미를 뗍니다.

결국 요청서를 환자에게 들이밀고 "이것에 도장을 찍으면 후생성이 적당한 사람을 알선해 줄 것이다."라고 하죠. 사실 이 요청서는 당시 후생성 공해부장이었던 무토(武藤)라는 사람이 회사 측에서 받은 서류를 그대로 환자에게 건넨 겁니다. 말하자면 회사 측의 앞잡이 같은 역할을 후생성 공해부장이 하고 있었던 거죠.

따라서 앞서 말했던, "후생성은 결코 국민의 건강을 지키는 부서가 아니다. 그런 관청이 아니다. 단지 지나치게 회사 편을 들면 인정미가 없기 때문에 비율을 정해 후생문제도 담당한다는 것을 보여주려는 제스처에 불과하다."라는 것의 실례를 여기에서 볼 수 있습니다.

벌써 8시 반이 돼 버렸네요. 요청서 이야기로 오늘은 일단 마치기로 하죠. 요청서를 받아든 환자 측은 도장을 찍을까 말까로 분열하고, 결국 일임파와 소송파로 나누어집니다. 이 과정에 대해서는 구마모토의 〈고발하는 모임〉이 출간하고 있는 월간지 『고발』에 상세하게 나와 있습니다.

참고서에 대해서

여기까지 한 이야기와 관련된 참고자료 몇 가지를 소개하겠습니다. 책으로 제일 완성도가 높은 것은 이시무레 미치코 씨의 『고해정토(苦海浄土)』입니다. 이 책은 고단샤(講談社)에서 출판했는데, 현재 속편이 진행 중이라고 합니다.

그리고 구마모토대학에서 출판한 『미나마타병』이라는 연구 보고서가 있습니다. 표지가 빨갛기 때문에 일명 '빨간책'이라고 합니다. 이 책은 상당히 손에 넣기가 힘들어요. 어찌된 일인지 이런 책은 증쇄를 하지 않거든요. 품절되면 절대로 더 이상 인쇄하지 않습니다.

이시무레 씨의 책도 일시적으로 서점에서 사라진 적이 있죠? 제가 마침 유럽에 가 있던 때라 그 경위에 대해서는 잘 모르지만, 어쨌든 책이 판매되지 않는다는 이야기를 많이 들었습니다. 하지만 서점에서 완전히 모습을 감춘 시기가 있었다는 것은 일본에 와서 알았습니다.

그리고 '빨간책'은 현재로선 좀 입수하기가 힘든데, 내용이 의학 논문인데다가 성공한 예만 실려 있기 때문에 그다지 추천하고 싶지 않습니다. 만약 의학을 공부하는 사람이 미나마타병을 연구하려고 한다면 『구마모토 의학회지』를 읽어봐야 할 겁니다. 거기에는 성공한 논문도 있고 실패한 논문도 있습니다. 실패한 실험을 성공했다고 쓴 논문도 있어요. 그래서 연구 실정을 알 수가 있습니다. '만사가 잘 풀렸습니다'라는 이른바 영광의 역사만을 기술한 책은 별로 도움이 되지 않습니다.

그리고 호소카와 선생님의 연구는 문헌에는 절대 나오지 않습니다. 따라서 의사 선생님에게는 『구마모토 의학회지』를 추천합니다. 미나마타병의 연구형태로 몇 가지가 별책으로 나와 있습니다.

그리고 제 책을 소개하는 것은 좀 쑥스럽지만, 가벼운 책으로는 『공해의 정치학』이 있습니다. 이 책은 이미 대부분이 읽으셨을 겁니다. 정치학이라니 상당히 거창한 이름이라고 출판 당시부터 언급되곤 했는데, 이 책은 산세도(三省堂)에서 간행했습니다. 너무 딱딱한 책은 아무래도 손이 안 가거든요.

딱딱한 책을 써 버린 단적인 예로는 이전에 우리 펜네임이었던 돈다 야로(富田八郎)편집의 『미나마타병』입니다. 이 책은 이전에 『월간 합화』에 연재된 것인데 구마모토의 〈고발하는 모임〉이 재판을 위해 발췌하여 인쇄한 것을 모아서 만든 자료집입니다. 아마 천엔 정도에 살 수 있을 겁니다. 처음엔 이런 두툼한 책이 될 거라고 생각하지 않았는데 엄청난 책이 되었습니다. 미나마타병에 대해 깊이 있게 조사해 보려는 분에게는 도움이 될 겁니다.

그리고 마지막으로 결정적인 증거가 되는 것으로, 미나마타 시민회의와 구마모토의 〈고발하는 모임〉이 중심이 되어 작성한 보고서가 있습니다. 〈미나마타병에 대한 기업의 책임 —짓소의 불법행위〉라는 보고서입니다. 아마 일본의 공해반대 주민운동, 거창하게 말하면 반체제적인 시민운동 —공해반대운동이 반체제적인지 아닌지의 여부는 다소 의문이 생기지만— 이 쓴 리포트로는 최고 중의 하나라고 생각합니다.

일반인과 학교에 있는 몇몇 젊은 연구자, 다양한 직업을 가진 사람들이 협력해서 완성한 책입니다. 자료집으로 『미나마타병』이 있기 때문에 지나치게 중복되는 것은 쓰지 않았습니다. 다만 짓소라는 회사가 어떤 성격을 가지고 있고 왜 미나마타병을 발생시켰는지 『공해의 정치학』보다는 훨씬 깊이 있게 저술하고 있습니다. 이 책은 지금 천 엔으로 희망자에게 배포하고 있습니다. (비싸다는 의견에) 천 엔 정도 듭니다. 주민운동의 일환으로 적은 부수로 보급하고 있으니까요. 구마모토의 작은 인쇄소에서 하루에 50권밖에 인쇄하지 않는다고 해요. 지금 저기에 40~50권 있는데 그 이상은 하루에 또 50권씩 배급을 받을 때까지 예약을 받는다고 합니다. 참고서로는 가장 적절한 책일 겁니다. 미나마타병과 관련된 참고서는 현재로서는 이 정도입니다.

그래프 표기의 효능

오늘은 제가 준비가 충분하지 않은데, 일단 여러분에게 도면을 세 장 정도 나누어 드렸습니다 (우이 준 『공해의 정치학』 산세이도 신서에서 인용). 〈도표A〉는 물고기를 강줄기의 어디에서 잡았는지 그 순서를 나타낸 것인데, 수은 농도를 비교해 본 예입니다.

가로 선이 10ppm에 상당합니다. 동시에 이 점선은 해발 제로 선을 표시한 것입니다.

이 강줄기의 도면은 설명이 필요 없다고 생각하는데, 요컨대 이끼나 곤충 같은 하급 동물, 식물, 먹이사슬 중에서 낮은 단계의 것은 상류에서 하류로 차례차례 오염됩니다. 하지만 높은 단계, 즉 수초나 곤충을 먹는 물고기는 오염이 하류에 집중하는 경향이 있습니다. 사실 어느 쪽에 집중하는가에 대해서는 논의의 여지가 있지만 먹이사슬의 높은 차원의 것은 반드시 공장폐수가 나온 곳부터 순서대로 희석되는 건 아닙니다. 농축이라는 것이 배출한 장소와 다른 곳에서도 발생한다는 것은 당연히 예상할 수 있습니다. 따라서 기타가와 씨의 10킬로 이론 같은 것은 말이 안 됩니다.

물고기가 대체로 하구나 선상지(扇狀地) 끝자락처럼 강의 조건이 바뀌는 곳에 모이기 쉽다는 것도 이 그림에 나타납니다. 강바닥 경사를 그림에 포함시키게 된 것은 그래프를 그리는 도중에 단조로우니까 비스듬한 선을 넣어 본 것뿐인데, 나중에 자세히 보니까 이 강바닥 경사는 아주 중요한 의미를 가지고 있더라고요. 그래프를 그릴 때는 보통 두뇌가 집중적으로 활동하기 때문에 그런 사소한 발상이 커다란 전개를 가져올 수가 있습니다.

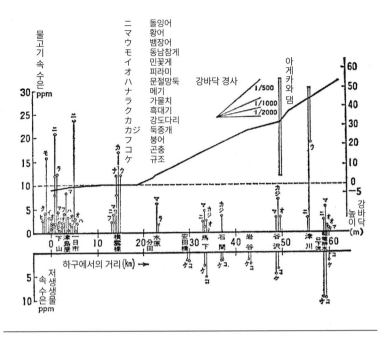

도표 A | 수은을 포함한 물고기 분포와 아가노 강 모습

학생들에게도 자주 하는 이야기인데, 사물을 시스템화해서 그래프를 그리는 것을 전문가에게 맡겨 버리면 자신의 머리가 가장 활발하게 활동하는 시기를 빤히 보고도 놓치게 됩니다. 즉 발전할 기회를 놓치게 된다는 겁니다. 제 생각에 연구는 모두 수작업으로 해야 합니다. 이런 그래프도 전부 스스로 그려 보고 시시해 보여도 하나하나 칸을 세어서 그려야 합니다. 이 도표는 지금 보면 아무것도 아니지만, 저도 상당히 노력해서 완성한 겁니다.

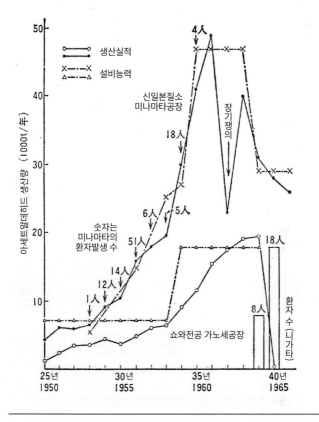

도표B | 아세트알데히드 공장의 설비능력과 생산실적, 환자발생 수

〈도표B〉는 아세트알데히드 생산량과 환자 발생상황 도표입니다. 이것도 흔히 볼 수 있는 것인데, 생산량의 그래프를 그리는 것은 누구라도 할 수 있습니다. 거기에 환자가 발생한 시기를 넣어 봅니다. 생산이 증가하는 시기에 환자가 발생하는 것은 알지만, 그래프를 그리는 동안에 문득 생각난 것은 '도대체 이 당시 공장의 설비능력은 공식적으로

얼마나 되었을까?'하는 겁니다. 그래서 바로 공장에 문의하여 설비능력을 그래프에 넣어 봤더니 이처럼 명확한 결과가 나왔습니다.

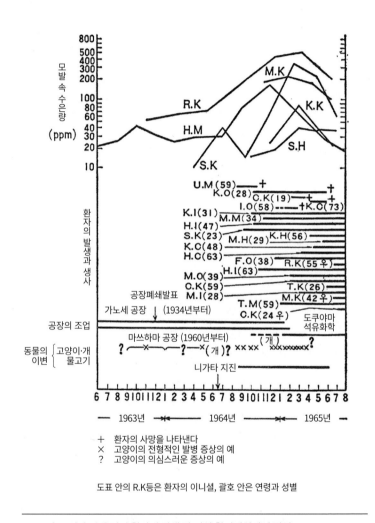

도표C ㅣ 모발 속 수은량과 환자의 발생 및 지역 환경변화와의 관련 표

설비능력을 넘거나 100% 가까운 조업률로 생산할 때 공해가 발생합니다. 게다가 슬슬 공장을 멈출 때가 되면 저의 경험상 조업이 상당히 거칠어집니다. 당연히 폐기물 배수량도 늘어나죠. 그때야말로 공해 측면에서 보면 가장 조심해야 할 때입니다. 기업에서 일하는 기술자나 노동자도 공장폐쇄로 자신들의 노동 조건이 안 좋아질 때는 무책임해지기 쉽습니다. 하지만 그때가 기술자나 노동자에게 상당히 위험한 때라는 것을 현장 경험에서도 그리고 이 도면에서도 알 수 있습니다.

다음으로 〈도표C〉의 위쪽 3분의 1정도는 머리카락의 수은량 변화입니다. 이것은 정말 대단한 발상인데 머리카락을 뿌리부터 잘라냅니다. 다른 경우에도 이 방법은 상당히 응용할 수 있을 겁니다. 원래 비소 중독 때 중독 증상을 보인 사람의 머리카락에서 비소가 나타나요. 그것을 이용해서 이 머리카락을 일정한 길이로 자르면서 이 부분에는 얼마나 비소가 포함되어 있고 여기에는 얼마나 포함되었는가를 분석합니다. 이것을 수은으로 응용해 봤더니 정확하게 맞아떨어졌어요. 개인차가 있지만, 예를 들어 한 달에 10 밀리미터 자라니까 머리가 아주 긴 사람이라면 2년 전까지 거슬러 갈 수 있습니다. 최근에는 머리를 기르는 사람이 많아서 편리합니다.

이 방법으로 조사한 환자의 머리카락 수은 함유량이 제일 위에 있습니다. 그 다음 옆선을 팽팽히 당기고 있는 것은 언제쯤 환자가 발생하고 사망했는가의 예입니다. 그 아래 '가노세(鹿瀬)' '마쓰하마(松浜)'라고 쓰여 있는 것은 공장이 가동된 시기입니다. 그리고 공장폐쇄와 거의 동시에 도쿠야마(德山) 석유화학이라는 커다란 공장이 도쿠야마에서 가동을 시작했습니다. 이 도쿠야마 석유화학에 넘겨주기 위해서 상당히 무리한 증산을 해야 했습니다.

그리고 그 아래에 고양이와 물고기에게 이상 증세가 보인 것은 언제인가 하는 것이 표시되어 있습니다. 이것은 우리가 이야기를 들어본 것인데, 틀림없이 지진이 발생하기 전에 개와 고양이에게 전형적인 증상이 두 가지, 그리고 물음표는 '아무리 봐도 그것일 것 같다'라는 의미인데 그것이 두 가지 지진 전에 존재했습니다.

그 외에 생각할 수 있는 현상으로는 여러분이 잘 아시는 예인데 니가타 지진이 있습니다. 그리고 쇼와전공의 가노세공장이 폐쇄 직전에 그곳 노동자를 어딘가로 배치전환하거나 해고통고를 하는 시기를 여기에 넣어 두었습니다. 그런데 아무래도 그 무렵부터 슬슬 오염이 시작된 것처럼 보인단 말이죠. 즉 노동자의 상태가 공해를 좌우하는 커다란 요인이라는 것은 확실해 보입니다.

다음 시간에 미나마타에서 얻은 결론을 다시 한 번 말씀드리겠습니다. 오늘은 실행위원회에서 대여섯 분이 오후에 시간을 내 주셔서 도면 인쇄를 제 시간에 마칠 수 있었습니다. 고맙습니다. 다음번에도 가능하면 도와주셨으면 합니다.

제4회

1970년 11월 2일

미나마타에서 얻은 결론

지난 시간에는 미나마타병과 관련한 두 번째 시간으로 1969년 6월에 최초로 미나마타병 소송이 시작된 것까지 말씀드렸을 겁니다.

흔히 하는 말로 "3호 잡지"라는 말이 있는데, 대체로 동인지도 3호까지 나오면 인정해 줍니다. 이 공개강좌도 아무것도 없는 상태에서 출발해서 그럭저럭 3회째의 첫 관문을 넘어서 오늘 4회째를 맞이했습니다.

여러분도 아시겠지만 이 공개강좌는 수강생 중에서 지원해 주신 실행위원회 분들의 노력으로 매번 필요한 자료를 여러분에게 배포하고 있습니다. 사실 자료를 만드는 것도 다른 일을 하면서 짬짬이 하고 있어서 더 제대로 된 것을 만들고 싶지만 시간이 없어서 오늘 자료는 1897년 것까지 밖에 준비하지 못했습니다. 하지만 이런 것도 여러분 스스로 만들어 보는 노력을 해야 공해라는 것을 알게 됩니다.

지금까지 세 번의 강의는 주로 제가 이야기를 했습니다. 하지만 원래 이 강좌는 우리가 같이 만들어 가는 것이기 때문에 제 강의만으로는 진실을 알 수 없습니다. 여러분 스스로 뭔가 작업을 하지 않으면 강좌 자체도 유지할 수 없고 공해문제도 알 수 없다는 것을 염두에 두고 강의를 들어 주셨으면 합니다.

공해보상처리와 전망이 없는 투쟁

1970년 5월이 되어, 도쿄고등재판 전(前)판사였던 지쿠사(千種)박사와 도쿄대학 가사마쓰(笠松)교수, 전 지사이자 〈지방제도 조사회〉 부회장인 미요시(三好) 3인의 저명인이 공해의 전형인 미나마타병의 보상을 양쪽 주장을 듣고 처리하는 〈보상처리위원회〉의 일이 완성되어서 5월 25일에 미나마타병 보상처리안이 제출되었습니다.

이것이 절묘하게 기하평균 법칙과 맞아떨어져서 환자와 회사 측이 주장하는 손해배상 금액의 기하평균이 된 것은 지난번에 말씀드린 대로입니다. 이 방법은 첫 강의 때 말씀드린 공해 피해자와 가해자 — 피해자 쪽은 자나 깨나 미나마타병과 인연을 끊을 수가 없고 가해자 쪽은 숫자나 문장으로 제시된 것만 피해로 인정하는 도저히 동일선상에 설 수 없는— 차원이 다른 불공평한 구조를 배제하고 양쪽의 주장을 듣고 가운데를 취한다는 공해의 가장 전형적인 처리방식을 적용했습니다. 이것은 잊어서는 안 될 일입니다. 아마 앞으로도 여러분이 공해 피해자가 됐을 때, 그런 방식으로 벨트 컨베이어에 실려 양쪽의 의견을 똑같이 듣고 똑같이 적용하는 방법으로 피해자는 처리될 것입니다.

지난주에 강의 직후에 '공해분쟁 처리위원'의 명단이 공개됐는데, 그중에 도쿄대학 가나자와 요시오(金沢良雄) 법학부 교수의 이름이 있더군요. 아마 앞으로도 도쿄대학은 이런 식으로 공해를 잘 알지도 못하는 권위자가 제3자의 역할을 수행해 가겠지요. 안타깝지만 현재의 '정상화'된 도쿄대학에서 그에 맞서는 것은 고작해야 이 공개강좌정도입니다. 이것이 현실입니다. 하지만 이곳에서 이만큼의 사람들이 열심히 공부해서 그런 엉터리 제3자 기관에 대해 다소나마 감시의 역할을 하고, 또한 도를 넘는 짓을 하면 여기에서 문제로 제기하는 식으로 다소나마 브레이크를 걸 수가 있습니다. 가능한 한 그런 식으로 진행하려고 합니다.

그런데 이 〈보상처리위원회〉의 중재안의 제시와 이어지는 환자 상조회의 수락을 계기로 후생성 내부에서도 자신들이 관료의 말단으로서 해온 것에 대한 반성의 움직임이 있었습니다. 또한 도쿄에서 미나마타병을 못 본 체했던 시민, 주로 청년들의 움직임이 〈미나마타병을 고발하는 모임〉으로 열매를 맺어서 지금 그 운동이 착착 진행되고 있습니다.

하지만 지난달에 우리는 아주 큰 손실을 경험했습니다. 한결같이 미나마타병을 연구해 오셨던 호소카와 박사님이 타계하신 것입니다. 이 공개강좌와 미래를 짊어질 청년들을 위해서 호소카와 박사님이 미나마타병을 밝혀내기까지의 경험을 담기 위해 녹음을 준비해 온 저도 결국 호소카와 박사님의 마지막 말씀을 기록할 수 없었습니다. 그래서 우리가 할 수 있는 최선의 방법은 호소카와 박사님이 남기신 일은 무엇일까, 공해를 한 가지라도 완전히 없애기 위해서 호소카와 박사님이 해오셨던 것처럼 전망이 없는 일일지라도 오직 혼자서 그것을 이어받아서 진행시키는 것이라고 생각합니다.

이건 좀 다른 이야기지만, 제가 도쿄대학에 근무할 때나 여러 대학의 축제나 토론회, 강연회 등에 가면 항상 학생들이 하는 질문이 있습니다. "일본의 자본주의 현상 하에 공해반대운동을 어떻게 자리매김할 것인가? 공해반대투쟁의 전망은 어떠한가?"라는 질문입니다. 이에 대해 저는 "그런 건 필요 없다. 전망이 없으면 하지 않는다는 생각으로 공해반대운동은 할 수 없다. 전망이 없어도 할 사람은 해 왔고, 하지 않을 사람은 전망이 있어도 하지 않는다. 현재 여러분이 전망이나 위치매김에 시간을 허비하고 있는 사이에 공해는 점점 심각해지고 있다." 라는 것을 반복해서 이야기하고 있습니다. 이것을 우리의 공통의 이해로 삼았으면 합니다. 전망이 없어도 할 사람은 합니다. 전망이 없기 때문에 공해 반대를 할 수 없다는 것은 발뺌에 불과하고, 그런 식으로는 공해는 사라지지 않습니다. 그 예로 호소카와 박사님처럼 평생 공장 안에서 고립되어 회사에 해가 되는 인간으로 따돌림 당하고, 환자들로부터도 '회사의 개'라 불리며 미움을 받으면서도 연구를 계속하여 결국 미나마타병을 밝혀낸 사람이 있습니다. 이것이 전망이나 자리매김으로 공해문제에 접근하는 것이 바람직하지 않다는 것을 증명하고 있습니다.

한 주(株) 운동의 의의

다시 본론으로 돌아가서 이전부터 다소 논의가 되었던 환자의 시시비비, 누구에게 책임이 있는가라는 문제를 법정다툼만으로는 충분히 밝힐 수 없다, 그런 상황에 대해서 환자와 우리가 짓소 주식을 한 주씩 사서 주주총회에서 발언하자는 제안이 8월부터 9월 들어서 구체화되었습니다. 실은 이 '한 주 운동(一株運動)'이라는 생각의 바탕에는 지금까지 우리가 몰랐던 문제가 하나 있습니다. 이 운동을 제안한 고토(변호사) 씨가 만약 여기에 와 계시면 설명해 주시겠지만, 저는 아주 간단하게 이 운동에 대해서 말씀드리겠습니다.

첫 번째로 발언의 장입니다. 주주총회는 도망치지도 숨지도 못하는 발언의 장소입니다. 재판과 달라서 주주총회에서는 변호사에게 일임하고 경영자가 출석하지 않는 방법은 통하지 않습니다. 주주총회는 상법의 가장 기본이 되는 토론의 장소입니다. 당사자가 법정에 출석하지 않아도 된다는 것은 실은 아주 편리한 제도이죠. 서독에서 있었던 일인데, 수면제의 일종인 탈리도마이드 재판에서 왜 회사 측이 백억 엔의 화해를 제안할 정도로 저자세가 되었는지 아세요? 서독의 법률로는 그런 유형의 재판에는 반드시 경영자가 피고석에 앉아 있어야 합니다. 유능한 변호사단을 선임해서 최대한 재판을 지연시켰지만, 이미 두 번에 걸친 법정에 최고경영자가 꼼짝 못하고 붙잡혀있어야 하는 불리한 면이 있었어요. 그동안 경영활동을 할 수도 없었고, 게다가 법정에 제출되는 증거들은 하나같이 회사 측에 불리한 것들뿐이었습니다. 그래서 일 년 남짓의 법정교섭 후에 회사 측은 자신들이 불리한 것을 알고 "1억 마르크 지불할 테니까 이쯤에서 합의해 주지 않겠는가?"라고 제안합니다.

일본의 재판에서는 변호사가 한 사람이라도 출석하면 법정이 성립하기 때문에 니가타도 미나마타도 회사 경영자는 직원이나 변호사로부터 진행상황을 전해 듣기만 하고 자신이 불리하다는 것도 모르고 반영구적으로 재판을 지연시킬 수 있습니다. 그런 이점이 있습니다. 이것은 반 환자나 다 죽어가는 환자인 피해자에게는 상당히 힘든 상황인데, 재판이 아무리 유리하게 진행돼도 어쩔 수 없이 판결까지 가야 합니다. 그래서 구마모토의 재판이 아무리 원고에게 유리하게 전개된다 하더라도 그것은 법정이라는 틀 안에서의 양쪽의 토론이죠. 그 틀에서 벗어난 문제, 예컨대 누구에게 책임이 있고 보복의 원리는 어떠한가에 대해서는 법정에서 말할 수가 없습니다. 그래서 주주총회의 장이라는 걸 생각해 낸 거예요.

두 번째로, 시위운동의 장입니다. 우리는 아직 미나마타병을 용인한 것은 아닙니다. 계속해서 미나마타병의 책임을 추궁할 것이라는 사실을 전 국민에게 알리는 장으로 주주총회를 선택했습니다.

그리고 세 번째로 —이것이야말로 저보다는 고토 씨 이야기를 듣는 것이 실감나시겠지만— 주식을 나타내는 유가증권은 현 자본주의에서 자본소유의 상징입니다. 그런데 35엔짜리 주식 한 주의 소유권은 아무리 소유의 상징이라고 한들 그 멋진 종이를 35엔에 살 수 있으니 좀처럼 자본이라는 생각이 들지 않습니다. 단적인 이야기로, 그것으로 코를 풀든 번호표를 만들든 자유입니다. 하지만 현재의 자본주의, 즉 주식 소유의 표면적인 방침에서 보면 주식은 신성한 종이입니다. 주주에게 주식이란 소유를 상징하는 신성한 종이예요. 그 신성한 종이로 코를 풀어도 되고 번호판으로 사용해도 된다는 식으로 민중에게 알려지고 확산됩니다. 무엇보다 고작 주식 한 주를 가지고 있는 사람에게도 결산서류는 꼭 보내야 합니다. 참 기묘한 일이죠? 이런 식의 기묘한 상황이 발생하는 것은 자본주의 따위는 없어지길 바라는 우리에게는 아주 즐거운 일입니다.

이렇게 몇 가지 목적으로 시작한 '한 주 운동'이 의외로 많은 사람의 호응을 얻어서 현재 이미 약 1만 주가 분할되었습니다. 물론 11월말에 예정된 이번 총회에 한정되는 건 아닙니다. 짓소가 존재하는 한 -언제까지 존재할지 모르겠지만- 환자가 있는 한, 우리가 있는 한, 일 년에 두 번씩 다양한 방법을 사용할 수 있습니다. 상대는 항상 우리를 소집해야 합니다. 이것은 아주 흥미로운 상황이죠.

실은 이미 몇 년 전에 모리나가(森永) 비소분유 중독 때 비슷한 논의가 있었어요. 더 이상 추궁하면 회사가 망한다는 주장에 대해 피해자의 한 사람이 이렇게 말했다고 합니다. "망하면 우리에게 경영권을 넘겨주십시오. 반드시 비소가 들어있지 않은 분유를 만들어서 협동조합이든 다른 방법으로든 이익을 올려서 환자를 보살필 테니까 경영권을 우리에게 넘겨 주십시오"라고요.

이것은 정말 비소분유사건의 정곡을 찌르고 있습니다. "짓소가 더 이상 상대할 수 없다고 한다면 짓소의 경영을 환자에게 넘겨라, 그러면 우리는 미나마타병을 발생시키지 않고 나름대로 이익을 올려서 그것으로 환자와 함께 미나마타에서 생계를 이어가겠다, 하려고 하면 못할 것도 없다"라는 겁니다. 물론 짓소가 그런 조건을 받아들일 리는 없지만, 이념적으로는 얼마든지 가능한 일입니다.

이런 생각을 하는 것만 봐도 아시겠지만, 현재의 시민운동은 정말 다양합니다. 시민운동의 다양성에 대해서는 나중에 몇 가지 실례를 들어서 설명하겠지만, 대개 열 명이 모이면 열 가지 생각이 있게 마련이죠. 그것을 하나로 정리할 필요는 없어요. 열 가지 생각에서 열 가지 행동이 나와도 괜찮습니다. 뿔뿔이 흩어져서 개별적으로 행동할 때의 약점과 무리하게 하나로 정리하여 생기는 약점을 각자가 저울에 올려 판단하면 상당히 다양한 생각이 나옵니다. 서로 방해가 되지 않으면 마지막까지 자기가 생각한 것을 관철합니다. 그것이 현재의 주민운동이 도달한 하나의 결론입니다.

그리고 구마모토에서 지난번에 보여 드린 것 같은 '기업책임 보고서'를 발표했습니다. 이것도 하고 싶은 사람이 마지막까지 합니다. 미나마타병을 도대체 누가 발생시켰느냐 하면, 이 도쿄대학 공학부를 중심으로 하는 일본의 과학공업기술이 반쯤은 필연적으로 발생시킨 병이라고 할 수 있습니다. 그런 세심한 인과관계까지 주민운동이 자신의 손으로 밝혀내고 말았고, 그 하나의 예가 '미나마타병에 대한 기업의 책임'이라는 보고서입니다. 하지만 미나마타병이 결코 재판으로 해결되지 않는다는 것은 여러분도 아실 겁니다. 재판은 손해배상 명목의 약간의 금액을 지불할 것인지 아닌지의 결말을 지을 뿐, 십 몇 년간의 차별과 억압 등에 대해서는 아무런 대답도 할 수 없습니다.

게다가 전 도쿄대학 교수이자 중앙노동위원회 위원장이며 민사소송법 권위자인 가네코 하지메(兼子一)가 ―법률에 관여하고 있는 사람은 누구든지 알고 있는 이름입니다― 구마모토 재판에서 피고 측 짓소의 주임변호사라는 사실만 봐도 알 수 있듯이 현재 도쿄대학은 재판에서도 가해자를 지원하고 있습니다. 미나마타병 문제에 대한 도쿄대학의 기여는 1960년의 다미야 위원회, 66년부터 67년에 걸친 니가타 미나마타병의 결과를 애매하게 하려는 노력, 그리고 이번에는 미나마타 재판에서 회사 측 주임변호사로 전(前)도쿄대학 교수가 참가하는 식으로 되풀이하여 가해자 측 회사를 위해서 일하고 있습니다. 게다가 그 토대가 된 기술도 도쿄대학 응용화학에서 개발한 것입니다.

그렇다면 이것은 단지 미나마타만의 일이 아니라는 것을 여러분도 아셨을 겁니다. 지금 거론한 조건은 도쿄대학에서 개발한 기술, 도쿄대학 출신 경영자 —짓소 뿐만이 아닙니다. 일본 어디든지 있습니다— 그러한 곳의 공해에 만약 여러분이 피해자가 됐을 때는 다시 도쿄대학 명예교수 같은 사람이 상대측에 나오는 것을 각오해야 해요. 이것은 간단한 문제가 아닙니다. 따라서 미나마타병의 동향을 보는 것만으로도 앞으로 여러분이 어떤 상황에 처할지 대강 짐작이 가실 겁니다.

이쯤에서 미나마타병의 경과에 대해서는 일단락 짓고, 이제까지 얻은 결론을 말씀드리려고 합니다만……

마침 고토 씨가 오셨네요. '한 주 운동'에 대해서 제가 간단히 설명했습니다만, 15분 정도 고토 씨께 직접 이야기를 듣겠습니다.

'한 주 운동'에 대해서

고토 타카노리(後藤孝典) 변호사

소중한 기회를 주셔서 감사합니다.

미나마타병 투쟁으로 지금 '한 주 운동'이라는 것이 제기되어 〈고발하는 모임〉을 통해서 전국적으로 운동이 펼쳐지고 있습니다. 8월 초순에 제기된 이래로 약 2개월이 못 미치는 동안 전국에서 5천 명이 짓소의 한 주 증서를 가지고 11월 27일에 오사카에서 열리는 주주총회에 출석하려고 합니다. '한 주 운동'에 대해서 여러분이 어떻게 이해하고 계실지 모르겠지만, 될 수 있는 한 명확하게 '한 주' 운동에 대해서 설명하겠습니다. 여러분도 가능하면 이 투쟁에 합류해 주셨으면 합니다.

'한 주'운동이란 무엇인가? 간단히 말해 환자도 아닌 우리가 미나마타병 가해자인 짓소 간부에게 직접 언급할 수 있는 입장을 확보하자, 직접 언급할 수 있는 입장에 서자는 것이 근본 취지입니다. 우리가 짓소 회사 간부에게 미나마타병의 책임을 추궁해도 회사는 상대해 주지 않습니다. "네가 뭔데?"라고 하는 것이 고작입니다. 수위에게 쫓겨나는 것이 고작입니다. 만약 짓소가 우리를 상대하지 않겠다면 우리를 상대하지 않을 수 없게 만들면 됩니다. 어떻게요? 주식을 가지고 있으면 됩니다. 직접적으로 물어볼 수 있는 장소를 확보하기 위해서는 주식 한 주만 있으면 됩니다.

이렇게 '한 주 운동'은 시작되었습니다. 올해 11월 총회에는 환자들이 전원 오사카로 갑니다. 전원이라고 해도 물론 걸을 수 있는 사람들인데, 그중에 13명은 순례자의 모습으로 무장하고 11월 20일 구마모토 지방재판소에서 열리는 제7회 구두변론에 참여했다가 재판이 끝난 후에 그 길로 장장 일주일에 걸쳐 오사카로 이동합니다. 전국각지의 공해지점을 돌아 오사카로 올라올 겁니다. '한 주 운동'을 추진하고 있는 우리는 구마모토와 삿포로에서도, 도쿄, 나고야, 후쿠오카에서도 주주총회에 쳐들어갈 생각입니다. 거기에서 환자분들은 그 유명한 "돈은 필요 없다, 돈은 필요 없다, 회사 윗분들부터 차례로 수은모액(母液)을 마셔봐라!"라는 구호를 회사간부를 향해 외치려고 합니다. 환자들의 짓소에 대한 원망에 연대하는 우리는 환자들을 돕는 조력자로서 그 총회에 참석하려고 합니다.

아직 총회에서 무엇을 말할 수 있을지는 알 수 없습니다. 듣기로는 회사 측은 총회꾼을 들일 수가 없어 회사 관리직들이 주주로서 총회에 참가하여 대응할 거라고 합니다. 약 300명을 수용할 수 있는 총회 회의장이 오사카 시내에 이미 예정되었다고 해요. "우리는 2천 명 이상의 규모로 쳐들어가자. 짓소의 총회를 포위하자. 짓소주식회사를 민중의 힘으로 포위하자. 한 주를 소유하여 직접적으로 짓소에 우리 주장을 하자!"라는 기본적으로 이것을 위해 '한 주 운동'이 있는 것입니다.

솔직히 이를 위해 투쟁을 시작했지만, '한 주 운동'이 지니고 있는 독자적인 의미, 즉 주식 한 주를 가지고 있는 사람에게 이것의 의미는 무엇인지 생각해 볼 필요가 있습니다. 저는 한 마디로 '직접 대결'이라고 생각합니다. 지금까지 다양하게 민중에 의한 운동이 전개되었습니다. 자금 모금이나 시위운동 등, 여러 가지였습니다. 하지만 이 '한 주 운동'은 시위를 위해 주식을 가지고 있는 것이 아닙니다. 시위하자고 총회에 쳐들어가는 것이 아니에요. 객관적으로 보면 그렇게 보일 수도 있겠지만, 근본 취지로는 적인 짓소 앞에 자신을 직접적으로 드러내는 것이라고 생각합니다.

그리고 사회적으로는 한 주를 소유하여 어떤 파급 효과가 있을까요? 주식은 그것을 사 버리면 주주에게는 회사에 대한 아무런 의무도 발생하지 않습니다. 손에 넣는 것은 단지 권리뿐입니다. 회사는 주식 한 주일지라도 1만 주, 백만 주의 주주와 다른 취급을 할 수 없습니다. 상법상 주주평등의 대원칙에 따라 불평등한 취급은 용납되지 않습니다. 한 주일지라도 평등한 주주, 훌륭한 주주입니다. 우리는 회사에 발언할 권리를 얻습니다.

그리고 이 한 주를 소유하여 얻는 효용은, 짓소는 한 주의 주주를 상대하기 위해 아마도 연간 300엔 정도의 돈이 필요할 겁니다. 한 주를 가진 주주에게도 총회 안내장을 빠짐없이 보내야 하니까요. 그리고 의제를 써야 합니다. 의제를 설명해야 하고, 대차대조표와 손익계산서를 써야 합니다. 현금처분안도 써야죠. 인쇄비와 우송비도 들고, 인건비도 들 겁니다. 연2회의 총회를 통해서 일반경비가 아마도 300엔은 들겠지요. 그래서 짓소로서는 무엇을 위해서 주식을 공개하고 있는지 알 수 없게 됩니다. 주식을 공개하는 것은 아마 자금을 얻기 위해서겠지요. 하지만 '한 주 운동'을 전개하면 한 주당 짓소는 50엔을 입수하고 연간 300엔씩 부담해야 합니다. "꼴좋다!"라는 겁니다. 짓소를 가능한 한 괴롭혀 주고 싶다는 것이 환자들의 희망입니다. 우리는 환자들이 원하는 것이라면 가능한 한 들어주고 싶습니다.

따라서 한 주를 가진 사람은 많으면 많을수록 좋습니다. 그래서 부탁드립니다. 여기에 와 계신 여러분 전원이 주식을 소지해 주셨으면 좋겠습니다. 여기에 주식 한 주를 준비해 왔습니다. 여러분, 주식 증권을 소유한 적이 있으십니까? 이것이 한 주의 증권입니다. 이렇게나 많이 있는데 겨우 100주예요. 짓소는 1억 5644만주라는 엄청난 주식을 발행하고 있습니다. 그 중의 한 주예요. 'ppm주'라고 한다고 합니다. 이 한 장의 소유자도 엄연한 주주입니다. 요컨대 상법의 주식회사를 역이용하려는 겁니다. 말하자면 우리 민중의 힘으로 짓소를 포위하여 환자들을 원조하고 그들의 목적을 달성시키려는 의지의 표출입니다. 명의 변경청구서를 이야기가 끝난 후에 준비해 두겠습니다. 한 주를 200엔에 사 주셨으면 합니다. 이 중에 86엔 30전은 정가입니다. 35엔이 주식을 샀을 때의 가격이고, 약 1엔 30전은 증권회사에 지불할 수수료입니다. 50엔은 짓소가 가져갑니다. 모두 아시겠지만 '분할수수료'라는 명목으로 가져갑니다. 200엔 중에 80엔 정도는 최종적으로 환자분들의 지원자금인 '고해정토기금'에 넣습니다. 그래서 9월말 현재 결산으로 대체로 50만의 이익금을 산정하여 고해정토기금에 넣었습니다. 계속하여 운동을 추진하여 고해정토기금을 늘리려고 합니다. 따라서 우리의 운동자금, 우송비, 지금 말씀드린 86엔 30전의 정가, 그리고 고해정토기금을 위한 모금액을 포함해서 한 장에 200엔입니다. 명의변경수속은 〈고발하는 모임〉에서 대행하겠습니다. 이것을 소유하면 여러분은 짓소의 주주가 되는 겁니다. 올해 11월 주주총회는 이미 늦었지만 내년 5월 주주총회에 출석하려고 하는데, 그때 같이 출석하시지 않겠습니까?

올해 주주총회에는 실은 제1노동조합, 즉 짓소의 옛 노동조합 조합원 분들도 출석합니다. 걸을 수 있는 환자분들 대부분이 총회에 참석합니다. 전국에서 모두 모입니다. 전날 오사카에 큰 회의장을 마련해서 전국 집회를 열고 당일날 주주총회에 출석할 계획입니다. 그래서 총회를 우리 민중의 힘으로, 환자들을 중심으로 하는 축제로 만들고 싶습니다. 그것이 우리의 바람입니다. 총회에서 우리는 무시무시한 병을 껴안고 에가시라(江頭) 사장을 향해서 "이 병의 내용물을 마셔 보라."고 꼭 말하고 싶습니다. 그 병 안에 뭐가 들어 있을지 기대됩니다. 총회를 우리 민중의 축제의 장으로 바꾸고 싶습니다. 본래 축제는 민중의 것입니다. 그 축제에 모이는 것으로 우리가 동지라는 사실을 확인할 수 있을 겁니다. 같이 싸우는 사람이 거기에 있다는 걸 확인할 수 있겠지요. 총회를 통해 말하자면 주주총회의 축제를 통해 미나마타병에 맞서 싸우는 서로를 확인하고 다음 투쟁으로 전진할 수 있기를 바랍니다.

사실은 11월 19일에는 도쿄 시부야역 근처에 있는 야마테(山手) 교회홀에서 도쿄지구의 짓소 주주총회를 개최합니다. 이 주주총회는 우리가 자체적으로 주최하는 겁니다. 주식을 가지고 있는 사람뿐만 아니라 주식이 없는 분들도 모두 참여해서 총결기(總決起)집회를 열고 싶은 겁니다. 거기에서 모의주주총회라도 열어서 한번 연습을 합시다. 그때 가능하면 여기 계신 분들도 와 주셨으면 합니다. 그리고 11월 15일에는 나고야에서 나고야지구 주주총회가 열립니다. 구마모토에서는 30일에 이미 열렸습니다. 그리고 24일에는 간토지구 주주총회가 나카노시마(中之島) 공회당에서 열립니다. 27일에는 짓소 주식회사가 소집하는 주주총회가 열리겠지요.

우선은 첫걸음으로 19일에 야마테 교회홀로 모여 주십시오.

우이 준

일반 강의로는 다소 파격적일지도 모르지만, 여기에서 열리는 공개강좌는 듣기만 하는 것이 아니라 그것과 관계되는 몇 가지 사항에 대해서 수강자가 직접 말할 수 있습니다. 오늘은 그 예로 특별히 시간을 쪼개서 고토 씨에게 이야기를 들었습니다. 여러분이 주주가 됐을 경우와 그렇지 않고 저의 강의를 듣기만 하는 것과는 미나마타병에 관한 관심의 깊이가 당연히 달라집니다. 저도 여러분이 거금 200엔을 투자하여 한 주의 주주가 되셨으면 합니다.

첫 번째 교훈 - 피라미드형 조직의 패배

그럼 지난번에 이어서 미나마타의 상황보고에서 무엇이 우리에게 교훈으로 남았는지 몇 가지 이야기하고 마지막으로 정리하겠습니다.

우선 미나마타는 최근까지는 회사와 어민의 싸움이었습니다. 그런데 어민이 완전히 패했습니다. 약간의 보상금은 받았지만, 그것은 몇 년이나 조업을 할 수 없고 생선도 팔 수 없게 되어 먹는 둥 마는 둥한 생활 끝에 받은 몇 천엔, 고작해야 1만 엔이라는 보상금입니다.

그 후 1960년에 어민 운동은 미나마타어협(水俣漁協)에서 다시 재개되지만 이미 회복한 짓소에게는 계란으로 바위치기여서 무참한 패배로 끝났습니다. 그리고 교섭도 하지 않은 상태에서 미나마타어협은 두 파로 갈라집니다. 회사에 취직을 희망하는 쪽과 교섭을 통해서 보상금을 받으려는 쪽으로 나뉘어져 내부에서 맹렬하게 대립한 결과, 시가 수억의 매립지의 권리를 짓소에 거의 무상이나 마찬가지인 몇 백만 엔에 팔아넘깁니다.

회사 쪽은 매립하면 수억이 들었을 권리를 단 몇 백만 엔에 손에 넣었고, 그 매립지에 신일본화학이라는 짓소의 자회사가 증설됩니다.

어민운동은 왜 패배했는가? 제 경험을 토대로 생각해 봤습니다. 먼저 어업협동조합이라는 본래 투쟁을 하기에는 적절하지 않는 조직이 공장과의 전쟁에 돌입하지 않을 수 없었습니다. 싸움의 조직이 아닌 것이 싸워야 했던 것에서부터 시작된 거죠. 어업조합이란 도대체 무엇인가? 어업조합은 조업권을 가지고 그 조업권을 누구에게 분배할지를 주관하는 조업자의 협동조합입니다. 그런데 이곳이 실지로는 지방의 우두머리, 예를 들어 현의원이나 시의원의 표를 모으기 위한 기관이 되어 버렸어요. 그리고 현의원이나 시의원이 다양한 형태로 보조금이나 조성금을 중앙과 현 같은 상부에서 조달해 오면 그것을 다같이 분배하는, 말하자면 공평하게 나누는 기관입니다.

공평하게 나누거나 표를 모으는 기관인 어업협동조합이 근대적인 경쟁원리 위에 선 회사와 정면대결하여 이길 리가 없습니다,

게다가 어업협동조합 조직은 미나마타의 경우, 마을 어민이 대개 2톤이나 1톤 반 정도의 작은 배로 2~3인 가족이 한 노동단위가 되는 것이 보통입니다. 가족노동에서 오랜 경험을 갖는 아버지가 일의 순서를 정하고, 아이와 어머니가 그 노동을 분담합니다. 전형적인 가족노동입니다. 영세 조업이라기보다 '마당 앞 조업'이라고 하는 편이 적절할 것 같은데, 어떤 환자가 이전에 이렇게 말한 적이 있습니다. "이 후쿠로 만(袋灣)이라면 해삼이 어디 있고 문어가 어디 있는지 눈을 감고도 대강 알 수 있다. 농부가 밭에 나가서 그날 저녁에 먹을 오이와 가지를 따오는 것처럼, 오늘 필요한 만큼 잡아 오고 내일을 위해서 남겨 둔다."라고요. 즉 미나마타 바다는 그들에게 마당의 텃밭 같은 곳이라는 것, 그 정도로 풍부한 바다였다는 겁니다. 이처럼 작고 불안정한 조업이 아버지를 중심으로 한 가족노동의 형태를 이루고 있습니다.

그 아버지들의 연합체가 마을의 분회(分會)입니다. 분회 안에는 반드시 우두머리가 있습니다. 그 우두머리가 각 마을을 대표해서 모이는 것이 어업협동조합의 임원입니다. 그리고 임원의 꼭대기에 어업협동조합의 간부가 있습니다. 완벽한 피라미드형 —원시적이기는 하지만— 지역연합 피라미드형은 무너뜨리는 쪽에서 보면 아주 편리했습니다. 최

고 간부 한두 사람이나 지구(地区)임원 네다섯만 매수해 버리면 나머지는 뜻대로 분열시킬 수 있는 겁니다.

제가 최근에 피라미드형 조직, 중앙집권형 조직은 공해반대운동에 적합하지 않다는 결론을 내린 첫 번째 계기는 이 미나마타 어업협동조합 조직의 분석에서였습니다. 간부 몇몇을 매수해 버리면 어떤 식으로든 자유롭게 분열시킬 수 있습니다. 그것도 아주 쉽게요. 금전 같은 건 필요 없습니다. 음식점에 불러 술 한 잔만 사도 의리 있는 일본인은 상대의 이야기를 듣습니다. 의리를 맺었기 때문에 부탁받은 일도 거절할 수 없게 되죠.

그것을 최대한으로 이용한 것이 짓소입니다. 아마 지금도 그런 분열공작이 ─짓소에 조금이라도 유리하게 어업협동조합이나 농협 등의 조직을 분열시키자, 분열시키는 정도가 아니라 전체를 자신들 편으로 만들자─ 계속되고 있을 겁니다. 예를 들어 제가 현지조사를 하면서 이곳저곳의 어민을 방문하여 이야기를 들으면, 다음 날에는 저의 행동이 전부 회사에 누설되어 버립니다. 특별히 악의가 있어서 그렇게 하는 건 아닙니다. 저와 만난 어민 중 한 사람이 회사 총무과에 전화해서 "재미있는 이야기가 있으니까 내일 어디에서 만나자구." "음, 거기 식당이 좋겠어." 이렇게 되는 겁니다. 결과적으로 제가 어디를 갔는가 하는 것은 어민에게는 한 잔 술값은 되는 겁니다. 짓소는 그런 식으로 자신이 적대시하는 인간이 어디를 다니며 무엇을 말하고 있는가를 시시각각으로 알 수 있습니다.

인간은 빈곤한 상황에서 차별을 받으면 어떤 식으로든 비열해질 수 있습니다. 자신이 비열하다고 자각하지 못하고 비열해질 수 있어요.

그래서 나쁘다는 것이 아니라 거기에 있는 차별의 심각성을 우리는 알아야 합니다. 저의 행동이 회사에 누설되었다는 것에 특별히 화를 낸 적은 없어요. 오히려 미나마타 어민 간의 차별, 어민을 빈곤으로 밀어넣고 그것을 방치해 두면 그런 사회가 된다는 것을 알았을 뿐입니다.

따라서 미나마타에서의 첫 교훈은, 투표용지를 모으고 보조금을 분배하는 어업협동조합으로 공해운동에 착수한 것이 애당초 패인이었다는 겁니다. 원래 가지고 있는 조직, 다른 목적을 위한 조직을 공해반대운동에 활용하는 것은 불가능합니다. 노동조합이든 자치회든 같은 원칙이 적용되지 않을까요?

두 번째 교훈 - 양쪽을 똑같이 처벌하는 방식의 중재

다음으로 두 번째 교훈입니다. 제3자의 중재, 즉 1959년 8월 미나마타 어업협동조합에 대한 중재, 11월부터 12월에 걸친 시라누이 해 어업협동연합에 대한 현지사의 중재, 앞에서 말씀드린 1960년 여름 미나마타 어업협동조합에 대한 제2차 중재, 그리고 70년 5월 환자의 제2차 보상중재 등 이러한 제3자 중재는 항상 양쪽을 똑같이 처벌하는 사상으로 일관되었습니다.

양쪽을 똑같이 처벌하는 사상이 어떠한 상태에서 필요한가에 대해서는 전전부터 전후에 걸쳐서 도쿄대학 교수인 가와시마 타케요시 (川島武宜) 박사의 뛰어난 법사회학의 업적이 있습니다. 그 중에 '공동체에서 ―모두가 사이좋게 생활해야 하는 하나의 통합체에서― 강한 멤버와 약한 멤버 사이에 보호해주고 보호받는 비호와 의존의 관계가 있을 때 이론으로 일체의 사항을 좁혀가는 것은 대개 분쟁의 원인이 된다.'라는 유명한 정식이 있습니다. 구체적으로 말하면 이렇습니다. '공동체 안에서는 이론으로 일체의 사항을 정해서는 안 된다. 약한 자는 강한 자에게 보살핌을 받아서 생활하고 강한 자는 약한 자를 비호하여 자신의 강함을 더욱 강하게 한다. 그런 때 발생한 분쟁은 그것을 발생시키는 것 자체가 잘못이다. 따라서 어떤 원인이든 어느 쪽에 도리가 있든 쌍방을 똑같이 처벌해야 한다.'

양쪽을 똑같이 처벌하는 사상은 도쿠카와 시대에 무사들 사이에서도 강력해집니다. 힘으로 권위가 시시각각 변동하는 전국시대에는 쌍방을 똑같이 처벌하는 사상 같은 것은 거의 표면에 나타나지 않습니다. 강한 자가 이긴다는 것은 가장 단순한 이론입니다. 따라서 공동체 안에서 공동체를 유지시키기 위해서는 양쪽을 똑같이 처벌해야 합니다.

이것은 오랜 지혜죠. 그 공동체가 좋은 것이든 나쁜 것이든 그 안에서 책임 추궁 같은 걸 한다면 공동체는 무너져 버립니다. 대학에서도 강좌, 학과, 학부 그리고 도쿄대학은 공동체입니다. 교수들도 대학을 학문을 진전시키기 위한 공동체라고 합니다. 따라서 그 안에서 책임 추궁 같은 것을 해서는 안 됩니다. 분쟁이 발생하면 양쪽을 똑같이 처벌해야 합니다.

다만 도쿄대학은 좀 더 간단한 도식을 취했습니다. 의학부 분쟁으로 시작된 도쿄대학투쟁에서 의학부 교수는 그만둔다고 하면서 그만두지 않았습니다. 학생 쪽은 그만둘 사람은 서둘러 그만둬 버렸습니다. 이것이 현재의 '정상화'된 대학입니다. 공동체 이전이었는지도 모릅니다. 하지만 제가 근무하고 있는 도시공학의 강좌제도는 명백한 공동체입니다. 그 안에서 교수의 권위에 대해서 불만을 말하거나 교수의 안좋은 행동에 책임을 추궁하는 것은 공동체를 파괴하는 위험한 행동입니다. 이 강의만 해도 공동체에 대한 중요한 도전인데, 아마 제가 강의를 해 봤자 별 것 아니겠지, 하는 것이 교수회 대부분의 의견인 것 같습니다.

따라서 제3자의 중재라는 것은 공동체 안에서는 반드시 양쪽을 똑같이 처벌한다는 사상으로 양쪽이 서로 양보하여 유지하는 데 그 특징이 있습니다. 이 문제에 대해서는 릿쿄대학의 조교수인 아와지 타케히사(淡路剛久) 씨가 『쥬리스트』 7월호에 「미나마타병 보상 중재가 의미하는 것」이라는 제목으로 상세한 논문을 썼습니다. 관심이 있으신 분은 읽어 보셨으면 합니다.

세 번째 교훈 - 통일과 단결의 허구

세 번째 문제는, 첫 번째의 '어민운동이 왜 실패했는가?'라는 것에서 시작된 앞에서 제가 언급한 것의 결론으로, 중앙집권과 통일, 단결 조직은 공해문제에 도움이 되지 않습니다. 사실 미나마타 어업협동조합이 마지막 생사의 고비에 놓인 1960년 봄부터 여름에 걸쳐서 '통일과 단결'이라는 표어를 어업협동조합 안에서 몇 번이고 외쳤습니다. 하지만 '통일과 단결'이라는 말이 외쳐진 단계에서 이미 분열이 시작되고 있었습니다. 이런 표어를 외치는 정도로는 통일과 단결은 지킬 수 없어요. 차라리 통일과 단결 따위를 외치지 말자는 것이 저의 제안입니다. 그냥 같이 하면 됩니다. 무리해서 단결하고 통일하는 것은 오히려 역효과이지 않을까요?

게다가 지금 '통일과 단결'이라는 말을 외치는 사람들은 대체로 어느 일정한 그룹에 한정되어 있습니다. 그들이 지금까지 해 온 것은 보통시민이 모인 운동을 자신의 영향 하에 넣어 유리하게 이용하다가 결국에는 골수까지 빼먹고 버리는 겁니다. 그런 행동이 지금까지 빈번하게 반복되었기 때문에 그들이 통일과 단결이라는 말을 반복할 때 우리는 상당히 신중해집니다. 운동을 무너뜨리는 쪽에서 보면 좋은 의미일 듯한 '통일과 단결의 사상'을 저는 거부합니다.

네 번째 교훈 - 차별의 밑바닥에서의 연대와 지원

다음 네 번째는 지원조직의 효과의 문제입니다. 니가타의 환자가 미나마타를 방문했을 때, 미나마타 환자의 첫인상은 "저것은 꾀병이야, 환자가 아니라고." "미나마타병 환자가 이렇게 밝은 얼굴을 하고 있을 리가 없어."라는 거였습니다. 저도 이해가 갑니다. 니가타와 미나마타 양쪽 피해지를 몇 번이나 오가면서 차별의 밑바닥에서 절망하는 미나마타의 환자와, 각자의 요구를 차근차근 실현해 가는 니가타 환자들의 생기 있는 표정의 차이는 명백했습니다. 실은 니가타에 와서 작년(1969년)말에 재판이 시작되고 처음으로 니가타의 소송과 환자들을 만났을 때 모두 표정이 밝아져서 놀랐습니다. 차별의 밑바닥에 있는 인간이 자신들과 어깨를 두르고 같이 행동해 줄 사람을 찾았을 때의 기쁨, 그것은 저도 공동체 안에서 차별받고 있는 인간으로서 사무칩니다. 무엇보다 니가타에는 〈민주단체 미나마타병 대책회의〉라는 지원 조직이 있어서 환자를 격려하고 힘을 불어넣었습니다.

하지만 정말 어려운 것은 그 다음입니다. 〈민주단체 미나마타병 대책회의〉가 주로 공산당계열 단체의 영향 하에 만들어져 상당한 효과를 거두었기 때문에 사회당계열 단체의 초조함은 상당히 심각한 것이었습니다. 처음부터 〈민주단체 미나마타병 대책회의〉에 들어왔으면 그걸로 해결될 문제였지만, 공산당 계열 활동가에게 선수를 빼앗긴 상태에서 사회당은 합류하기가 힘들죠. 그런 분쟁이 니가타에서 1967년부터 68년, 그리고 69년 말까지 계속되고 있습니다. 그리고 가까스로 교섭이 성립되어 —여기에 이르기까지의 2년 가까운 우여곡절에 대해 말하기 시작하면 끝이 없지만— 어쨌든 사회당계열과 공산당계열의 연합체로서 니가타현의 평의회(評議会)를 주체로 한 〈니가타현 미나마타병 공투(共鬪)회의〉가 발족합니다. 〈민주단체 미나마타병 대책회의〉와 마찬가지로 기성조직의 연합체입니다.

이것은 아주 긍정적인 일이어서 저도 달리 불만은 없습니다. 피해자들도 불만은 없는 듯 하고요. 오히려 잘 통합해 주었다 싶어요. 다만 니가타 현 평의회로 통합되고 나서 어떻게 바뀌었을까요? 여러분에게 말씀드렸는지 모르겠지만, 환자 중의 한 명인 지카(近) 씨의 말에 의하면 "〈민주단체 미나마타병 대책회의〉 때는 먼저 주민의 상황을 듣고 진정이나 요구를 위해 나섰다. 그때 『적기』에 실린 사진에는 반드시 정면에 환자가 크게 찍혀 있었다. 그런데 니가타 현 평의회가 되고 나서는 우리 스케줄과 상관없이 행동이 결정되고, 『사회신보(社会新報)』에 실린 사진에는 한 가운데에 '현 평의회'나 '사회당'이라는 커다란 완장을 두른 사람이 서고 환자가 그 그늘에 작게 나온다."라는 겁니다. 이것이 현 평의회로 바뀌고 나서 제일 눈에 띄는 차이입니다.

물론 이 일로 현 평의회의 성격을 평가하려는 것이 아니라, 그런 식으로밖에 대응하지 못하는 현재 일본의 좌익의 현상에 대해서 통렬히 애통해 할 따름입니다. 하지만 애통해 해 봤자 아무 소용이 없어요. 그들과 공존하지 않으면 안 됩니다. 지카 씨를 선두로 하는 환자 모임도 그러한 지원조직과 공존하고 함께 싸우지 않으면 안 됩니다. 상대에게 트집을 잡을 수도 없고 그렇다고 해서 모든 것을 덮어 놓고 칭찬할수도 없습니다. 정당하게 평가하고 정당하게 어울려야 합니다. 해야 할말은 확실히 해야죠. 현재의 공해반대운동에서 안타깝지만 기존 당파의 역할은 그런 단계에 불과합니다.

개인의 노력을 조직이 방해하다

마지막으로 미나마타병을 한 마디로 요약하면 뭘까요? 바로 '기술의 인간파괴'입니다. 그 기술은 일본에서 가장 특징적인 일본형 기술입니다. 한편으로 미나마타병을 풀어낸 것은 무엇인가? 그것은 개인의 노력입니다.

하지만 개인의 노력을 조직이 방해했습니다. 일반적으로 이 이론은 미나마타병의 모든 상황에 해당됩니다. 예를 들어 호소카와 박사의 업적을 생각해 봅시다. 완전히 개인의 의지로 출발해서 미나마타병이 공장폐수와 관계가 있는지의 여부를 알기 위해서 혼신의 노력을 다한 호소카와 박사의 업적은 짓소라는 조직에 의해서 완전히 비밀 속에 묻혀 버렸습니다. 실은 올해 7월에 병원의 증언으로 그 일부는 밝혀졌지만, 7년 가까운 호소카와 박사의 노력과 회사를 퇴직한 후의 니가타 미나마타병에 대한 노력의 전말은 아직 우리에게 명확히 밝혀지지 않았습니다.

그리고 니가타현의 위생부장인 기타노 히로카즈(北野博一) 씨는 미나마타병과 관련하여 역시 개인으로서 현의 위생부장이 할 수 있는 최선의 일을 합니다. 그에 대해서 '쓸데없는 짓을 한다'라며 방해한 것은 그의 상사인 부지사이고, 현 지사이고, 또 그 아래에 있는 관리의 기구조직입니다. 이때도 개인의 일을 조직이 방해했습니다.

또는 지금 구마모토 현의 위생부장인 이토 박사가 당시 미나마타 보건소 소장으로서 해낸 일은 현지에서의 미나마타병 연구의 기지로서 이것도 다른 사람은 도저히 불가능했을 일을 해낸 겁니다. 하지만 이토 씨가 현의 위생부장이라는 조직 속에 들어가면, 더 이상 미나마타병을 확대시키지 않겠다는 조직의 논리를 따라야 하기 때문에 새로운 환자의 검진을 위생부장으로서는 반대해야 합니다.

미나마타의 시민회의에서 여전히 중심이 되어 운동을 추진하고 있는 시청의 몇몇 가장 하급 직원들 ―하급이라는 것은 학력으로 보나 업무로 보나 가장 말단 직원들을 말합니다― 그들의 일도 시청의 일은 아닙니다. 내 일같이 생각하여 미나마타병 환자와 함께 하고 소송과 중재를 따르는 것 중 어느 쪽이 좋을지 진지하게 고민하고 그 지원활동을 합니다. 이것은 어디까지나 개인의 일일뿐 조합의 일조차도 아닙니다.

안타깝지만, "미나마타병의 경우에 개인의 일을 조직이 방해했다."는 상당히 거친 저의 이론은 모든 상황에서 해당됩니다. 만약 지금 어느 조직이 "네가 틀렸다."라고 한다면, 그것은 개인의 일을 돕는 조직의 예로서 제 이론이 실례가 되겠죠. 그런 조직이 있다면 하나라도 좋으니까 공해를 없애주면 좋겠습니다. 그럼 저의 이론을 틀렸다고 인정하고 철회하겠습니다.

지금까지 저는 미나마타병에서 다소 터무니없다고 할 수 있는 다양한 결론을 끌어냈습니다. 그리고 제1회, 제2회에서 말씀드린 것처럼 현재 경제학의 상식과는 상반되는 결과를 끌어냈습니다. 그에 대해서 많은 분들의 이견이 있는 것도 충분히 알고 있지만, 사실을 가지고 반론하고 부정하기 전까지는 제가 하는 말이 사실입니다. 저의 주장을 부정하기 위해서는 제대로 된 조직적인 방법으로 공해를 없앨 수 있었던 실례를 제시해 주십시오. 이것이 앞으로의 토론에 임하는 저의 기본적인 입장입니다.

여기에서 미나마타병에 대한 이야기를 마치도록 하겠습니다. 지금 꼭 하고 싶은 긴급한 토론이 있다면 휴식시간 전에 일단락을 짓는 의미에서 여러분과 이야기해 보고 싶은데 어떠실까요? 지금 당장 결판을 짓지 않아도 된다면 20분 정도 휴식시간을 갖고 7시반경에 후반부를 진행하도록 하겠습니다.

아시오구리광산 광독사건

공해에 대처하는 학생들에게

수업과는 관계없는 이야기지만, 대학축제나 다양한 지역집회에서 저에게 강연의뢰가 상당히 많아서 한마디 사과의 말씀을 드려야 할 것 같습니다.

지금 저의 일정이 월요일에는 이 공개강좌, 화요일 수요일은 학생실험 준비, 목요일 금요일은 학생실험 당일이라는 스케줄이어서 상당히 벅찹니다. 그리고 사실 이 공학부에서는 제가 만에 하나 휴강을 하면 "그자를 붙잡아서 엄하게 추궁하자!"라고 벼르고 있는 사람이 많습니다. 그래서 아쉽지만 월요일부터 금요일까지는 원칙상 꼼짝달싹할 수 없습니다. 사실 반년 전부터 부탁받은 일로 어쩔 수 없이 나가야 할 일이 있는데, 밖에 나가서 강연이나 토론을 하는 날을 전부 토요일과 일요일에 넣어 버렸기 때문에 올해 저는 비는 날이 전혀 없습니다.

이 공개강좌는 ―듣고 계시는 여러분은 변변치 못한 강의라고 생각하실 수도 있겠지만— 강의경험이 없는 저로서는 한 번의 강의를 준비하는 일주일 내내 머릿속에서 떠나지 않습니다. 원고를 써 두고도 자나 깨나 이 강좌만 생각해요. 그러다보니 다른 원고를 쓰거나 이야기를 준비하거나 하는 것은 실제로 불가능합니다. 매번 저를 붙잡고 강연교섭을 시도하시는 분이 있습니다만, 앞으로 당분간은 기대에 부응할 수 없고 내년에도 이 강좌가 계속되는 한 다른 강연은 거의 불가능하다는 것을 미리 말씀드리겠습니다.

저의 생각을 잠시 말씀드리면, 그런 때에 나와서 말할 수 있는 사람이 없기 때문에 도쿄에서는 공해가 이렇게나 심각해진 겁니다. 그리고 앞으로도 말씀드리겠지만, 여러분 자신이 공해 전문가가 되지 않으면 공해를 막을 방법이 없습니다. 밖에서 전문가를 데려오면 반대운동이 활발해진다거나 대학축제에서 강연 하나 듣고 공해에 대해서 영리해졌다, 자신도 공해에 관심을 가지고 있다, 이런 정도로는 상대할 수 없을 만큼 공해는 터무니없이 거대합니다.

도쿄대학이나 다른 대학의 공해반대투쟁에 대해서 제가 상당히 냉담한 것도 그런 이유에서입니다. 공해반대투쟁을 하려면 목숨을 걸고 마지막까지 가겠다는 각오로 해야 합니다. 대학축제에서 공해에 관한 전시회를 한두 번 하고 그것도 밖에서 데려온 강사로 해결하는 식으로 없어질 공해였다면 진작 없어졌을 겁니다. 공해는 그런 방법으로는 해결되지 않아요.

만약 여러분이 학생이고 이것이 앞으로 살아가는 데 상당히 심각한 문제라는 것을 알았다면 공해현장에 일 년 이상은 여러분 자신을 투자하세요. 예를 들어, 제가 일 년에 서너 번씩 자비로 미나마타에 다녀

오고 그것이 여러 해 계속된 지금에야 간신히 이 정도의 문제가 보이기 시작했는데, 여러분은 적어도 그것과 비슷하거나 더 많은 경험을 해서 저보다도 더 공해문제에 앞장섰으면 합니다.

그때의 첫걸음으로 지금까지 어떤 일이 있었고 어디까지 알고 있는지에 대한 이야기를 하는 것만으로도 수십 시간이 걸릴 정도로 복잡한 문제입니다. 한두 시간의 저의 강연으로 뭘 할 수 있는 게 아니에요. 그래서 제가 여러분 학교나 지역에 다니면서 이야기를 할 때도, 여기에서 30시간에 걸쳐서 말씀드린 것은 상호간의 공통의 이해와 사실로 공유하고 그런 다음에 뭐가 문제가 될까라는 형태로 진행하려고 합니다. 그래서 당분간 제가 여러분이 요청하는 곳을 방문할 수 없다는 것을 충분히 이해해 주셨으면 합니다. 만약에 하나의 유행으로 공해를 다루는 식의 가벼운 기분으로 전시를 준비하는 분이 계시다면 중단해 주셨으면 좋겠습니다. 사실 이것은 1965년 무렵부터 도쿄대학에서도 자주 있는 일입니다. 5월 축제나 고마바 축제 때마다 저에게 자료를 빌려서 전시를 하는 학생이 많습니다.

그것은 마치 플라스틱 샘플을 회사에서 빌려와서 아름답게 장식하는 것과 같은 레벨이고, 그런 생각으로 저한테 빌려간 신문에서 오려낸 기사를 장식하거나 강사를 부르는 식입니다. 그런 면에서는 아마 도쿄대학이 최악이라고 생각합니다. 여러분이 기획하고 계시는 다양한 대학축제나 집회는 그에 비하면 훨씬 내용이 있다고 봐요. 도쿄대학은 이미 그런 식의 행사를 수도 없이 하고도 여전히 이곳 졸업생은 공해를 퍼뜨리고 있습니다. 따라서 미나마타병 환자나 아시오 이래의 공해의 역사를 가지고도 여전히 새로운 공해가 늘어만 가는 현실을 직시한다면 지금까지의 사고방식으로는 진전이 없으리라는 것을 말씀드립니다.

메이지 100년의 공해사

제 이야기가 여기에서 갑자기 90년을 거슬러가는 것은 100년에 가까운 일본 공해의 역사를 우리가 단순히 알고 있을 뿐 아니라 스스로 능숙하게 다룰 수 있는 지식이나 무기로 소화하지 않으면 공해는 결코 사라지지 않습니다. 얼마간 자금 모집에 협력하거나 대학 축제에서 공해를 다룬다고 해도 그것은 오히려 피해자에 대한 모독이 아닐까요? 여러분이 공해에 대해서 뭘 아는 척 논문을 써서 원고료를 벌고 있는 도쿄대학 조교수나 교수들과 같은 행동을 하는 것은 보고 있을 수가 없습니다.

물론 여기에서 거론하는 몇 가지 사실에 대해서 여러분이 자유롭게 인용하고 그것을 토대로 이론을 만드는 것은 환영합니다. 저의 강의록이나 자료를 여러분이 자유롭게 사용하는 것은 환영해요. 하지만 공해 문제에 대해 언급하기 전에 현장에 가서 어떤 작은 것이든, 일 년 이상은 몰입해야 하지 않을까요? 여러분보다 조금 먼저 이 문제에 관심을 가진 사람으로서 저는 그렇게 생각합니다. 그래서 이번에는 역사를 거슬러 가보려고 합니다. 최근에 공해가 심각해졌다고 하는데, 실은 그렇게 간단하게 말할 수 있는 게 아니에요. 물론 이전에 비해 훨씬 많은 사람이 공해 피해를 입고 있다는 점에서 1960년대 후반은 이전 시대와 다른 특징들이 있기는 합니다.

하지만 일본의 공업이 발전하기 시작한 메이지(1868~1912) 초기부터 소규모여도 심각한 공해는 발생했습니다. 이러한 것의 자취를 자료로 쫓는 것은 사실 상당히 어렵습니다. 아시오구리광산 광독사건 같은 큰 사건은 기록이 남아 있지만, 아무도 기록을 남기지 않은 문제가 무수하게 많을 겁니다.

지금 그런 것을 더듬어 보려 하면 실마리가 없지는 않습니다. 의외의 장소에서 실마리를 찾을 수도 있어요. 예를 들어 최근에 메이지 100년 공해사 연표를 만드신 이이지마 노부코(飯島伸子, 도쿄대학 보건학과 조교) 씨 이야기로는 공해에 관한 유용한 기록이 남아있는 자료로 실업가의 전기가 있습니다. 어떻게 고생해서 공장을 세웠는지, 그 중에 물이나 대기오염이나 악취 문제로 주변 사람들과 충돌해서 돈을 지불하거나 사죄하거나 했지만 잘 해결되지 않아서 공장을 옮길 수밖에 없었다는 등의 회고담이 여기저기 쓰여 있습니다.

예를 들면 아지노모토(味の素)가 그렇습니다. 아지노모토는 지금이야말로 명실상부한 대기업이지만, 설립 당시에는 단백질을 산으로 분해해서 아미노산을 만드는 과정에서 글루탐산만을 빼고 나머지는 전부 버려 버립니다. 그래서 폐수 중에 대량의 아미노산이 섞여 나와 이것이 산과 함께 흘러 내려오기 때문에 상당히 심각한 분쟁이 발생하여, 결국 공장을 이전한 시기가 있었습니다.

또한 스미토모 계열로 흡수되어 근근이 가동되고 있는 비료회사로 다키(多木)비료라는 회사가 있는데, 여기도 메이지 초기에 도살장에서 나오는 짐승의 뼈를 태워서 이것을 인산질의 비료로 쓰려고 했습니다. 그런데 짐승의 뼈를 태우기 때문에 심한 악취가 발생합니다. 그래서 근처 민가의 항의에 못 이겨 역시 이전할 수밖에 없었습니다.

이렇게 메이지 초기의 일본 산업자본은 아직 영세 공장 정도의 규모였을 때는 주민의 항의로 빈번하게 이전을 했습니다. 지금도 중소기업에서는 자주 있는 일입니다. 하지만 메이지 초기에는 처음부터 중소기업밖에 없었기 때문에 주민이 항의하면 마지못해서 공장이 도망친 예가 몇몇 있습니다.

그런데 도저히 도망칠 수 없는 공장이 있어요. 그것이 바로 광산입니다. 광산은 산 속의 광석을 캐기 때문에 이전할 수 없습니다. 반드시 그곳에서 일을 해야 합니다. 그래서 초기의 큰 공해문제는 광산업에서 발생했습니다. 그 중에서도 가장 커다란 사건이 아시오구리광산의 광독사건인데, 이 사건은 메이지 시대의 사회문제 중 하나로 노동운동과 대역사건을 포함하는 사회주의 운동과 함께 2대 사건으로 불리고 있습니다. 또한 그에 어울리는 일본 근대사에서도 가장 강렬한 개성을 지닌 몇몇 사람들이 이 사건에 연루되어 있습니다.

자료의 소재와 연구방법

여기에서 역사를 쫓아서 아시오구리광산 광독사건을 빠른 걸음으로 대강 2시간 이내에 40년간, 아니 현재까지도 종결되지 않은 만큼 이를테면 90년간의 광산 공해를 이야기한다는 것은 도저히 불가능한 일입니다. 그래서 흥미를 가진 분들을 위해 참고서를 몇 가지 소개하겠습니다.

우선 상당히 잘 정리된 것으로 몇몇 잡지에 실린 논문을 소개하면, 최근 것으로는 와세다 대학 역사학과 교수였다고 기억하는데, 가노(鹿野) 교수가 『월간노동문제』 10월호에 발표한 것이 있습니다. 이것은 6페이지인가 8페이지 정도로 상당히 정리가 잘 되어 있습니다. 그리고 고서점 등에서 드문드문 아시오구리광산 광독사건보다 이 사건의 중심인물인 다나카 쇼조에 관한 책이 나오는 경우가 있습니다. 그에 대한 것으로는 상당히 많은 종류가 있는데, 고서점에 가장 잘 나오는 것은 『다나카 쇼조의 사람과 생애』입니다.

이 책은 전후에 저술된 책이고 비교적 구입하기 쉽겠지만, 저는 이 책의 서식에 찬성할 수 없습니다. 왜냐하면 다나카 쇼조는 분명 위대하면서도 강렬한 개성이 있었지만, 다음 시대에 이것을 돌이켜 보면 우리가 신처럼 숭배해 버릴 위험이 있습니다. 피가 흐르는 인간이기 때문에 다나카 쇼조는 결점도 있고 뛰어난 장점도 있는 상당히 강렬한 개성의 소유자입니다. 하지만 신 같은 존재로 생각하여 결점을 없애 버리면, 장점도 생기를 잃어버립니다. 『다나카 쇼조의 사람과 생애』나 기노시타 나오에(木下尚江)가 쓴 것도 결점을 쓰지 않았기 때문에 장점도 살아나지 않는다는 생각이 듭니다.

기독교인은 다나카 쇼조가 만년에 기독교인이 됐다고 생각하고, 불교도는 불교도로서 안심입명(安心立命)의 경지에 이르렀다고 생각합니다. 다나카 쇼조는 보통 방법으로는 다루기 힘든 인물이어서 그것을 무리하게 하나의 틀에 꿰맞추려고 하면 상당히 곤란해집니다.

그리고 역시 문헌으로 여러분이 꼭 읽으셨으면 하는 것은 아라하타 칸손(荒畑寒村) 선생님의 『야나카 마을 멸망사(谷中村滅亡史)』입니다.

이 책은 광독사건과 그 후에 이어지는 야나카 마을 강제퇴거문제를 사회문제로 당시의 정부가 어떤 악랄한 짓을 했는지에 관한 고발의 글 중 가장 잘 정리된 것입니다. 잘 정리됐다는 것은 과부족 없이 썼다는 의미입니다. 게다가 그것을 저술한 아라하타 씨는 그때 스무 살이었습니다. 아마 여러분 대부분은 나이로 보자면 이만큼의 저술이 가능합니다.

물론 지금 이것을 읽으면 메이지 시대의 문체, 게다가 아라하타 선생님으로서는 아직 익숙하지 않았던 미문(美文)으로 서술했다고 스스로 말씀하셨듯이 굳이 따지고 들면 이상한 곳도 있습니다. 하지만 메이지 시대의 스무 살 청년이 야나카 마을의 강제 철거 뉴스를 듣고 단숨에 써 내려간 그 열정을 지금의 우리는 결코 잊어서는 안 됩니다. 그런 의미에서도 상당히 잘 정리된, 광독 사건을 피해자의 입장에서 쓴 보고서로도 최고입니다.

이 책은 상당히 입수하기 힘든 책이었는데, 다행히 조만간에 원본 그대로 다시 조판하여 출판할 예정입니다. 공해의 기초 문헌으로 여러분에게 추천합니다. 피치 못하게 한 권밖에 읽을 수 없다면 『야나카 마을 멸망사』를 추천합니다. 그리고 이것도 다시 출판될 가능성이 있는 책인데, 작가 오시카 타쿠(大鹿卓)씨가 쓴 『와타라세 강(渡良瀬川)』이라는 소설이 1942년 전쟁 중에 간행되었습니다. 이 책은 지금 생각해 보면 용케도 전쟁 중에 간행되었을 정도로 광독사건의 진상을 전하고 있습니다. 소설이라는 형태를 취하고 있지만 내용은 제가 아는 한, 사실을 충실하게 재현한 작품입니다. 물론 인물도 전부 실명으로 나옵니다. 이것은 전후인 1948년에 다시 수정하여 발행되었습니다.

아마 올해 재발행되는 것은 이 48년에 소설로서의 모양새가 갖추어진 것이 원본이 될 거라고 생각합니다. 공해의 기초 문헌이지만, 물론 소설로 읽으셔도 됩니다. 공해의 기초문헌으로 충분히 도움이 될 정도로 사실에 근거한 소설입니다. 픽션이라고 해야 할지의 여부는 저는 잘 모르겠습니다. 오히려 픽션으로서의 요소가 거의 없는 소설이라고 생각합니다.

그리고 좀더 깊이 있게 모든 자료를 살펴보고 싶은 분은 쉬운 일은 아니지만 90년간의 공해문제를 10년이 걸리더라도 모두 알아보고자 하는 분에게는 따로 적합한 문헌 리스트가 있습니다. 대체적으로 도치기 현 내의 향토사를 연구하는 사람, 물론 도치기 현뿐만 아니라 이바라키와 군마, 도쿄사람도 멤버에 들어 있는데, 그들의 기관지인 『도치기역사 심회보(栃木史心会報)』가 1~2년 전부터 두 번 정도 나왔습니다.

그 안에는 광독사건에 관한 모든 문헌의 소재를 명확히 하려는 노력의 결실이 담겨 있어서, 앞으로 광독사건을 공부하려는 사람에게 상당히 도움이 될 거라고 생각합니다. 아무튼 오래된 사건인 만큼 아시오의 경우에는 안타깝지만 생존해 있는 증인을 찾기가 매우 힘들어요. 그러니 어쩔 수 없이 기록을 토대로 구성해야 하는 난점이 있습니다.

전에 제가 말씀드렸던 것처럼 활자보다는 등사판, 등사판보다는 자필, 자필보다는 본인에게 직접 듣는 것이 공해연구의 원칙입니다. 물론 공해뿐만 아니라 여러 사회조사의 원칙이겠지만, 공해 때는 이것을 특히 강조해야 합니다. 아시오의 경우에는 안타깝지만 직접 듣는다는 것이 불가능에 가깝습니다. 따라서 가능한 한 등사판이나 자필 자료를 찾아야 합니다. 그때 『도치기역사 심회보』는 첫 실마리로는 상당히 도움이 됩니다.

제가 왜 이렇게 문헌을 상세하게 말씀드리는가 하면, 여러분 중에서 한두 사람이라도 공해문제에 자신의 청춘을 바치고자 하는 사람이 나왔으면 하는 마음에서입니다.

예를 들어 저는 오늘 우시고메야나기 초(牛込柳町)의 시오바라(塩原) 씨와 어느 회합에서 만났는데, 시오바라 씨의 이야기를 듣고 있으면 거기에는 일본 주민운동의 원형이 있습니다. 공해가 너무나도 가까운 곳에 있어서 도쿄대학 학생들도 〈가연(加鉛)가솔린을 고발하는 모임〉, 〈납가솔린을 추방하는 모임〉이라는 식의 몇몇 서클을 만들었지만, 운동을 명확하게 추진하여 그 역학을 정중하게 좇아가는 일은 결국 아무도 하지 않았습니다.

하지만 그 운동 안에는 일본 주민운동의 원형이 있습니다. 조직의 경우에는 운동의 전개방식이나 사고방식에서 원형을 찾아보지 않고 총평이 앞장을 섭니다. 이 강의도 그렇습니다. 이것은 2차 자료입니다, 제가 조사한 것을 여러분이 듣는 식으로 저의 생각을 한번 거치고 있습니다. 이런 2차 자료에서 시작해서는 안 됩니다.

우시고메야나기 초에조차 그 원형은 있습니다. '조차'라고 하면 다소 실례되는 표현이지만, 여기에서 걸어서 갈 수 있는 곳 '조차' 그러한 원형이 있다는 얘깁니다. 따라서 이 공개강좌는 그러한 원형의 장소로 여러분을 안내하는 이른바 가이드 북 같은 것이지 그 이상의 것은 아니기 때문에, 가이드북만 읽고 여행을 했다는 착각을 해서는 안 됩니다.

서두가 길어졌기 때문에 오늘은 아시오에 대해 할 수 있는 만큼만 말씀드리겠습니다.

후루카와 이치베에(古河市兵衛)의 강렬한 개성

아시오구리광산은 메이지 시대 최대의 광산입니다. 이 광산의 소유주였던 후루카와(古河) 집안 또한 메이지 시대의 전형적인 광산자본입니다. 아시오구리광산 자체는 17세기를 전후해서 채굴을 시작했다고 하니 상당히 옛날부터 번창한 산인 것 같습니다. 하지만 도쿠가와 시대(德川時代)에 대부분 채굴해버린 상태라서, 메이지 초기에 아시오구리광산을 개발하려는 시도는 있었지만 하나같이 잠깐 시도해 보고는 "이 산은 이미 끝났다"라며 개발을 포기합니다. 그렇게 다른 사람의 손을 두셋 거쳐서 1877년에 마지막으로 후루카와 이치베에의 손에 넘어갑니다. 후루카와 이치베에는 메이지 시대 일본 산업자본가의 전형이라고 할 수 있습니다. 그는 기무라(木村)라는 성(姓)의 가난한 집에서 성장하였고, 후에 도쿠가와 시대의 특권 상인 미쓰이(三井)와 어깨를 나란히 하며 영주의 납품을 도맡아 하고 있던 오노구미(小野組) 수석 점원이 됩니다. 상업자본에서의 돈의 귀중함을 어릴 때부터 뼈저리게 느끼면서 성장한 사람입니다.

돈이 없어서 어릴 때 상당히 고생을 했고 그것이 평생 기억에 남아 있었다는 이야기도 있고, 또 필요할 때는 어떤 큰돈이라도 과감히 사용했습니다. 그 대신에 필요 없는 곳에는 한 푼도 허투루 쓰지 않는다는 점에서도 철저한 상인이나 자본가라고 할 수 있는데 ―상인과 자본가는 이 경우에는 같지 않습니다만― 메이지 시대의 상인과 자본가는 대개의 경우 같습니다. 후루카와 이치베에는 그런 점에서도 가장 철저한 산업자본가 중의 한 사람이었습니다.

젊을 때는 오노구미의 생사(生糸)구매나 누에고치를 종이에 붙인 잠란지 등의 거래를 했습니다. 큰 돈벌이가 되는 일이었지요. 하지만 시세의 변동이라는 것이 있어서 시세를 잘못 알면 이익을 날려 버릴 위험이 있지요. 그 무렵 오노구미가 광산경영을 시작했기 때문에 후루카와 이치베에는 오노구미의 생사구매 뿐 아니라 광산 쪽 일도 동시에 보게 되었습니다. 그때 생사보다는 광산 쪽이 안정된 수입을 얻을 수 있다고 생각하게 된 것 같습니다.

광산채굴업자라고 하면 가장 불안정한 도박사에 가까운 직업을 떠올리는데, 그런 만큼 "저 사람은 광산채굴업자다"라고 하면 결코 좋은 말은 아닙니다. 이것은 광산채굴업자에게는 아주 실례되는 말인데, 사실 광산채굴업자는 산의 지형이나 그곳에 생육하는 동식물을 종합적으로 판단하여 여기에는 어떤 광맥이 있고 그것이 어느 정도의 수익이 될지를 오랜 경험을 토대로 직관적으로 산출하는 훌륭한 종합기획자입니다. 예를 들어 제가 근무하는 도시공학과 같은 곳은, 말하자면 광산채굴업자의 진화한 형태라고 할 수 있습니다. 광산채굴업자는 가장 종합적인 재능을 필요로 합니다.

그런데 후루카와 이치베에는 광산채굴업자로도 재능이 있었던 모양입니다. 아시오는 누가 봐도 이미 오래된 산으로 새삼스럽게 파본들 아무것도 안 나온다고 모두 말하고 있었습니다. 하지만 후루카와 이치베에는 "옛날부터 그토록 유명한 산인만큼 아직 거대한 광맥이 남아 있을 것이다."라는 신념 같은 것으로 이 산을 샀습니다. 그런데 막상 가서 보니 옛말에 '이미 808구덩이'라는 말이 있었다고 하는데 그 정도로 여기저기에 구덩이를 파서 다 헤집어놓은 상태였습니다. 사실 808이라는 것은 다소 과장된 말이고, 파들어 가다가 아무것도 나오지 않아 버려진 구덩이가 2백여 개 남짓 있었다고 해요.

여기에서 후루카와 이치베에의 특징인 과감한 자본가로서의 일면이 등장합니다. 본업이 광부인 사람조차 두려워하여 포기했거나 시시해서 파려고도 하지 않던 그 산을 후루카와 이치베에는 서슴없이 앞장서 갱도로 들어갔습니다. 정말이지 어디서부터 무너질지 알 수 없고 발치 아래 보이지 않는 구덩이가 산재해서 언제 땅속으로 떨어질지 알 수 없는 막막한 현장을 자신이 직접 광부를 지휘하여 광맥을 찾아 산을 파 들어갔다고 해요.

그리고 무엇보다 두드러진 그의 특징은 기술의 중요성을 알고 있었던 것입니다. 기술의 도입이 당시 광산이 직면하고 있던 벽을 넘는 최고의 무기라는 것을 일본의 자본가로서 아주 잘 알고 있었습니다. 그 점은 스미토모의 초대 지배인인 히로세 사이헤이(広瀬宰平)보다 뛰어났다고 할 수 있습니다. 스미토모 광산에서 유능한 기술자를 주체하지 못했을 때 후루카와 이치베에는 그 기술자를 바로 아시오로 빼돌렸습니다. 그 기술자가 발명한 기술로 아시오의 생산은 비약적으로 증가하게 됩니다. 여기서 잠시 시대를 거슬러 올라가면, 1874년에 후루카와 이치베에가 일하던 오노구미가 파산합니다. 그래서 후루카와 이치베에는 어쩔 수 없이 독립해서 장사를 하게 됩니다. 그때 광산이 안정적이라는 것을 알게 됐기 때문에 아키타 현의 인나이(院内)와 아니(阿仁)라는 작은 광산을 불하받습니다.

그가 후루카와(古河)라는 성을 갖게 된 것은 그 집안으로 양자를 갔기 때문이었고, 자신이 태어난 집의 형제나 사촌 중에 우수한 장인

(職人)이나 사업가가 몇몇 있어서, 인척관계로 인간관계를 만들어 가는 것이 후루카와 이치베에가 이후 지속적으로 사용한 방법이었습니다. 그렇게 친척 중에 유능한 사람을 차례차례로 고용하여 광산경영을 추진합니다. 그의 조카였던 초대 아시오의 광산지배인은 불행하게도 젊어서 죽었지만, 그 후에 다시 친척 청년을 아시오의 지배인으로 고용하는데 이 청년이 상당히 유능하고 의욕적인 남성이었습니다. 이치베에처럼 앞이 컴컴한 갱도 안에 쑥쑥 들어가 광부들이 싫어하는 곳에서도 앞장서서 일을 해내는 과감한 인물이었다고 해요.

그런데 이 아시오에 와타라세 강이라는 상당히 큰 강이 흐르고 있었습니다. 현재는 볼품없는 작은 개천쯤에 불과하지만, 도쿄 근처에 작고 더러운 개천들이 지나치게 많기 때문에 거기에 익숙한 시선으로 보면 오히려 깨끗해 보이는 강입니다. 하지만 이 유역에서 자란 저로서는 와타라세 강도 정말 볼품없는 개천이 돼 버렸구나 하는 아쉬움이 남는 강입니다. 저의 서투른 묘사보다는 오시카(大鹿) 씨가 『와타라세 강(渡良瀬川)』이라는 소설에 쓴 부분을 좀 읽어 보겠습니다. 실은 저도 이 책을 읽고 옛날의 와타라세 강은 이랬던가 싶을 정도로 지금과는 전혀 다릅니다. 1878년 무렵의 와타라세 강은 정말로 비옥한 강이었습니다.

오시카 타쿠 『와타라세 강』에서

「하천이 있으면 홍수를 수반하는 것은 어디든 예외가 없다. 와타라세 강 하류지방도 3년째, 5년째에 홍수가 발생했다. 게다가 그 수원지는 산이 깊고, 예로부터 산의 능선들은 사람 손길이 닿지 않는 울창한 산림에 덮여 있었기 때문에 산악지대에 한 차례 큰비가 내리면 그 홍수는 산림의 나무밑동과 계곡 아래에 퇴적해 있던 마른가지나 낙엽 혹은 나무열매 같은 부패한 것을 진흙과 함께 떠내려 보내서 이것을 하류의 연안 일대로 운반했다. 그리하여 범람이 지나간 후에는 얇은 곳은 6~10센티미터, 두꺼운 곳은 25~30센티미터나 되는 부유물로 뒤덮였다. 이른바 부엽토로 천연의 비료가 된다. 다시 말해 홍수는 연안의 농작물에 피해를 입히기도 하지만, 대신에 다음해나 다다음해에는 따로 비료를 줄 필요가 없다. 그 덕에 농민들은 홍수를 반기기까지 했다. 게다가 농민들은 그해 홍수로 입은 작물의 손해를 고기를 잡아서 메울 수 있었다. 홍수가 발생하면 사방의 모든 하천과 습지 그리고 도랑에 물고기가 넘쳐나기 때문이다.

홍수는 여름부터 가을에 걸쳐 많이 발생한다. 이곳 주변의 농민은 자연의 가르침에 따라 콩, 팥, 밤, 밭벼, 감자 등의 여름 농작물은 가능한 한 조생종을 재배하여 홍수의 피해를 피하도록 했다. 보리, 밀, 유채씨, 갓 등의 겨울 농작물은 씨만 뿌려두면 비료 없이 수확할 수 있었다. 보리는 키가 5척이나 자라서 자기 무게에 못 이겨 넘어질 정도였다. 말에 실으면 이삭이 늘어져 땅에 끌렸다. 유채씨는 6척 남짓 자라고, 갓은 8~9척으로 우거졌다. 유채꽃이 흐드러지게 필 무렵에는 연안일대가 빽빽하게 황금빛으로 빛나서 하늘이 밝아질 정도였다.

또한 연안에는 숲이나 죽림이 울창하게 우거져 있었다. 특히 죽림에는 그 발육이 훌륭해서 한 그루를 한 단으로 매매할 정도로 굵은 대나무들이 자랐다. 8, 9월 무렵에는 청죽을 뗏목에 묶어서 강을 건너 출하시켰다. 맹종죽 외에도 도처에 조릿대가 빽빽하게 우거져, 강을 오가는 배나 뗏목들도 소리만 들릴 뿐 모습이 보이지 않을 정도였다.

그러한 작은 대나무와 황철나무 그리고 갈대가 우거진 곳에는 강 수면에 재목들로 기둥을 세워 거기에 뜰망을 걸쳐놓은 것을 볼 수 있었다. 열십자의 청죽이 휘어져, 쏴~하고 물이 떨어지는 망이 끌어올려진다. 전리품인 물고기가 은색으로 파닥파닥 뛰어오른다. 피라미, 붕어, 잉어, 황어 등이 하룻밤에 10관도 잡히고 20관도 잡혔다. 늦여름, 초겨울 무렵이 되면 아침안개 속에 배를 띄우고 그물을 던지는 모습을 볼 수 있었다. 농어나 숭어가 한 그물에 대여섯 마리나 잡혔다. 또한 에다가와 강(枝川)에 말뚝을 세워 연어그물을 던지는 사람도 있었다. 큰비가 온 후에는 탁류에 설치한 자루그물에 뱀장어가 5관, 10관이나 잡혔다.」

지금은 상상조차 할 수 없을 정도로 비옥한 모습이죠. 사실 메이지 첫해인 1868년까지는 연어가 도네 강(利根川)을 거슬러 올라가 이 와타라세 강 유역에서도 잡혔습니다. 그리고 와타라세 강과 그 지류는 아주 중요한 교통로였어요. 도쿄의 료고쿠(両国)에서 배를 타고 에도 강(江戸川)을 거슬러 올라가 고가(古河)와 아시카가(足利) 동쪽, 그리고 제가 자란 도치기까지 매일 배로 화물이 운반되고 또 도쿄로 운반됐습니다. 이처럼 강은 한편으로는 교통로이고 한편으로는 그 곳에 사는 사람들의 보물 창고였습니다. 그것이 광독사건이 발생하기 전의 와타라세 강이었습니다.

이변이 시작되다

그런데 와타라세 강 하류에 거의 매년 내렸던 홍수가, 후루카와 이치베에가 아시오구리광산을 매수하고 광산 일을 시작한 다음 해인 1878년에는 유별나게 물의 양이 적고 물고기의 시체가 여기저기에서 떠올랐습니다. 그 전에는 없었던 일이었습니다.

그래서 1880년 도치기 현 지사(県知事)였던 —당시는 현령이라고 했는데— 후지카와 타메치카(藤川為親)가 "이 지역 물고기는 위생에 문제가 있으니까 일절 잡아서는 안 된다."라는 포고를 합니다. 당시의 도치기 현청은 도치기 시에 있었기 때문에 와타라세 강에서는 불과 20킬로미터 정도 떨어져 있었고, 덕분에 하루 일정으로 다녀올 수 있어서 와타라세 강의 상황을 비교적 일찍 알 수 있었어요. 그런데 그 포고를 내리고 원인을 조사하려는 계획을 세운 시점에서 도치기현 지사는 갑작스럽게 시마네 현(島根県)으로 좌천되고 맙니다.

이전의 현 지사라는 직책은 내무성 관리이기 때문에 임명장 한 장으로 어디로든 전근할 수 있었지만, 이것은 명백히 좌천이었습니다. 그래서 광독사건을 조사하려고 했기 때문에 좌천된 것이 아닐까 하는 의혹도 있었는데, 당시의 역사를 조사해 보면 그렇게 단정 지을 수 없는 점도 있습니다.

그리고 당시의 정치적 과제로, 메이지정부를 따르려고 하지 않는 동북 여러 현에 대한 압력의 의미가 도치기 현에 있었습니다. 도치기 현에서 아이즈와카마쓰(会津若松)는 가장 반정부 사상이 강한 곳 중 하나였어요. 그곳에 상당히 어려운 공사를 무리하게 밀어붙여 군용도로를 만들려는 계획이 내무성에 있었기 때문에, 이를 위해서 도치기 현의 예산을 대부분 투입하라는 지시가 현 지사에게 내려졌습니다. 하지만 후지카와 현 지사가 아무리 예산을 계획해도 도치기 현회에서 부결됩니다. 그래서 마침내 무능하다는 이유로 전근되었다는 이야기도 있습니다. 따라서 이 최초의 전임이 광독사건과 관계가 있었는지의 여부는 단정할 수 없지만, 모처럼 조사를 계획한 당사자가 전임된 탓에 1880년의 최초의 경고는 그대로 묻히고 말았습니다.

새로 부임한 현 지사가 유명한 미시마 미치쓰네(三島通庸)입니다. 그가 후쿠시마에 있었을 때 "방화범과 자유당은 절대로 우리 현에 들이지 않겠다!"라고 말했다는 유명한 이야기가 있지요? 그만큼 자유탄압의 선두에 선 남자입니다. 이때 도치기 현청도 동북지역에 대해 압력을 가할 수 있는 현 중심에 위치한 우쓰노미야(宇都宮)로 강제로 이전시켰습니다. 아무튼 7일 만에 지금의 우쓰노미야의 중앙도로를 만들었다고 하니, 거기에 있었던 민가는 전부 철거해 버리고 다짜고짜 민중을 내치면서 "여기는 철로 예정지다.", "여기는 현청이다."라는 식으로 도시계획을 해치웠습니다. 지금도 '미시마 악마 현령'이라는 별명이 남아있을 정도로 막무가내였던 현 지사였어요. 물론 전임자였던 후지카와 지사가 착수하려고 했던 광독사건 같은 것은 안중에도 없었습니다.

그리고 잠시 후에 등장하는 다나카 쇼조가 이 미시마 현 지사에

대해서 정면으로 반항하고 당시의 현의원도 일치단결해서 미시마 지사를 쫓아내려고 합니다. 하지만 미시마는 그 수완을 인정받고 현 지사가 된 남자이기 때문에 현안이었던 아이즈와 연결되는 도로도 만들었고, 후쿠시마로 통하는 도로도 만듭니다. 그 무렵부터 미시마는 나스노가하라(那須野ヶ原) 일각에 별장을 갖고 있었는데, 리쿠 카이도(陸羽街道)를 자신의 별장까지 곧바로 이어지도록 유치합니다. 메이지 시대의 관리는 상당히 무모한 행동을 태연하게 저지르곤 했는데 그 전형적인 예가 바로 미시마입니다. 미시마 배척 운동으로 정치적인 훈련을 받고 정치가로서 부상한 인물이 다나카 쇼조입니다.

하지만 미시마 현 지사는 광독사건과 딱히 관련된 바가 없이 그 사이에 오염은 서서히 진행되었습니다. 1880년에는 와타라세 강 연안에 2800가옥의 어민이 있었다고 합니다. 지금 생각해도 이것은 상당히 큰 숫자인데, 대개 그런 곳에서 숭어나 농어가 잡힌다는 것은 상당히 물이 —깨끗하거나 더럽다는 것과는 별개로— 풍부하다는 증거입니다. 장어를 예로 들어도 분명 5관에서 10관은 족히 잡히는 강이었기 때문에 어민의 수도 많았을 거라고 상상이 갑니다. 하지만 1888년에는 2800가옥에서 7백 가옥으로 어민의 수가 줄어듭니다. 4분의 1이죠.

그 와중인 1884년에는 후루카와 이치베에와 그 부하의 부단한 노력으로 요코마부(横間歩)라는 상당히 커다란 광맥을 찾아냅니다. 좀 전에 여러분에게 나누어 드린 자료에도 그 시점이 들어 있을 겁니다. 아래쪽 선이 후루카와의 구리 생산량인데, 대부분이 아시오구리광산입니다. 1877년에 아시오가 광산을 연 직후인 이듬해에 물고기가 죽고 홍수가 발생합니다. 1881년에는 처음으로 크게 성공하고, 광산의 장래를 좌

우할 더 커다란 광맥이 발견된 것이 1888년입니다.

결실을 맺던 홍수가 독이 되다

이 무렵부터 슬슬 피해가 눈에 띕니다. 그리고 그것이 급격하게 두드러진 것은 시간이 더 흐른 1890년 대홍수 때입니다. 연안 주민들은 이때의 홍수가 지금까지 비료를 운반해 주었던 풍요로운 홍수와는 확실히 다르다는 것을 알게 됩니다.

마침 이 시기는 아시오구리광산이 후루카와 이치베에의 지휘 하에 새로운 기술을 차례차례 들여오던 시기입니다. 지난번에 살짝 이야기했지만 광산기술이 그 이전까지 순조롭지 못했던 것은 갱내 밑에서 솟아나는 물 처리 때문이었습니다. 갱내 작업보다도 물을 퍼 올리기 위해서 더 많은 인원이 필요했죠. 게다가 잠깐이라도 쉬면 갱내 작업장은 물에 잠겨 버리기 때문에 물을 퍼내는 노동은 전혀 멈출 수가 없었습니다. 보통 사람은 도저히 감당할 수 없었기 때문에 죄수의 노동력을 이용하는 것이 도쿠가와 시대부터 메이지 초기까지의 광산기술의 상식이었습니다. 그런 이유로 에도의 노숙자들은 사도(佐渡)로 보내집니다. 사도로 가면 끝장이어서 죽을 때까지 물을 푸는 인부로 노역을 하게 됩니다.

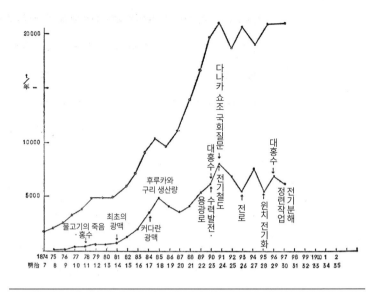

일본의 구리 생산량 합계

그런데 증기기관이 들어와 증기 펌프를 사용할 수 있게 되자, 이것이 차례차례 전국의 광산으로 보급됩니다. 그리고 후루카와 이치베에의 착안점이 좋았던 것은 일본에서 처음으로 수력발전을 도입했다는 겁니다. 전기라면 전선으로 어디든지 연결할 수 있어서 모터로 펌프를 돌리면 갱도 안쪽에 펌프를 고정할 수도 있으니, 이 기술로 산 깊은 곳까지 거침없이 캘 수 있게 됐어요.

채굴 기술이 발달해서 캐는 속도가 빨라지면, 그것에 필요한 갱목인 받침대용 재목의 수요도 늘게 됩니다. 재목은 주변 산의 나무를 벌목해서 만듭니다. 그리고 채굴한 광석을 그 전에는 목탄과 섞어서 바닥에 설치해 놓은 바람통로를 통해 풀무로 바람을 불어넣었던, 말하자면 이로리(囲炉裏)같은 화로로 환원시켰던 것을 그때부터 용광로로 전환합

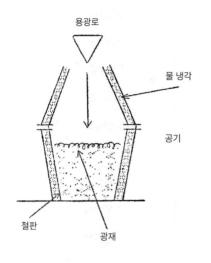

용광로

물 냉각

공기

철판

광재

니다. 이전에 사용했던 48개의 바람통로를 전부 멈추고 그 해에 유럽에서 도입한 기술인 용광로를 사용합니다.

이 용광로도 1868년부터 일본에서는 세로형의 용광로, 철로 만든 용광로를 축소한 것 같은 것을 벽돌로 만들고 있었는데, 좀처럼 효율적으로 작동하지 않았습니다. 왜냐하면 벽돌로 만든 화로는 온도가 높으면 벽돌이 흔들립니다. 그리고 온도가 낮으면 집어넣은 광석이 묘하게 굳어져서 내려오지 않습니다. 철의 경우에도 초기에 상당히 고생했는데, 구리의 경우에는 1868년에 유럽에서 벽돌로 쌓은 용광로를 도입해서 여러모로 작동해 봤지만 모든 산에서 실패했습니다. 황동광석이 탈 때 상당히 높은 열이 발생해서 그 열을 견딜 수 있는 벽돌을 모으는 것이 힘들었기 때문이죠. 하지만 유럽의 광산기술은 이때 묘안을 생각해 냅니다.

용광로는 공기를 불어 넣어서 광석을 목탄 같은 것과 함께 위에서 집어넣고 아래에서 열을 가해서 환원하는 것인데, 이때 광석들이 도중에 걸리거나 하면 아래까지 내려오지 않는 경우가 있습니다. 환원된 금속구리는 아래로 녹은 구리로 쌓이고, 광재(鑛滓)는 구리의 경우 찌꺼기로 아래로 내려오는데 ─철의 경우는 위쪽에 고입니다─ 이것을 때때로 화로 바닥에 구멍을 뚫어서 흘려보내는 것이 용광로입니다.

그런데 고열에 견딜 수 있는 벽돌이 없어서 자주 흔들거리거나 깨지거나 부서지거나 해서 고장이 나 버립니다. 하지만 유럽에서 발명한 기술은 "딱딱한 벽돌 같은 것을 쌓으니까 번거로워진다, 차라리 안에서 열을 내는 것은 그대로 두고 밖에서 물로 식히면 단순한 철판으로도 가능하지 않을까?"하고 연구하여 이중벽으로 만들어 그 사이에 물을 넣습니다.

진짜 묘안이죠. 안에서 녹은 철광 같은 것이 아무리 많아도 그것은 밖에서 식히고 있으니까 이 철판 표면에 끈끈하게 붙어버립니다. 철판뿐이라면 빠르게 부식되어 버리지만 안에 붙어 있는 것은 녹은 광재나 광석, 또는 구리가 굳어진 것이니까 부식될 염려가 없습니다. 철판은 밖에서 물로 식히고 있으니까 이걸로 상당히 지탱합니다. 그래서 번거롭게 벽돌을 쌓는 것보다도 철판으로 만든 간단한 화로에 물을 끼얹기만 하면 됩니다. 이것이 후루카와가 가장 비중을 둔 기술이었어요.

이 기술을 연구한 사람은 실은 벳시(別子)에서 빼돌린 기술자입니다. 후루카와 이치베에는 기술과 기술자를 소중히 하고 과감하게 근대 기술을 도입한다는 점에서 일본의 선두에 섰습니다. 그 결과 생산이 증가한 것은 그림에 나타난 대로인데, 이 당시에 도입된 과감한 기술, 즉 수력발전, 용광로, 광석을 끌어올릴 때 전기철도를 이용한 것, 그리고 전로(転炉)의 도입과 전기분해로 구리를 정련하는 것 등은 일본에서 제일 빠릅니다. 이런 식으로 10년에 걸쳐서 일본 기술의 선두에 선 회사는 지금으로선 상상이 가지 않습니다. 글쎄요, 소니 정도일까요? 아니, 소니도 그다지 선두를 달리고 있다는 느낌은 안 들고, 마쓰시타도 이미 염가 제품만 만들고 있어서 이미지가 약하기는 마찬가지입니다. 굳이 찾자면 국산기술로 세계의 선두에 섰다고 자랑하며 전후에 반짝했던 히타치제작소(日立製作所) 같은 이미지라고 할까요?

어쨌든 이렇게 점점 기술을 도입하면 생산성은 향상되고 생산성이 향상되면 재목도 자꾸자꾸 벌목해야 하고 아황산가스도 더 많이 발생합니다. 사실 아시오의 광석에는 골치 아프게 유황뿐이 아니라 비소까지 들어 있어요. 유비동광(硫砒銅鉱)이라는 비소가 들어간 것이 섞여 있습니다.

$$CuS+O_2 \rightarrow Cu+SO_2$$
$$Cu_2AsS$$

따라서 이것을 일반적인 방법으로 제련하면 아황산가스뿐만 아니라 유독한 비소를 연기와 함께 퍼뜨리게 됩니다. 이것은 강에 사는 물고기나 산의 나무에 상당히 견뎌내기 힘든 조건이라 나무는 갈수록 메마르고 물고기는 폐사할 수밖에 없었죠.

그래서 이 대홍수 무렵부터 누가 봐도 피해를 실감할 수 있게 되었습니다. 우선 도치기 현 아시카가 군(足利郡) 아즈마 마을 의회에서 "아시오구리광산이 조업하고 있어서 이런 광독이 나오니까 채굴을 멈추게 하라!"라는 청원을 도치기 현에 제출합니다. 그리고 와타라세 강 연안의 청년들이 밭의 흙과 강물을 채취하여 분석해 달라고 —지금이라면 지질조사부서에 해당하는— 당시의 농상무성 지질국에 가지고 갔는데, 분석할 수 없다는 이유로 거절당합니다. 이유는 딱히 없어요. 그저 "그런 것은 분석할 수 없다."라며 거절한 거예요. 그래서 이번에는 훗날 도쿄대학 농학부가 되는 농과대학 교수 고자이 요시나오(古在由直)에게 가지고 갔는데, 이번에는 맡아 줍니다. 그리고 와타라세 강에서 용수를 끌어 쓰고 있는 군마 현 마치야바(待矢場)용수조합이 ―도쿄제국대의 의학부 교수였다고 기억하는데― 단바 케이조(丹波敬三) 교수에게 오염물과 강에서 흘러 내려오는 모래를 가지고 가서 분석을 요청합니다.

두 샘플에서 모두 다량의 구리가 검출되어, 이 상태로는 농작물에 피해를 준다는 결과가 나옵니다. 이것이 도쿄대학이 공해피해자의 입장에 선 유일한 예입니다. 현재까지 "이런 지독한 것을 흘려보내면 피해가 발생한다."고 단언했던 도쿄대학 교수는 제가 아는 한은 없습니다. 오히려 최근의 수질기준을 정할 때처럼, "이 정도는 괜찮다."는 식의 말도 안 되는 수질기준을 잇달아 정할 뿐이죠. 지금이야말로 도쿄대학은 그러한 과거의 역사를 되돌아보고 무엇을 해왔는지를 반성해야 할 때라고 생각합니다.

이것이 1890년의 대홍수에 이어지는 일련의 움직임입니다. 여기까지가 대체로 아시오구리광산 광독사건 전반기라고 할까요, 문제가 되기 시작했던 시기입니다.

아, 8시 반이 지났네요. 아시오의 전반기, 즉 피해를 알게 된 시기이고 공해의 기승전결로 따지면 '기'에 해당하는 이야기까지 하고 오늘은 마치겠습니다. 11월 16일에 다시 여기에서 뵙겠습니다. 경청해 주셔서 감사합니다.

제5회

1970년 11월 16일

다나카 쇼조 - 거대한 정치가로의 길

지난 시간에 말씀드린 것을 정리하면, '1890년의 와타라세 강 유역의 광독과 농작물 피해는 명백하게 구리의 피해였다, 이것을 피해지 농민의 손으로 자료를 채취하여 도쿄대학, 당시의 도쿄제국대학 단바 케이조 교수와 현재의 도쿄대학 농학부 고자이 요시나오 교수에게 분석을 의뢰하여 틀림없이 구리가 포함되어 있다, 즉 광독이라는 사실이 확인되었다.' 여기까지 말씀드렸을 겁니다. 이렇게 광독의 인과관계가 확정된 직후에 그 유명한 다나카 쇼조의 최초의 국회질문이 있었습니다. 1891년의 일입니다.

다나카 쇼조는 일본 근대사에서 예를 찾아볼 수 없을 정도로 거대한 정치가였다고 생각합니다. 메이지의 동시대인도 그것을 인정했고, 지금 돌이켜봐도 민중을 위한 정치가로서, 자신의 일생과 전 재산을 민중을 위해 내던진 한 인간으로서, 그리고 정치사상의 깊은 통찰이라는 점에서도 최고의 정치가였다고 생각합니다. 하지만 정치가로서 머리가 뛰어난 사람은 아니었습니다. 메이지 시대 정치인이 보통 그랬듯이, 다나카 쇼조도 학교를 나온 사람이 아니었어요.

도치기 현 사노시(市)의 구역 내에 있는 고나카(小中) 마을에서 태어난 촌장의 아들, 촌장 집안이었는데 조상대대로 촌장 직을 맡아, 이 고나카 마을(小中鄉)을 통치하고 있었던 롯카쿠(六角) 일가라는 오래된 집안 ―사무라이가 아니라 궁정 귀족의 자손이라고 할까요― 아시카가 시대의 이른바 명문가로 알려졌습니다. 예를 들어 기라시(吉良) 일가 같은 곳과 비슷한 비교적 높은 궁정의 관급이었지만 실제로는 돈도 영지도 별로 없는 집안이 도쿠가와 시대에는 의전용으로 남아 있었어요. 황실의 여러 의식 때나 도쿠가와 가문의 쇼군 대리인으로 지위가 높은 윗사람이 필요할 경우에 이런 명문가의 사람이 활용되었습니다. 그 중 하나가 롯카쿠 집안인데, 그 집안에서 내분이 일어납니다. 쇼군을 대신해서 교토로 참배하러 갈 때의 비용을 세금으로 징수하려던 것이 계기가 되어 내분이 일어났는데, 주민들 사이에 세금을 마구 징수하는 악한 중신을 정벌하자는 움직임이 일어나고, 그 소동에 다나카 쇼조의 일가도 말려듭니다. 봉기로까지 커지지는 않았지만 공공연한 반항운동이었기 때문에 이윽고 붙잡혀서 롯카쿠 일가의 지하 감옥에 투옥된 일이 있었습니다. 이때 다나카 쇼조는 10개월 정도 감옥에 갇혀 있었는데, 아직 20대 무렵이었을 겁니다. 당시의 감옥은 흔히 병사(病死)로 위장하여 독을 타서 죽이는 것이 일반적이었고 또 식은 죽 먹기였기 때문에 다나카 쇼조는 그것을 두려워한 나머지 다랑어포를 두 개 얻어서 물과 그것만 섭취하면서 한 달을 지냈다고 해요. 그동안 차츰 감옥상황에 익숙해졌고, 이런 상황이라면 독살당할 염려는 없겠다고 생각하여 보통 식사를 하게 됐다는 이야기를 나중에 본인이 언급한 적이 있습니다. 이것은 영양학의 교과서에 곧잘 다랑어포가 상당히 영양가가 높다는 예로 소개되는 이야기입니다. 다랑어포 2개로 인간은 한 달을 연명할 수 있다는 실례를 제시한 사람이 다나카 쇼조였어요.

그가 투옥되었던 감옥은 굉장했던 모양입니다. 1미터 남짓이라고 그는 말하는데, 기지개를 켜려고 해도 부딪쳐서 할 수가 없고 겨우 앉아있을 정도의 공간이었답니다. 그 좁은 감옥 안에 변기까지 있어서, 운동을 하려면 두 손을 바닥에 짚고 사자가 기지개를 켜는 모양새를 하거나 위를 향해 누워서 손발을 위로 치켜 올리거나 하는 운동을 간신히 할 수 있었다고 해요.

거기에 비하면 제가 1970년 5월에 들어갔던 쓰키지(築地)경찰서 구치소는 독살당할 염려도 없고 롯카쿠 일가의 감옥에 비하면 천국 같은 곳이었죠. 메이지 이전의 감옥은 정말 무시무시한 곳이었다고 할 수 있습니다.

다나카 쇼조는 석방되고 나서 한동안은 한량처럼 지냅니다. 옥중에서 메이지 유신의 시기를 보내고, 석방된 후에 어디 좋은 일자리는 없는지 찾다가 잠시 이와테 현(岩手県)의 에사시(江刺)에 근무합니다. 이때는 관리로서 일했는데, 여기에서 또 평소에 그다지 사이가 좋지 않았던 동료가 살해당하는 사건에 말려들어 살해혐의를 받고 4년 가까이 투옥 당하게 돼요. 완전히 누명이었던 것 같은데, 어쨌든 투옥된 것은 1871년이었습니다.

감옥에서 나오고 보니 세상이 완전히 바뀌어 있었죠. 마침 세이난 전쟁(西南戰役)[1] 직전으로 인플레이션이 발생했던 시대입니다. 다나카 쇼조는 상인으로서도 상당히 재능이 있는 사람이었는데, 그때 "세이난 전쟁이 끝나면 반드시 토지 값이 오를 것이다."라고 예상해서, 인플레이션으로 돈은 남아돌았기 때문에 지폐의 가치가 떨어졌을 때 속속 땅을 매입했습니다. 다른 사람에게도 땅을 사도록 권했고, 자신도 있는 돈을 다 털어서 토지를 샀어요. 결국 그의 예상은 적중해서 2,000엔 정도의 큰돈을 손에 쥐게 됩니다. 이 2,000엔을 매년 몇 십 엔씩 나눠 쓰면 절대로 남의 신세는 안 지고 살 수 있겠다는 계산이 섰기 때문에, 지금까지는 다른 사람들의 신세를 지고 살았지만 이제부터는 다른 사람을 보살피면서 살리라는 각오로 정치가가 될 결심을 했다고 합니다.

그리고 30대도 중반을 넘은 시기인 1879년에 당시의 신문발행 유행에 편승하여 『도치기신문(栃木新聞)』이라는 신문을 발간합니다. 이것은 후에 『시모쓰케 신문(下野新聞)』이 되어 현재에 이르고 있습니다. 도치기 현의 신문에 해당하는데, 최초의 발행자가 다나카 쇼조였어요.

다음 해에는 현회 의원으로 입후보하여 당선됩니다. 도치기 현의원이 된 거예요. 처음에는 자유당에 가까웠던 것 같은데, 후에 자유당보다는 다소 온건한 —당시의 자유당은 한결같이 직접행동을 주장했는데 그것은 지나치게 난폭하다고 주장하는— 개진당(改進党)에 소속을 둡

---

1 1877년에 현재의 구마모토 현, 미야자키 현, 오이타 현, 가고시마 현에서 사이고 타카모리가 맹주로서 주도하여 일으킨 사쓰마 번 사무라이의 무력반란. 사이고 타카모리가 하야 후 설립한 사학교가 중심이 되었던 사건이기 때문에 사학교 전쟁이라고도 불린다. 메이지 초기에 일어난 일련의 사무라이 반란 중 최대 규모였으며, 일본 역사상 마지막 내전이 되었다.

니다.

다나카 쇼조와 아시오구리광산 광독사건의 시작

그런데 1880년부터 83~84년까지는 도치기 현의 정치 역사에서 격동기에 해당합니다. 원래 도치기 현은 자유당이 강한 곳이어서 중앙 정부의 의향에 사사건건 따르지 않았습니다. 특히 현의원은 모두 불만 만 제시한다고 하여 강압정치나 탄압정치로 일본 전역에 악명을 떨친 미시마 미치쓰네(三島通庸)를 1883년에 도치기 현 지사로 임명합니다.

지난번에 말씀드렸던 것처럼 이보다 먼저 광독사건은 이미 모두 에게 알려져서 도치기 현 지사인 후지카와 타메치카(藤川為親)가 "와타 라세 강의 어족은 위생적으로 해가 되기 때문에 일체 포획을 금지한 다"는 포고를 내렸습니다. 하지만 조사에 착수하기 전에 후지카와 타 메치카는 시마네 현으로 좌천되고, 대신에 미시마 미치쓰네가 현 지사 로 부임하죠. 이 현 지사의 교체는 현재 조사한 바로는, 아시오구리광 산 광독사건과 직접적인 관련이 없는 것 같다는 의견이 많습니다. 즉 중앙정부로서는 보신전쟁(戊辰戰役)[2] 이래 사쓰마 번(薩摩藩)과 조슈 번 (長州藩) 정부에 가장 복종하지 않았던 동북 6현을 군사적으로 언제든지

---

2   1868년부터 1869년에 걸쳐 벌어진 일본의 내전. 1868년이 무진(戊辰)이었기 때문에 보신전쟁이라고 불린다. 참고로, '무진'의 일본어 음값이 '보신'이다. 왕정복고를 내세 워 메이지 신정부를 수립한 사쓰마 번과 조슈 번, 도사 번등을 중핵으로 한 신정부군 과 구 막부군의 내전이다.

감시할 수 있도록 도치기 현을 그 연결 기지로 삼아 도로를 정비하고 군대 주둔을 계획하고 있었는데, 도치기 현회는 그런 돈이 드는 정책은 일체 거부하겠다고 주장했기 때문에 사사건건 대립하고 있었던 겁니다.

미시마가 현 지사가 되자 강제로 도로계획을 실행하고, 그때까지 도치기에 있었던 현청을 우쓰노미야로 이전합니다. 이곳은 군사적 요충지여서 우쓰노미야로 옮기는 편이 동북에 가까워져서 전진기지로 효과가 있습니다. 하지만 지난번에도 말씀드렸던 것처럼 이것은 정말 터무니없는 계획으로, 일주일 만에 도시계획 도면상에 지어져 있는 집을 강제 퇴거시켜 전부 헐어버리고 도로를 만들었습니다. 퇴거 유예 기간은 일주일. 살고 있건 저항하건 상관없이 경찰과 군대를 투입해서 닥치는 대로 부수고 도로를 만든다는 포악한 계획에, 현회 의원은 물론이고 도치기 현 민중들도 저항했습니다. 그 대표적 사례가 '가바산(加波山) 사건'[3]입니다. '가바산 사건' 자체는 실패했지만, 다나카 쇼조 등을 비롯한 개진당의 계획은 성공하여 마침내 미시마 현 지사는 해임을 당하게 됩니다.

이것을 계기로 정치가로서의 실력을 인정받은 다나카 쇼조는 이윽고 제1회 국회에 출마해서 당선됩니다. 그리고 1891년 제2의회에서 아시오구리광산 광독사건에 관한 첫 번째 국회질문에 서게 됩니다. 정부 측은 이때는 못 들은 체하고 그에 대한 회답서는 국회가 해산한 후에 발표합니다.

---

3   1884년 후쿠시마 현령 미시마의 암살을 계획한 급진파 자유당원 16명이 가바산을 거점으로 봉기한 사건.

이 무렵의 국회라는 것은 질문이 있으면 당연히 그에 대답해야 하는데, 야당 쪽의 힘이 강해서 정부가 제시한 예산안, 특히 세금을 여분으로 거두는 예산안이 연달아 부결되었기 때문에 정부 측은 무턱대고 해산권을 사용해 의회를 해산하고는 선거간섭을 하여 자신들 여당의 의석수를 늘릴 수 있는 선거를 하지만 그것이 또 잘 되지 않죠. 어쨌든 메이지 시대 의회정치의 원형이 된 것이 이 제2의회였습니다.

다나카 쇼조가 질문한 직후에 세금을 올리려는 의안이 부결되자 국회는 즉시 해산되고, 정부 측은 결국 다나카 쇼조의 질문에 대답하지 않습니다. 이것이 아시오구리광산 광독사건의 첫 번째 질문이었습니다. 그나마 국회해산 후에 정부의 회답이 지면에 실리는데, 이것이 너무 유명해서 현재의 우리에게도 아주 친숙하죠.

다나카 쇼조의 첫 번째 질문은 "광독사건이 존재한다. 이것을 정부가 방치하는 이유는 무엇인가?"입니다. 그리고 두 번째는 "지금까지의 피해에 대해서는 어떻게 지원을 할 것인가?" 세 번째는 "앞으로 발생할 피해에 대해서는 어떻게 대책을 세울 것인가?"였어요.

이에 대한 정부의 답변은 국회 회의장이 아니라 관보의 지면상에 국회해산 후에 실리는데, '군마, 도치기 현의 와타라세 강 연안 경작지에 피해가 발생한 것은 사실이지만 피해의 원인은 명확하지 않다.'였습니다. 즉 인과관계를 아직 알 수 없다는 것이 첫 번째 답변이에요. 두 번째는 '피해의 원인에 대해서는 현재 각 전문가가 시험조사 중이다.' 이것은 여러분에게도 친숙한 답변일 겁니다. 공해가 아무리 심각해도 '목하 조사 중'이라고 하죠. 세 번째 답변은 ―이것이 가장 걸작인데― '광업인은 해야 할 예방을 실시하고, 독일이나 미국으로부터 분광채집기를 구입하여 광물의 유출 방지를 위한 준비를 철저히 하고 있다.' 입니다. 광산 측은 예방 대책을 충분히 하고 있고, 외국에서 기술을 도입하여 광물이 나오지 않도록 대책을 세우고 있다는 것이 세 번째 답변이었어요.

따라서 첫 번째와 두 번째 답변에서는 '원인불명'이라고 말해놓고, 세 번째에서는 '광산 측이 이렇게 대책을 세우고 있다.'라고 인과관계를 스스로 인정하는 답변을 하고 있어요. 물론 와타라세 강 하류의 농민들 사이에서는 이미 아시오구리광산 광독사건의 인과관계가 명확히 드러나 있었죠. 그리고 정부 측도 이 답변에서 보듯이 인과관계 자체는 분명히 알고 있으면서 단지 '조사 중'이라는 말로 지연시킨 것에 불과합니다. 그렇지 않다면 여기에 광산의 이름이 나올 리가 없겠죠.

기술혁신 – 합의의 성공과 광독의 심화

이듬해인 1892년이 되자, 피해가 가장 심각했던 마치야바 용수조합이 도쿄제국대학 교수의 감정결과를 무기 삼아 광산 측과 직접 보상교섭을 시작합니다. 그 결과, 7천 엔으로 합의를 봅니다. 당시의 1엔은 지금의 대략 1만 엔 정도라고 짐작하면 될 겁니다. 그저 '7천 엔' 하면 여러분은 웃을지도 모르지만 당시의 금액으로는 상당한 돈이었습니다.

광산 측은 이 합의를 할 때 '앞으로는 분광채집기 —광석 중에서 작은 알갱이를 골라내는 기계— 를 설치할 테니까 그것이 잘 될지 어떨지 지켜보기 위해 일정기간 휴전했으면 한다.'라는 제안을 합니다. 이

휴전기간의 기한이 1896년이었는데, 4~5년간 기계를 설치해서 상태를 보고 그래도 피해가 발생하면 다시 교섭하자는 제안을 합니다.

이때의 광산과 하류 피해주민과의 계약이 현재 각지에서 체결되고 있는 공해방지협정의 원형이 됩니다. 공해를 발생시키는 쪽은 '가능한 한 공해를 발생시키지 않도록 노력하겠다.'라고 하고, 피해를 입은 쪽은 '돈을 얼마 얼마 받는 대신에 앞으로 일절 이의를 제기하지 않겠다.'라고 합니다. 이것이 원형이 되어 1892년부터 속속 하류의 농민은 광산과 합의를 합니다. 물론 다나카 쇼조가 이 합의에 반대한 것은 말할 필요도 없겠죠. 여기에서 주로 지주를 중심으로 하는 마을 유력자들은 합의에 응하고, 자작농을 중심으로 하는 일반 농민은 합의로 과연 잘 풀릴지 불안해하고 있었던 것 같아요. 그런데 이 합의가 속속 성공했던 것은, 배후에 현 지사나 군수나 촌장 같은 행정기관의 후원이 있어서 합의에 응하도록 강력하게 설득했기 때문이었습니다. 이에 대해서는 현재도 여러 기록에 남아 있어요. 그 중에는 마을 전체, 마을 단위로 합의에 응한 곳도 있어요. 이러한 것은 지자체가 기업과 공해방지협정을 맺는 현재의 형태와 똑같습니다.

1894년부터 95년에 걸쳐서 청일전쟁이 발발하는데, 이 청일전쟁을 사이에 두고 광산 측 태도가 완전히 뒤바뀌고 합의내용도 점점 광산에 유리하게 됩니다. 이 사이에 일련의 기술혁신이 있어서 1891년에 —이것도 일본 최초로— 전기철도가 아시오광산에 들어옵니다. 그리고 93년에 베세머법의 회전로가 설치돼요. 이것은 철의 회전로와 거의 동일한 원리입니다. 아래에서 공기를 불어넣어서 황화구리가 연소하는 열로 구리를 녹이는 것인데, 철의 회전로의 구조를 다소 바꾼 것이 구리에 응용된 거죠. 베세머법의 회전로가 구리제련에 사용된 것도 93년의 아시오가 시초입니다. 그리고 95년에는 광석을 캐 올리기 위한 윈치를 모두 전기화합니다. 1895년에 전기분해로 구리를 제련하는 것에 성공한 후에는, 닛코(日光)지역 옆에 지금도 남아 있는 후루카와 전기공업주식회사의 닛코제동소(日光製銅所) 건설에 착수합니다.

이렇게 아시오구리광산은 일본에서 가장 빠른 템포로 기술혁신을 수용하고 또 그것이 모두 성공한 드문 예입니다. 새로운 기술을 도입해서 전부 성공하는 경우는 아주 드문 일로 반드시 실패하는 예가 있는데, 아시오는 행인지 불행인지 그 같은 실패가 없습니다. 실패가 없었다는 것은 한편으로 자신들 손으로 기술을 발전시킬 기회가 없었다는 것을 의미하죠. 그래서 하류에 광독이 발생해도 그 광독을 줄이기 위한 기술적인 노력을 광산 자체에서는 전혀 하지 않았습니다. 이것이 아시오의 특징이고 현재의 모든 일본 산업의 특징과도 공통되는 점입니다.

사회문제화된 광독사건

1896년에 와타라세 강 유역에 몇 백년만이라는 대홍수가 발생해서 그 피해액이 1,388만 엔이라고 전해지고 있습니다. 이것은 천문학적인 숫자입니다. 이때 피해를 입은 하류의 농민들이 운류사(雲竜寺)에 광독사무소를 열고 자작농을 중심으로 한 운동을 시작합니다. 이것은 청원입니다. 청원이라는 형태로 운동을 시작했어요. 이때부터 빈번하게 농민의 대표가 상경해서 정부의 창구를 방문합니다. 1897년에 제2회 다나카 쇼조의 광독 질문이 나옵니다. 그리고 이때부터 가두 연설회라는 형태의 광독 연설회가 도쿄를 비롯하여 각지에서 시작됩니다. 1897년은 사회문제로서 광독사건에 대한 관심이 고조되기 시작한 하나의 전환기가 됩니다. 이 운동에 찬성한 사람 중에 의외의 예만을 소개하면 도쿠토미 소호(德富蘇峰), 도야마 미쓰루(頭山滿), 가타야마 센(片山潛), 미야케 세쓰레이(三宅雪嶺), 우에무라 마사히사(植村正久), 요코이 토키오(横井時雄), 우치무라 칸조(内村鑑三), 야마구치 단조(山口弾正), 가타오카 켄키치(片岡健吉), 고노에 아쓰마로(近衛篤麿), 그리고 다니 타테키(谷干城), 가쓰 카이슈(勝海舟), 쓰다 센(津田仙), 무라마쓰 카이세키(村松介石)로 의외의 이름이 상당히 등장합니다. 이 멤버는 당시 일본의 지도적인 지식인이나 여론의 지도자 대부분을 망라하고 있습니다. 기독교인도 있고 불교도도 있고, 또 우익도 있고 좌익도 있고…….

내친김에 다른 이야기를 좀 더 하면, 일본의 우익도 전후에 상당히 타락한 것 같아요. 적어도 다나카 쇼조 생전에는 그를 지지하는 뿌리 깊은 세력 중의 하나로 도야마 미쓰루 등의 그룹이 있었는데, 지금은 빈번하게 공해문제를 억압하기 위해서 우익이 쳐들어오는 예가 있습니다. 예를 들어 국수회(国粋会)나 우익동지회(右翼同士会議) 등 저의 신변에까지 협박장을 보내는 비열한 우익들이 있습니다. 그 정도로 일본의 정치는 타락을 거듭했다는 것을 저는 여기에서 확실히 말씀드리겠습니다. 우익이 타락했을 때는 좌익도 타락할 위험이 있습니다. 웃을 일이 아니에요. 대항하는 세력의 한쪽이 타락할 때는 다른 한쪽도 반드시 타락한다, 이것은 중국 고대사에서 정치 원칙의 하나로 지금까지 전

해지고 있습니다. 따라서 일본 정치의 부패와 타락은 사실 우리가 평소
에 보고 듣는 것 이상으로 널리 퍼져있는 건 아닐까라는 위기감을 느낄
때가 있습니다.

1897년 3월에 2천명의 농민이 와타라세 강 하류에서 상경하여 청
원을 시도합니다. 하지만 경찰의 저지로 도쿄에 올라온 사람은 고작
100여 명이었습니다. 이 100여 명의 농민들이 여기저기 진정을 넣으며
돌지만 전혀 효과가 없었습니다. 그런데 당시의 유력자 중 한 사람인
다니 타테키(谷干城)가 친구의 권유로 광독 피해지를 시찰하고, 당시의
농상무대신 에노모토 타케아키(榎本武揚)가 그의 보고를 듣고 자신도 현
지시찰을 합니다. 그 결과 그때까지 지방의 관리, 이를테면 현 지사나
촌장이나 경찰 등을 통해서 들었던 이야기와 실정이 전혀 다르다는 사
실을 알게 되고, 일단 농상무대신 이름으로 제출한 답변서를 철회할 수
밖에 없는 입장이 됩니다.

그래서 정부 안에 광독조사회를 만들고, 제국대학의 권위자가 모
여서 작성한 예방명령을 광산 측에 전달합니다.

이때 150일 이내에 이 예방명령을 실시하지 않으면 광산광업권을
정지시키겠다는 조건을 붙입니다. 이것은 아마 일본정부가 기업에 대
해 강경한 태도를 취한 유일한 예일 겁니다. 이때의 내용은 폐수의 침
전지(沈澱池), 여과지(濾過池), 그리고 이른바 폐석 —탄광에서는 불량탄
이라고 하는데— 과 제련과정에서 나오는 찌꺼기와 그 진흙 등을 흘려
보내지 않도록 확실히 조치할 것, 물 처리, 그리고 제대로 된 굴뚝을 세
워서 산림에 미치는 가스 피해를 줄이라는 내용입니다.

이 예방명령을 지시받은 후루카와 이치베에 측도 —그런 공사를

실시할만한 돈이 없다는 것이 사내 전반의 의견이었지만— 정부가 그 정도로 엄중한 조치를 단행한 이상 행정명령을 이행하는 수밖에 달리 방법이 없다고 판단합니다. 그래서 이 명령을 전달받은 지 6개월 이내에 공사를 전부 완료합니다. 아마 예정보다 몇 십 일 일찍 끝났을 겁니다. 여기에 투자한 금액과 에너지가 막대해서 관동일대의 벽돌과 짚신 가격이 올랐다는 이야기가 전해질 정도였습니다. 그것은 공사를 위해서 자재를 닥치는 대로 사들여 벼락공사를 했기 때문일 텐데, 예컨대 1964년 올림픽 때와 같은 소동이 아시오에서 일찍이 벌어졌다고 생각하면 될 것 같네요.

이 공사가 유효했는지 아닌지의 여부는 의문이지만, 당시에는 날림 공사가 있었을 거라는 추측도 있었습니다. 그것을 뒷받침이라도 하듯이 이 명령을 내린 도쿄광산 감독국장인 미나미 테이조(南挺三)는 공사가 끝나자 바로 직장을 그만두고 아시오구리광산에서 근무하게 됩니다. 다시 말해 후루카와 밑으로 들어온 거예요. 아마 고급관료의 낙하산 인사의 첫 번째 사례일 거라고 생각합니다. 그런데 1907년에 발생한 아시오 폭동 때, 인부의 습격을 받아 간신히 도망쳐 나온 아시오의 광산책임자가 바로 미나미 테이조였어요.

광독예방 명령이 내려지고 운동은 다소 소강상태가 됩니다. 정부가 명령을 내리고 광산이 막대한 투자를 해서 그만큼의 공해대책을 했으니 그 효과가 나올 때까지는 기다리자는 의견과, 그런 것은 본질적으로 도움이 안 되기 때문에 역시 광업권을 정지시켜 광산채굴을 그만두게 하자는 의견이 대립합니다. 다나카 쇼조는 당연히 자신의 경험에 비춰 후자에 찬성합니다. 광산을 그만둘 때까지 싸워야 한다는 의견이었지만, 이 광산대책의 대립으로 한동안 운동의 중심이 흔들렸던 것은 사실입니다.

이 해에 먼저 7,000엔의 합의를 한 마치야바 용수조합이 다시 한번 공장과 교섭합니다. 그때 용수조합 쪽은 광독 피해가 수백 만 엔이라고 주장하지만, 광산 쪽이 값을 깎아서 결국 1만 엔에 타결합니다. 미나마타 때 기하평균 법칙, 우이의 제3법칙이라는 것을 여러분에게 말씀드렸는데, 아마 이때도 수백 만 엔의 피해가 1만 엔으로 타결되는 상황은 제3법칙이 적용한 탓이라고 생각합니다.

1904년에 이 계약이 끝났을 때에 마치야바 용수조합이 재계약을 위해서 교섭을 신청하지만, '내외의 정세 변화로 이 문제에 대한 우리의 책임 등은, 이전에 계약을 체결했던 시기와 지금의 상황은 완전히 바뀌었기 때문에 상담은 하지 않겠다.'라는 회사 측의 일방적인 거절로 무산됩니다. 이때의 내외의 정세변화란 1904~5년에 있었던 러일전쟁을 의미합니다.

구리가 당시의 전쟁에서 얼마나 소중한 자재였는지 지금은 전혀 상상을 할 수가 없습니다. 다만 청일전쟁 때의 유명한 일화인 「데이엔 (定遠, 청의 군함) 보임」이라는 전신(電信)으로 전해진 정보가 승리의 큰 원인이 됐다고 전해질 정도로, 전기 재료로써의 구리의 가치가 높았음을 알 수 있습니다. 아마 현재 철이 차지하는 위치였다고 생각합니다.

최근 —최근이라고 해봐야 몇 년 전입니다만— 이름은 잊어버렸지만 상당히 유명한 야하타제철의 경영자가 '철은 국가다'라는 의미의 발언을 해서 화제가 된 적이 있는데, 메이지 시대에 '구리는 국가다'라는 의미의 기록이 아시오구리광산의 회사역사서에 남아 있다고 합니다. "청일전쟁, 러일전쟁을 지탱한 것은 우리 아시오의 구리였다."라는 서술인데 —저는 아직 원본을 보지 못했지만— 광산 측은 진심으로 그렇게 생각하고 있었던 게 아닐까요? 어쨌든 '구리는 국가다'라고 할 정도로 중요한 물질이었습니다. 그러니 전쟁이 시작되자 광독 반대운동도 농민 쪽에서 멈춰버렸습니다.

농민의 봉기 - 가와마타(川俣)사건으로

이렇게 해서 1897년에 광산공해 대책이 세워졌지만, 98년이 되어도 광산공해는 전혀 줄지 않고 다시 대홍수가 닥칩니다. 이때 현지에서는 1만 명의 농민이 집단진정을 위해 도쿄로 향합니다. 사흘 걸려서 도쿄 교외인 센쥬 근처 호키마까지 왔는데, 소식을 듣고 달려온 다나카 쇼조의 설득으로 대표만 남고 해산해 고향으로 내려갑니다. 다나카 쇼조는 이때의 정부가 자신들이 소속되어 있는 개진당의 유파인 헌정당, 이전의 메이지 정부에 대해 야당의 입장을 취하고 있던 정당정부이기 때문에 결코 피해자에게 손해가 되는 일은 하지 않을 것이다, 만일 정부의 태도가 바뀌지 않는다면 다음에는 제가 여러분의 선두에 서서 몇만 명이 됐든 진정을 위해 같이 갈 테니까, 이번만은 대표만 남고 평화롭게 해산해 달라고 부탁하여 농민들은 이것을 받아들입니다. 아마 이때가 이 운동의 하나의 분기점이었을지도 모릅니다.

이 무렵부터 광독반대운동은 한편으로 착실한 청년운동으로의 방향을 취하기 시작합니다. 확실히 다나카 쇼조의 강한 지도력이 영향을 미친 것 같아요. 광독의 피해를 객관적으로 전하기 위해서 마을 청년들이 광독 피해지의 출생통계와 사망통계를 조사하려는 움직임이 1898년부터 시작되었습니다. 이 출생과 사망의 통계 방법은 지금 생각해봐도 아주 훌륭합니다. 세 그룹으로 나누었는데 첫째는 광독이 특히 심각한 지역, 둘째는 여러 가지 지리적 조건이 유사하나 광독 피해가 없는 인근지역, 셋째는 전국평균. 이 세 가지 숫자를 비교하여 출생과 사망의 통계에 어떤 차이가 있는지 알아보는 방법을 쓰고 있습니다. 이것은 이 지역 사람이 아니면 바로 알아차릴 수 없는 것이어서, 우리는 종종 공해 피해지의 데이터를 전국평균과 비교하기는 하지만 조건이 비슷하지만 피해가 발생하지 않은 인근지역과 비교하는 것은 상당히 진보적인 방법입니다. 우리도 종종 이 방법을 잊어버릴 때가 있거든요.

〈자료〉

| 전단(A) 전체문장 |

죽이려면 죽이시오. 우리들 피해지 12개 마을(村) 중 34개 구획 안에서만 적어도 1,064명이 광독으로 인해 사망했소. 이것은 작년 12월 5일까지 조사한 것이요. 작년 2월까지의 광독 사망자를 조사한 통계는 그때 내무대신에게도 농상무 대신에게도 이미 제출했소. 또한 작년 제국의회는 우리를 가엽게 여기어 구제해 주라는 의결을 내렸소. 그리고 올해도 귀족원에서는 우리의 청원을 채용했소. 중의원도 광독의 상황조사회를 정부에 촉구했으나 지금까지도 우리를 구

제할 조치를 취하지 않고 있소. 우리는 광독으로 죽을 수밖에 없는 상황이요. 죽이려면 죽이시요. 완력을 휘둘러 상처 입히려면 그리 하시요. 우리의 몸이 아니오. 우리는 천황폐하의 신민이기에 피해지임에도 불구하고 다년간 납세의 의무를 다했소. 우리는 폐하의 신민이기에 광독으로 고통 받으면서도 병역의 의무를 게을리 하지 않았소. 우리의 몸은 우리의 것이 아니요. 국가의 의무를 다할 책임이 있는 폐하의 신민이요. 우리 몸에 상처를 입히는 것은 즉 국가에 상처를 입히는 것과 같은 것이요. 폐하의 신민에게 상처를 입히는 것이요. 그러나 국가에 재난이 있을 때 요괴가 나타났소. 후루카와 이치베에라는 자가 국가의 선량한 이들과 인민을 멸하는 것을 주저하지 않고 우리를 죽이고 국토를 황폐하게 했소. 따라서 이 악행을 저지른 자들은 모두 이치베에의 개와 같소. 마치 이치베에의 개가 폐하의 신민을 물어 죽이는 것과 같소. 정부가 없다면 우리를 죽이시오, 법률이 없다면 우리를 죽이시오, 정부가 있다면 죽임을 당하는 이들을 위해서 그 복수의 청원을 멈추지 않을 것이요. 정부가 있다면 우리는 이 죽은 이들을 위해서 청원을 멈추지 않을 것이요. 가령 정부가 없다 해도 우리는 피해지 동포를 위해서 피해의 정도와 상관없이 국토를 위해서 그 보물을 지키기 위해서 이 살인자를 퇴치하고 이 피해참상으로 인한 고통을 없애기 위한 운동을 멈추지 않을 것이요. 우리는 폐하가 계시고 법률이 있기 때문에 국토 신민 스스로를 지키기 위해 이 청원을 멈추지 않을 것이요. 제2, 제3은 물론 있는 힘을 다해서 청원을 할 것이니 죽이려면 죽이시오. 우리를 죽이는 것은 국가를 죽이는 것이요. 그러므로 우리 동포에게 고하는 바요.

1900년 3월
4현연합 광독피해청원 사무소

〈자료〉

| 전단(B) 전체문장 |

　　이번 투옥자는 30여만 인민을 위해서 국가의 조세지를 보호하는 충신 의인이고 신이요. 이렇게 노력하고 구제해 주는 이들은 자선가이고 지사이고 인자요. 제2, 제3의 청원을 준비하는 이는 신의 마음을 갖고 있는 것이오. 이 신의 마음을 견고하고 강하게 하는 것은 이윽고 신의 마음과 같은 것이요. 신은 본래 죄가 없소. 죄가 없는 이는 천지간에 두려울 것이 없소. 우리의 마음은 즉 신의 마음과 같은 것이오.

　　만약 이 청원을 방해하고 폭행하는 자는 국법을 유린하고 국가를 멸망시키는 악마요괴 이치베에의 개요. 이에 굴하지 않고 우리는 제2의 청원을 서둘러야 하오.

1900년 3월
4현연합 광독피해청원 사무소

　　당시의 광독반대운동은 농민이 생각할 수 있는 최선의 과학성을 추구하고 있었습니다. 이것은 잊어서는 안 됩니다. 지금의 시각으로 보면 비록 유치한 방법일지라도 역시 민중은 의외로 과학적인 방법을 사용했습니다. 우리는 결코 '무지몽매한 농민'이라고 말해서는 안 됩니다.

　　그런데 이런 대표 진정이 전혀 효과가 없었어요. 결국 1900년에 2,000여 명이 상경하여 세 번째 진정을 시작합니다. 이때 이들 진정대와 경찰이 —헌병도 참가했다고 하는데— 도네 강(利根川)의 가와마타 나루터에서 충돌하여 68명이 체포되는 유명한 '가와마타사건'이 발생합니다. 이 도쿄 상경 진정은 그전까지 2~3년에 걸쳐서 운동에 눈을 뜬 청년층을 대량으로 체포하게 됩니다. 경찰에 체포된다는 것은 아주 나쁜 죄를 지은 사람이나 하는 경험이라서 붙잡힌 사람은 잔뜩 겁을 먹게 되죠. 구치소에 있는 동안에는 두려움에 떨고 돌아온 후에도 이른바 보호 감시가 붙어서 전전긍긍하며 집에서 한 발짝도 나가지 못했습니다. 이에 대해서 다나카 쇼조를 비롯한 운동의 리더들이 한 집 한 집 개별 방문을 하면서 격려하지만, 안타깝게도 제가 자란 도치기 현 남부의 청년은 이런 때에는 움츠러들어 아무 소리도 못 했을 거라고 상상이 갑니다. 지금도 도치기 현이나 관동 북쪽 전체가 그렇습니다만, 결코 남자가 강한 지방이 아닙니다. 이 가와마타사건은 청년운동의 좌절을 의미하는데, 다나카 쇼조는 우선 1900년에 헌정당을 탈당하고 1901년에 의원을 사직합니다. 가와마타사건이 다나카 쇼조가 가장 기대했던 의회제 민주주의에 대한 정부의 답이었을 겁니다. 그에 대한 다나카 쇼조의 거부, 이른바 저항이나 절망의 표현일지도 모릅니다. 그리고 그 직후인 1901년 12월에 유명한 메이지 천황에 대한 직소(直訴)사건이 일어납니다. 오늘 가와마타사건 직후에 도쿄에서 배포됐다는 전단 두 장이 우연히 손에 들어와서, 당시 광독반대운동의 사상적인 질을 엿볼 수 있는 자료로 여러분에게 나누어 드렸습니다.

　　하나는 "죽이려면 죽이시오."로 시작되는 전단(A)입니다. 이것은 어떤 의미에서는 문장이 그다지 정돈되지 않았지만, 농민에게는 논리를 뺀 강한 호소를 담고 있습니다. 주의해야 할 것은 여기에 "천황폐하의 신민이고, 그래서 우리의 몸이 아니다.", "국가의 의무를 지고 있는 책임 있는 기본적인 인권을 가진 인민."이라는 주장이 나옵니다. "우리를 상처 입히는 것은 국가를 상처 입히는 것과 같다. 우리를 죽이는 이는 국가를 죽이는 것이다."

사실 이 문장에는 천황제라는 매개를 두고 있지만, 이때는 이미 '인민은 곧 국가요 주권'이라는 사상이 상당히 싹튼 시기입니다.

그리고 또 한 장의 전단(B)도 주목할 만합니다. "신은 원래 죄가 없다."라는 문장이 있습니다. 다나카 쇼조가 기독교를 언급한 것은 이 다음이라는 것이 정설이 되었지만, 이 두 장의 전단을 보면, 이 시기의 운동에 이미 원시적인 기독교의 강한 영향이 나타나고 있었습니다. 특히 다나카 쇼조의 머릿속에는 그 영향이 이미 미치고 있었다고 생각합니다.

학생의 참가

그런데 1901년은 실은 도쿄에서의 운동이 무르익는 하나의 계기가 되었고, 특히 연말에 이 직소(直訴) 직후에 학생들이 대대적으로 일어나 현지조사를 하러 갑니다. 이것은 학생층과 지식층이 공해문제에 참여한 최초의 움직임인데, 현지시찰에서 시작되었다는 점에 주목해 주셨으면 합니다. 당시의 광독사건은 이론적인 문제보다는 그 피해를 어떻게 보는가가 문제였습니다. '현 단계의 제국주의의 모순'을 논의하기보다는 지금 우리가 공해로 얼마나 고통당하고 있는가를 체험하는 쪽이 먼저라는 저의 주장도 실은 여기에서 출발한 것입니다.

이에 대해서는 물론 여러분 중에도 상당히 이의가 있을 거라고 생각합니다. 하지만 당시에 제국대학의 권위자가 모두 참가했다는 〈광독조사회〉가 만든 광독예방명령이 실제로는 아시오 뿐만 아니라 벳시(別子)에서도 히타치(日立)에서도 아무런 도움이 되지 않았습니다. 그것은 무엇을 의미할까요? 탁상공론의 학문, 다른 나라에서 번역해서 들여온 학문을 통째로 외워도 실제로는 아무런 도움이 되지 않는다는 것을 우리에게 말하고 있는 것은 아닐까요? 지금의 사회구조 이론과 사회변혁 이론은 역시 수입된 학문이라, 공해문제에 적용하려고 하면 할수록 점점 무력해지지 않을까요? 현실에서 출발하지 않는 이상 지금의 공해를 줄일 수 있는 방법이 없다는 것이 제 생각입니다.

이때 학생이 현지시찰을 간 것은 옳은 일이었다고 생각합니다. 옳은 일이었기에 2월의 현지시찰은 크게 성공했고, 그들 중에 도쿄제국대학 학생이 있었습니다. 그는 도쿄제국대학 학생이 많이 가야한다고 주장하여, 도쿄제국대학 단독 열차를 빌려서 현지조사 계획을 세웁니다. 그러나 전날인 1월 7일이던가 문부성은 도쿄대학 총장을 불러서 다짜고짜 학생들의 현지조사를 금지시킵니다. 물론 총장에게 금지당한다고 물러설 학생들만 있는 건 아니라서 삼삼오오 개별적으로 가긴 갔지만, 많은 학생들의 현지시찰은 문부대신의 금지명령으로 실패하고 맙니다.

1902년은 학생운동의 쇠퇴와 함께 하나 더 줄어든 것이 있었는데, 광독의 피해가 다소 감소한 거예요. 또 다시 홍수가 발생해서 밀려온 흙더미가 피해지의 그때까지의 광독 위에 쌓였기 때문에 피해가 경감했던 거죠. 이 해에 야나카 마을을 없애고 저수지를 만들자는 계획이 도치기 현회에 상정되었고, 몇 번의 반대를 거치지만 1904년에 결국 현회를 통과합니다. 1902년까지의 운동의 고조를 억누른 것은 이번에는 러일전쟁이었습니다.

전쟁이 일어나면 군수물자 중 가장 중요한 구리의 생산에 대해 광독을 이유로 제동을 거는 것은 '비국민이 하는 행동'이라는 의식을 피해자 자신도 어느 정도 가지고 있었습니다. 하물며 여론이 '러시아를 쳐야 한다'는 방향으로 흘러갈 때는 광독사건 같은 공해문제는 자연히 뒤로 미루어집니다. 그리고 여론도 러일전쟁으로 인해 잠잠해지죠. 이 시기에 저수지를 만들어 그것을 침전지로 사용하면 광독도 해결될 거라고 들은 농민들 사이에서, 수몰될 위기에 처한 야나카 마을과, 그곳을 없애고 광독으로부터 벗어나려고 하는 비교적 상류 쪽 농민과의 사이에 운동의 분열이 발생합니다.

상류 쪽은 야나카 마을을 없애고 해결될 일이라면 저수지 계획안에 찬성한다는 입장이었습니다. 이때 다나카 쇼조는 야나카 마을을 없애더라도 광독사건은 결코 해결되지 않는다는 것을 간파하고, 야나카 마을의 저수지 계획에 반대하면서 1904년부터 야나카 마을에 거주하기 시작합니다.

야나카 마을의 수몰과 다나카 쇼조의 죽음

경위는 여러 가지가 있지만, 1907년까지 현의 여러 책략에 의해서 야나카 마을의 주민은 조금씩 내쫓기게 됩니다. 그리고 마지막까지 남은 가구 수는 13가구였는데, 지금의 산리즈카(三里塚)와 스나가와(砂川)의 주민철거 소동과 같은 경과를 거쳐 1907년 7월 야나카 마을 주민은 전부 강제적으로 철거당합니다. 이 경위는 지난번에 소개한 아라하타 칸손의 『야나카 마을 멸망사』, 오시카 타쿠의 『와타라세 강』이라는 소설과 그 후에 쓴 『야나카 마을 사건』이라는 소설에 기록되어 있습니다.

이 책들은 도서관에서도 읽을 수 있습니다. 찾는 건 그리 어렵지 않을 거예요. 사건을 사실적으로 충실하게 따른 작품으로, 이들 작품에 상세하게 경위가 나와 있습니다.

토지수용법에 의한 강제수용 당시 토지의 매수가격이 부당하다는 재판투쟁이 남는데, 이것은 도중에 상당히 복잡해져서 야나카의 주민에게 무거운 짐이 됩니다. 결국 야나카 마을에서 쫓겨난 다나카 쇼조는 이렇게 된 것도 치수기술과 치수정책이 제대로 이루어지지 않았기 때문이라는 결론을 내립니다. 그래서 그 후에 도치기 현과 군마 현을 비롯해 관동 북부 지역 각지를 돌아다니며 치수상황을 조사하는데, 조사 도중인 1913년에 와타라세 강 부근에서 쓰러져 두 번 다시 일어나지 못했습니다. 그때부터 야나카 마을의 광독사건에 대한 운동은 마침내 전후까지 아무 것도 남지 않게 됩니다. 몇 십 년에 걸친 광독피해는 세대가 한 차례 바뀌어 버리면 농민에게는 이른바 광산공해가 자연의 일부가 되어 버려서, 나중에는 한 사람 한 사람의 노력과 농업기술로 광산 공해를 극복해야할 지경이 되어 버립니다. 게다가 광산 쪽은 정치적인 힘이 강하다는 것을 이미 몇 십 년간이나 겪어 왔기 때문에, 그에 대항해서 일어설 만한 운동의 에너지를 상실하고 맙니다.

종전(終戰)까지 구리광산은 군수공장의 하나여서, 광독을 언급하면 그것만으로도 헌병에게 감시를 받을 정도였습니다.

아시오의 현재 상황 - 광독의 자연화

다만, 한참 시간이 흐른 1958년이 되어 다시 한 번 광독사건이 여론의 주목을 받게 됩니다. 이때 아시오의 산 하류에 있는 겐고로 저습지(源五郎沢)의 퇴적장이 갑자기 무너져서 광석의 찌꺼기와 폐석이 와타라세 강에 떠내려와 하류의 논에 상당한 피해를 입힙니다. 이 때문에 다시 한 번 하류의 농민, 특히 오타 시(太田市)를 중심으로 하는 기류(桐生)부근에서 물을 끌어 쓰고 있는 농민들이 일어나서 소규모의 분쟁이 발생해요. 그 결과로 1968년에 이르러 와타라세 강의 수질기준이 결정됩니다. '유명한 관개지(灌漑地)에 구리의 평균 농도는 0.06ppm을 넘어서는 안 된다. 이것을 넘지 않기 위해서 광산 쪽은 몇 가지 공사를 실시하고, 하류의 농민에 대해서는 토지개량과 그 밖의 이유로 약간의 농업투자를 한다.'라는 형식의, 일종의 합의 계약이 성립합니다. 실은 이것은 와타라세 강의 광독을 공인한 셈입니다. 일 년간의 평균이 0.06ppm이라는 것은 다른 날이 계속 낮으면 0.06의 몇 십 배인 날이 하루나 이틀 있어도 상관없다는 것이죠. 그에 대한 규제는 없어요.

그리고 와타라세 강의 오염은 나중에 잠깐 언급하겠지만, 비가 내렸을 때에 광독이 —구리도 있고 비소도 있고 그리고 제련 후의 찌꺼기인 모래와 진흙도- 함께 흘러옵니다. 하지만 평균적으로는 매일 물을 떠서 측정하기 때문에 비가 내렸을 때의 홍수는 고작해야 하루나 이틀 밖에 효과가 없고, 평균적으로 효과를 보는 것은 아주 적습니다. 극단 적으로 말하면, 광독을 다소 흘려보내도 연간 평균을 0.06이하로 조절 하기만 하면 맘껏 흘려보내도 되는 겁니다. 사실 맑은 날에는 0.01이라 든가 0.02ppm정도밖에 구리가 포함되지 않기 때문에 맑은 날이 계속되 면 당연히 연간 평균은 낮아집니다.

그 후에 광산은 별다른 설비도 하지 않았습니다. 하려고 해도 할 수가 없어요. 이에 대해서는 나중에 다시 언급하겠습니다. 제가 직접 그린 도면(다음 페이지 그림 참조)이 있는데, 그 안에 있는 새까만 칠을 한 폐석의 쓰레기장이 제일 위에 있는 마쓰키(松木) 퇴적장입니다. 그 아래 마쓰키 강(松木川)과 니타모토 저습지(仁田元沢), 구조 저습지(久蔵沢) —이 세 곳이 합류하는 세 하천의 합류 댐까지는 비교적 간단하게 갈 수 있 습니다.

마쓰키 강

구조 저습지

마쓰키

산센 합류댐

니타모토 저습지

고바라기

교고우치 제련소

데가와

후카사와

혼잔 갱 마토 정수장

비젠다테야마

스노코 다리

사치 갱

미코우지 강

고신 강

덴구 저습지

규고다키 갱

고다키

아리코 시 선광장

하타오

나카사이 정수장

우쓰노

쓰도 갱

스나하타

우치노크모리 강

하라

모지가세 강

히노히라

겐고로 저습지장

와타라세 강

⬭ = 퇴적장

아시오 부근 퇴적장 및 하천 지도

　아시오 노선의 종점에서 걸어서 30~40분 걸리는 대수롭지 않은 하이킹 코스인데, 좌측에 와타라세 강의 골짜기를 사이에 두고 제련소를 보면서 비교적 쉽게 갈 수 있습니다. 여기까지 간 사람은 상당히 많을 겁니다. 이 안쪽은 마쓰키 강이라고 쓰여 있는 곳까지 지금 새빨갛게 산이 벗겨져 버려서 초목이 전혀 없습니다. 그리고 합류 댐 바로 아래에 고우바라기, 그 아래에 교고우치와 두 개의 오래된 퇴적장이 있습니다. 이곳은 아시오구리광산 초기에 퇴적된 폐석이 대부분인데, 『야나카 마을 멸망사』를 읽어 보면, 이전 철광종업원의 증언부분에서 홍수 때는 이 고우바라기나 교고우치(京子內)에 쌓아올린 광석을 쇠지레로 강에 떨어뜨리거나 다이너마이트로 폭파해서 강에 버렸다는 말이 있습니다.

이런 깊은 산 속의 광산이기 때문에, 진흙과 자갈들은 파묻을 수 있는 곳에 닥치는 대로 파묻습니다. 그렇게 하면 인근주변은 점점 폐석들로 가득 차 버려서 멀리에 버려야 합니다. 멀리에 버린다는 것은 그만큼 여분의 비용과 수고를 필요로 합니다. 그래서 어느 정도 쌓였을 때 홍수가 와서 떠밀려 가게 하면 자연의 힘으로 가져가 주니까 제일 저렴한 처리법이라고 할 수 있겠죠. 그래서 옛날부터 이런 방법을 사용했을 거라는 소문은 늘 있었는데, 광산 종업원이 당시에 『리쿠고(六合) 잡지』인가에 투서했기 때문에 이런 사실이 확실히 밝혀졌습니다.

신간 『야나카 마을 멸망사』에는 54페이지부터 몇 페이지에 걸쳐 광산 종업원의 증언이 실려 있습니다. 현재 제련소가 있는 곳은 이 교고우치 퇴적장 바로 아래입니다. 그리고 현재는 광산의 폐석과 광석 찌꺼기는 전부 모아서 스노코 다리라고 쓰여 있는 커다란 퇴적장에 버려지고 있습니다.

여기저기에 작고 오래된 퇴적장이 있는데 이것은 현재 거의 사용하지 않고 하류의 평원이 있지요? 예전에는 광석 제련기술이 서툴렀

기 때문에 광석 찌꺼기에도 광석으로 사용할 수 있을 정도의 구리성분
이 포함되어 있어요. 그것이 버려져 있는 퇴적장에서 지금 채굴하여 원
료로 사용하고 있습니다. 지금 생각해 보면 그때 찌꺼기로 강에 버려진
것들에 구리성분이 더 많았을 거라고 생각합니다. 현재의 원료로 충분
히 수지가 맞을 정도의 구리를 가지고 있었던 겁니다. 제일 아래에 있
는 겐고로 저습지는 쇼와(昭和)시대에 들어서 둑이 무너져 하류에서 문
제가 되었던 퇴적장입니다. 여러분도 만약 기회가 있으면 아시오에 가
보세요. 기류에서 자동차로 한 시간정도고, 닛코 쪽으로 나와 닛코의
우마가에시(馬返し) 조금 아래쪽에서 왼쪽으로 돌아서 이 미코우치 강
(神子內川) 골짜기를 따라 아시오까지 자동차로 한 시간정도일까요? 부
디 이 현장, 특히 마쓰키(松木)와 스노코 다리(スノ子橋) 같은 퇴적장의
실태를 보고 난 후에 철광에 대해서 논의하셨으면 합니다.

그럼 이것으로 전반부를 마치고, 후반부를 시작할 때 제가 간단히
문제점을 소개하고 그 후에 토론을 시작하겠습니다.

메이지 정부 그 자체와의 대결

오늘 말씀드린 아시오의 이야기는 여하튼 30년에 걸친 엄청난 문
제를 겨우 2시간 정도로 정리해 버렸기 때문에 상당히 무리했다는 것
에 양해를 구합니다. 시간의 경과에 따라 대충 말씀드렸는데, 여기에서
아시오에 대해서 아직 모르는 것이 너무 많다는 저의 감상을 몇 가지
말씀드리고 싶습니다. 아마 여러분도 하얀 수염이 덥수룩한 다나카 쇼

조의 사진을 어딘가에서 본 기억이 있으시겠지만, 아시오구리광산 광독사건과 대역사건은 메이지 시대의 2대 사회문제로 이른바 근대 일본의 방향을 결정한 중대한 사건이었습니다. 우리도 거기에서 교훈으로 얻을 수 있는 것을 가능한 한 끌어내야 한다고 생각합니다.

어떤 의미에서는 전후에 아시오는 부당하게 우리의 기억에서 지워졌습니다. 특히 유물사관의 입장에서 보면 다나카 쇼조는 천황중심주의이고, 직접상소=직소라는 무모한 행동을 하여 오히려 운동을 얼버무려버렸다는 평가를 받은 적도 있습니다. 하지만 자세히 조사해 보면 결코 그렇지 않다는 것을 알 수 있어요. 왜 아시오가 패했는지, 이에 대해서 제가 생각나는 대로 말씀드리려고 합니다.

공해반대운동은 일종의 투쟁이기 때문에 상대의 힘이 강하면 집니다. 아시오의 경우는 광산의 배후에 메이지 정부가 있었어요. 예를 들어 무쓰 무네미쓰(陸奧宗光)는 다나카 쇼조의 제1회 국회질문 때 농상무대신, 즉 통산대신 겸 농림대신이었어요. 무쓰 무네미쓰는 일찍 사망해서 정치가로는 그다지 대성하지 못했지만, 그의 비서였던 하라 타카시(原敬)는 나중에 평민재상이라고 일컬어질 정도로 출세합니다. 하라 타카시는 후루카와고메이(古河合名)라는 회사의 부사장, 즉 광산의 경영자였어요. 게다가 1907년의 야나카 마을 강제 퇴거를 직접 명령한 내무대신이기도 합니다. 메이지 정부의 인민에 대한 권력 그 자체라고 할 만한 존재입니다.

그리고 무쓰 무네미쓰의 아들은 후루카와 이치베에게 양자로 갔는데, 후루카와 이치베라는 사람은 메이지의 경영자답게 상당히 용맹과감하면서도 인간관계를 아주 중시했습니다. 인간관계 중에서도 가장 의지가 되는 것은 가족관계와 주종관계입니다. 근대적인 표현을 빌리자면, 이른바 공동체의식을 갖게 하는 최대의 유대관계는 가족입니다. 그 다음이 주종관계죠.

무엇인가의 목적을 위해서 모인 인간이 만드는 기능조직 같은 것은 공동체로서는 상당히 느슨한 쪽에 포함됩니다. 오히려 혈연관계나 지연관계로 맺어진 공동체가 결속이 강합니다. 이것을 후루카와 이치베에는 잘 알고 있었던 거죠. 앞에서 말씀드렸듯이 아시오 광산을 사들인 직후 그는 자신의 친족 중에서 아주 일을 열심히 하는 청년, 기무라 초시치(木村長七)를 발탁해서 느닷없이 아시오구리광산의 광산 책임자로 임명합니다. 그는 후루카와 이치베에와 마찬가지로 광산에 대해서는 완전히 문외한이었는데도 광부보다 앞장서서 캄캄한 폐광 안을 파헤쳤습니다. 그 질타하고 격려하는 모습에는 거친 광부들도 당해낼 수 없었다는 이야기가 전해집니다.

그 뒤를 이은 광산 책임자도 기무라 집안 출신입니다. 원래 후루카와 이치베에는 기무라 집안에서 태어나서 후루카와 집안으로 양자로 간 사람이기 때문에 일족 중의 유능한 청년을 경영의 중추로 삼았습니다. 무쓰 무네미쓰에 대해서는 훨씬 이전부터 관심이 있어서 양자로 삼을 약속을 —아직 오노구미가 파산하기 전이었다고 생각하는데— 그 무렵부터 했었습니다.

그리고 이노우에 카오루(井上馨), 그는 메이지유신의 공신인데 그가 후루카와 집안과 특별한 관계를 맺습니다. 이른바 후견인 같은 입장에 섭니다. 그 후견인의 힘으로 이번에는 사이고 주도(西鄕從道)와의 사이에 혼인관계가 성립하는데, 그는 사이고 타카모리(西鄕隆盛)의 남동생으로 후에 메이지 정부의 내무대신이 됩니다.

사이고 주도가 내무대신이 된 것은 1890년대입니다. 그때는 광독 사건이 제일 고조된 때였습니다. 당시의 내무성이 얼마나 큰 권한을 가지고 있었는가 하면, 현재의 건설성과 후생성, 자치성과 경찰을 모두 합친 것이 그때의 내무성이었어요. 따라서 광독 피해자들을 막아선 것은 후루카와 구리광산뿐만이 아니라 실은 메이지 정부 그 자체였습니다.

그럼 그에 대항할 만한 주민조직의 역량이 있었는가? 이 주민조직이 충분하지 않았던 것은 다나카 쇼조도 항상 인정했습니다.

많은 동지들에게 끊임없이 편지를 쓰고 격문을 띄워 지금처럼 자기만 괜찮으면 주변 마을이 어떻게 되든 상관없다는 생각으로는 도저히 광산을 이길 수 없다, 약간의 금전으로 합의에 응해서는 도저히 이길 수 없다는 것을 반복해서 경고했는데, 특히 청년층이 일어서느냐 마느냐가 투쟁의 갈림길이라고 다나카 쇼조는 지적했습니다. 사실 청년조직은 1897년 무렵부터 시작되었는데 1900년의 가와마타사건으로 인해 좌절합니다.

이때의 1890년대 후반은 관동지방에서 지주제가 점점 고정화되는 시기였어요. 자작농 중심의 농업에서 힘이 있는 자가 지주가 되어점점 확대되어 가는 시기로, 지주는 비교적 일찍 합의를 체결하고 광산 측과 휴전조약을 맺었습니다. 자작농은 농업 수입으로 생활해야 하기 때문에 보상이나 합의보다는 원인제거를 선택할 수밖에 없었습니다. 앞에서 이야기했다고 생각하는데, 가장 근본적인 공해대책은 보상이 아니라 원인의 제거입니다. 당연히 자작농은 이 근본적인 해결을 희망합니다. 하지만 지주 쪽은 이미 합의를 봤으니 운동 측이 아무리 애써도 통합이 되지 않죠. 보상금이 나오면 그것은 지주의 주머니에 들어가지 직접 농사를 짓는 자작농이나 소작농 차지가 되지 않습니다. 그래서 농민이 들고 일어나려고 하면 지주는 "기다려, 기다리라구."라고 저지하고 나서죠.

하지만 광독이 점차 심해져서 돈을 받은 지주들조차 더는 참을 수 없다고 느꼈을 때는 사실 운동 자체는 이미 사라지고 없습니다.

1880년대 후반에 보상이 진행되고 광독도 점차 심각해집니다. 하지만 1904~1905년의 러일전쟁이 발발하자, 광산 측 태도는 강경해지죠. 지주 따위에게 이제 한 푼도 주지 않겠다는 태도로 나옵니다. 그것은 시기적으로 다나카 쇼조의 직소사건과 가와마타사건 이후의 일입니다. 지주가 정신을 차렸을 때는 이미 광독반대운동은 와해되어 버린 후였습니다. 이렇게 돈으로 사람을 길들여서 분열시키고, 남은 부분을 때려 부수는 수법이 철저하게 사용된 것이 아시오입니다.

물론 운동의 패배라는 결과는 정치가로서의 다나카 쇼조의 위대함을 전혀 손상시키지 않습니다. 그 말고 지금까지 자신의 몸을 던져서 인민과 동화하려고 한 정치가가 일본에 몇 명이나 있었을까요? "야나카 마을의 촌민이 모두 거지가 된다면 나도 거지가 될 수밖에 없다."라고 각오하고 그 길을 스스로 선택한 정치가가 일찍이 일본에 몇 명이나 있었을까요? 현재 몇 명이나 있을까요? 이렇게 보면 우리는 어떤 의미에서는 불행한 시대에 태어났다는 생각이 듭니다.

예를 들어 일본의 좌익이란 무엇이고 사회주의란 무엇일까요? 다나카 쇼조가 실천한 것처럼 인민의 입장에 자신을 동화시키려는 사람들의 정당이 아니었던가요? 현재의 전위(前衛)라 칭하는 각 당파, 즉 "나는 인민과는 다르다. 나는 모두를 지도하는 사람이다."라는 자만 덩어리 같은 패거리 안에 인민과 동화하려고 하는 사람이 몇 명이나 있을까요? 그렇게 생각하면 지금 우리는 상당히 고통스러운 미래를 맞이하지 않으면 안 됩니다. 물론 영웅을 고대한다는 의미가 아닙니다. 아주 평범한 인간이 조금씩 진화하고 발전하는 겁니다. 지금의 여러 혁신파가 아주 조금씩 다나카 쇼조의 경지에 근접해 가는 것이라고 생각하는데, 물론 상당히 긴 여정이 될 겁니다.

이 당시에 경찰의 탄압을 받은 청년층의 좌절이란, 지금의 학생이나 청년노동자가 느끼는 좌절보다 훨씬 암담한 것이었으리라 생각합니다. 오시카 타쿠의 『와타라세 강』에 그러한 정황이 생생히 묘사되어 있습니다.

또한 그의 『야나카 마을 사건』에는 어제의 활동가의 의지가 무너져 토지매수의 앞잡이가 됩니다. 이것은 결코 한두 예로 끝나지 않아요. 그 같은 사례들이 야나카 마을에서는 상당 수 있었습니다. 그런 이야기가 쓰여 있습니다. 이것은 남의 일이 아닙니다. 또 하나, 다나카 쇼조를 비롯한 광독 피해자의 지도자들이 의회제 민주주의에 너무 큰 기대를 걸었던 것은 부정할 수 없습니다. 게다가 제1회 국회와 제2회 선거에 기대했습니다. 제2회 선거는 유명한 내무대신 시나가와 야지로(品川弥次二郎)의 맹렬한 선거방해를 물리치고 야당이 이겼기 때문에, 야당이 이만큼이나 세력을 넓히면 많은 사회문제가 해결되고 일본의 정치상황은 밝아질 거라는 기대를 한껏 품었을 겁니다.

하지만 1880년대 후반부터 1890년대 후반에 걸친 의회제 민주주의는 매수, 분열, 탄압과 멸시의 연속이었습니다.

　게다가 세차게 타오르는 광독사건에 대해 의회는 아무런 힘도 갖지 못했습니다. 그런 이유에서 다나카 쇼조가 의원을 사직한 것은 역시 의회제 민주주의에 대한 결별이었다고 생각합니다. 또 당시의 '직소'는 대역죄에 속했기 때문에 직소를 다짐했을 때는 목숨을 걸어야 합니다. 그래서 다나카 쇼조가 직소에 실패한 직후에, "나의 삶은 어제로 끝났다"라고 쓴 것은 정말 솔직한 술회였다고 생각합니다.

사회주의 운동의 원류

　하지만 아시오구리광산 광독사건이 메이지 시대의 사회주의 운동에 끼친 영향은 상당했습니다. 이 운동에 나름대로의 형태로 참가한 사람이 후에 사회주의 운동의 리더의 대부분을 차지하게 됩니다. 조금 전에 우치무라 칸조의 이름을 언급했는데, 가와카미 하지메(河上肇)도 광독사건에 강한 충격을 받습니다. 이시카와 타쿠보쿠(石川啄木)가 사회 문제에 눈을 뜬 것도 광독사건이 계기가 되었습니다.

　어떤 의미로는 현대 사상의 원류를 이루는 개성(個性)은 대부분이 광독사건의 영향을 받았다고도 할 수 있습니다. 특히 현재 공해문제 관점에서 가장 커다란 기여를 한 것은 지난번에 소개한 아라하타 칸손의 『야나카 마을 멸망사』입니다. 이 작은 책은 사회주의자로서의 아라하타 칸손이 광독사건운동을 비판적으로 써내려간 기록입니다. 하지만 결론의 한 장은 지금도 여전히 공감하게 하는 힘을 가지고 있습니다.

솔직히 이것은 여기에서 낭독하기에는 적절하지 않습니다. 역시 아시오의 그 민둥산에서 읽을 때, 정말로 아라하타 칸손의 예언이 옳았다는 것을 절실히 느낍니다. 나중에 마지막 부분만 여러분에게 들려 드리겠습니다.

『야나카 마을 멸망사』라는 책의 가치는 무엇보다도 공해반대운동을 무너뜨리기 위해 어떠한 수법이 사용되었는가 하는 수법의 모음입니다. 정석을 모은 것이라고도 할 수 있습니다. 이 책을 읽어 보면 현재 우리들이 봉착하고 있는 문제가 아시오의 어느 시기에 누구에 의해서 행해졌는지를 알 수 있습니다. 바둑이나 장기를 두시는 분이라면 정석을 모르고 승부를 겨룰 수는 없다는 것을 누구나 알고 있습니다. 하지만 일본의 공해반대운동을 보면, 공해반대운동뿐만 아니라 모든 민중 운동도 같은 실패를 반복합니다. 이것은 정말 보고 있을 수 없을 정도로 항상 같은 실패를 합니다.

예를 들어 소박한 혁신신앙, 조직존중이라는 것입니다. 정말 일본 어딜 가나 같은 방법을 시도하고 똑같이 실패합니다. 그래서 제가 생각한 것이 정석모음집을 출판하는 거였는데, 지금 생각해 보면 아라하타 씨에 의해 상대편의 모든 정석은 이미 기록으로 남아있다고 할 수 있겠더라고요.

그리고 또 하나, 이 강좌의 청중 대부분을 차지하는 젊은 사람들에게 제가 하고 싶은 말은 이 작품은 '스무살 청년'이 썼다는 겁니다. 겨우 1, 2개월 동안에 30년에 걸친 광독사건의 전모를 파악하고 —물론 다나카 쇼조에게 들은 이야기가 대부분이었겠지만— 그것을 자신의 머리로 정리해서 아주 알기 쉽게 야나카 마을 사건의 기록을 후세에 남겼습니다. 여러분이 공해문제를 다루기 위해서는 적어도 이 정도는 해줘야지, 그럴 마음이 없다면 시작하지 말라고 말리고 싶은 심정입니다.

가벼운 마음으로 공해문제를 졸업논문에 다뤄서 쇼와전공이나 짓소에 좋은 성적으로 취직할 생각이라면, 저의 강의는 오히려 적의 수법을 가르친 셈으로 민중이 불리해집니다. 어차피 할 바에는 아라하타 칸손이 해낸 것만큼은 해 주었으면 합니다.

아라하타의 문장은 상당히 고풍스러운데 ―물론 현대문으로 쓰면, 이것과는 다른 표현이 나오겠죠― 여러분 대부분이 이 정도의 문장은 써 주었으면 합니다.

「아아, 일본국 이제는 헌법도 없고 있는 것은 단지 폭력과 악정과 쇠사슬뿐. 야나카 마을의 멸망은 세상 사람들에게 무엇을 말해 줄까. 정의의 힘이 약해서 의지해서는 안 된다는 것일까? 사람이 지켜야 할 도리의 빛이 약해서 의지해서는 안 된다는 것일까? 아니다, 아니다. 자본가는 평민계급의 원수이고, 정부는 자본가의 노예에 불과하다. 이것이 야나카 마을의 멸망이 전해 주는 가장 위대한 교훈일 것이다. 보라, 정부는 자본가 후루카와의 이익을 위해서 도저히 믿을 수 없는 음험하고 사악한 수단을 동원하여 무고한 인민을 고통에 빠뜨렸다. 그들에게서 먹을 것을 빼앗고, 다음으로 입을 옷을 빼앗고, 마침내 살 집을 빼앗지 않았느냐. 이런 잔악무도한 횡포는 정부가 후루카와 등이 저지른 광독 문제라는 다년간의 죄악을 덮으려고 획책한 수년간에 걸친 준비가 있었고 조직이 있었으니 큰 죄악이 아니겠느냐.

하지만 이것이 어찌 야나카 마을 한 곳으로 끝날 것인가? 현대사회의 모든 가난한 자와 약자는 야나카 마을의 주민들과 같은 운명에 처할 것이다. 그들이 종일 쉼 없이 노동을 해서 산출하는 부(富)는 모조리 자본가가 약탈할 것이다. 또한 정부나 의회나 헌법은 모조리 자본가의 수족이고 노예이기 때문에 그들이 획책하는 것은 항상 자본에만 이익이 있고, 평민이나 가난한 자, 약자에게는 일말의 이익도 없을 것이다. 야나카 마을은 이 황금만능의 힘과 자본가정치와의 해독(害毒)과 비참함과 잔인함을 가장 명백하게 드러내고 표명하는 것이 아니고 무엇이겠는가.」

이 기술(記述)이 현재의 공해에 적용된다면 이 책이 써진 이래 현재까지 60년이라는 세월은 우리에게 무엇이었던가? 현재의 공해대책이 아라하타 씨가 지적한 대로 자본에만 이익이 있고 평민이나 가난한 자와 약자에 대해서는 일말의 이익도 없다고 한다면, 우리는 지난 60년간 무엇을 해온 걸까. 그런 의문이 생깁니다.

이 책은 수법모음집으로서 뿐만 아니라 현재의 우리 입장을 다시 한 번 되돌아보기 위해서도 필독해야할 문헌 중의 하나입니다.

전쟁과 공해

아시오구리광산 광독사건의 경과 중에 또 하나 잊어서는 안 되는 것은 전쟁이 일어나면 공해가 심각해진다는 것입니다. 다음 시간에 말씀드릴 다이쇼 시대(大正時代, 1912~1926)의 공해에 대한 국민적인 합의의 성립과 대책수준의 향상이 단숨에 제로, 즉 아시오 이전의 수준으로 되돌아간 것은 쇼와(昭和, 1926~1989)로 접어든 후에 일어난 전쟁경제 때문입니다. 청일전쟁(1894~1895)과 러일전쟁(1904~1905)이 광독사건을 항상 출발점으로 되돌리는 작용을 했던 것처럼, 쇼와의 전쟁경제가 공해문제를 출발점으로 되돌려 여전히 다이쇼 시대 수준으로 회복하지 못하고 있는 건 아닐까라는 생각이 들 정도로, 공해에 대한 우리의 인식은 퇴화되고 있습니다.

당시 국책으로서의 부국강병이 광독사건을 억눌러버린 최대의 요인입니다. 그렇다면 지금은 아시오와 얼마나 다를까요? 강병은 사라졌지만 부국은 그대로 남고, 게다가 최근에는 강병마저 다시 부활하기 시작했습니다. 그렇다면 공해문제에 대한 우리의 앞날은 그리 밝지 않을 거라는 예측도 해야 합니다. 그래서 이런 강의가 도움이 된다면, 저도 여러분도 면죄부를 위해서가 아니라 우리가 행동하기 위한 도구로 공해에 대한 공부를 한다는 공통의 전제가 있어야 합니다.

아시오구리광산 광독사건은 이렇게 완전히 와해되었지만, 다이쇼 시대의 공해에 관한 기업의 생각과 피해자 운동의 전개방식에 대한 영향은 강한 보도관제(報道管制)에도 불구하고 살아남았습니다.

히타치의 경우에도 아라타 강(荒田川)의 경우에도, 다이쇼 시대의 공해반대운동의 구호는 항상 "아시오의 실패를 반복하지 말라!" "제2, 제3의 다나카 쇼조 나와라!"라고 서로 격려하면서 다이쇼 시대의 공해에 대한 사고방식과 대책은 크게 진보합니다. 따라서 투쟁이라는 것은 가령 실패하더라도 그대로 끝나는 것이 아니라 다음 세대의 밑거름이 될 수 있습니다. 어쩌면 그것은 어중간한 패배가 아니라 아시오구리광산 광독사건처럼 철저히 와해돼버린 투쟁이야말로 다음 세대의 밑거름이 될 힘을 갖는지 모릅니다. 이러한 결론에 도달한 것은 전후 25년의 현대를 살아오면서 모두 "이겼다, 이겼다."라면서 슬슬 후퇴하고 있는 현재의 상황을 생각해 보면, 이겼다고 생각하는 어중간한 실패를 해왔기 때문에 이렇게 된 것이 아닐까 생각합니다. "이제 더 이상 질 수 없다, 여기에서 더 이상 물러설 수 없다"라는 지경까지 몰리면 다시 새로운 힘이 솟아날 거라고 공해의 지난 역사를 되돌아보면서 느낍니다.

아시오의 복구비용

마지막으로 아시오는 현재 어떻게 되었으며 어떤 식으로 문제가 남아 있는가에 대해 말씀드리겠습니다. 아시오구리광산 광독사건은 결코 과거가 아닙니다. 아시오는 지금도 광독을 흘려보내고 있습니다. 그것은 여러 가지 형태가 있습니다. 예를 들어 오늘 여러분에게 나눠 드린 지도 안에 퇴적장이 몇 군데 있는데, 비가 오면 이 퇴적장에서 흙탕물이 흘러나옵니다. 그리고 정수장에서 불완전한 물 처리로 인해 발생하는 오염된 물도 있겠지요. 하지만 제일 심각한 것은 산의 황폐입니다.

산에 나무가 없어지면 그 주변, 특히 아시오의 바위표면은 상당히 불안정해집니다. 광산 측 주장에도 일리가 있어서, 상당히 가는 광맥이 바위 안에 묻혀 있기 때문에 비가 왔을 때 구리가 녹아내린다는 거예요. 말하자면 자연오염의 측면도 있다는 겁니다. 그럴 가능성도 있겠지요. 그것을 완전히 부정할 수는 없지만, 그렇더라도 산의 나무들이 없어져 버린 것이 바위표면이 녹아내리는 결과를 초래하고 있습니다. 산에 풀이 자라고 표면의 흙이 두껍게 덮여 있을 때는 다소 비가 내려도 낙엽 등을 흘려보내는 정도이지 안쪽에 구리광맥이 있어도 녹아내리지는 않습니다.

하지만 아시오의 산은 몇 십 년에 걸친 벌목과 오염으로 나무들이 메말라 죽었기 때문에 흙이 빗물과 함께 쓸려 내리고 결국 맨땅이 되어버렸어요. 게다가 아황산가스가 쏟아져 나와 산화되어 황산비가 됩니다. 이 중에 비소도 포함되어 있어요. 그렇게 되면 씨를 뿌린 정도로는 풀도 나지 않습니다. 지금 열심히 식생판(植生板)이라는 퇴비의 판자 안에 씨를 심은 것을 붙이고 있습니다. 이것은 정말 힘든 작업입니다. 하지만 간신히 뿌리가 나와도 그대로 초목으로 자리를 잡지 못하고 그 후에 내리는 비에 씻겨 가 버립니다.

그리고 싹이 나온 풀은 아황산가스에 말라버리죠. 그렇게 되면 붙이기만 해 놓은 식생판은 결국 강으로 흘러갑니다. 구리도 조금씩 흘러나오겠죠. 비소 같은 것이 산 표면에 들이부어져 있기 때문에 이끼도 자라지 않습니다.

아시오에 가면 생물이 전혀 없는 산이 얼마나 불안정한가를 실감할 수 있습니다. 겨울이 되면 바위의 갈라진 틈으로 물이 스며들어서 얼어붙습니다. 그러면 언 곳의 팽창으로 바위는 점점 갈라집니다.

생물이 발생하기 전의 지구는 이렇게 해서 산이 깎이고 풍화되어 갔습니다. 몇 억 년 전에 지상의 식물이 발생하기 전 지구의 풍화방식을 아시오에서 볼 수 있습니다. 그러고 보면 풍화라는 것은 비교적 진

행속도가 빠릅니다. 상당히 딱딱한 돌도 점점 금이 가서 와르르 허물어집니다. 이 붕괴를 어떻게든 막아 보기 위해서 사방댐(砂防ダム)을 만듭니다. 확실히 사방댐을 만든 곳만은 일단 멈춥니다. 그 위에 토사가 쌓여서 멈추지만 산의 모든 지면을 사방댐으로 덮는 것은 불가능하기 때문에, 무너지는 곳은 역시 조금씩 허물어져 내립니다.

토목을 하는 사람들은 상당히 여러 가지로 쓸데없는 일을 시도합니다. 예를 들어 그물망을 씌워서 무너지는 토사를 조금이라도 막으려고 하지만 전혀 효과가 없죠. 현대의 기술이 자연 앞에서 얼마나 무력한지 그 실례를 보고 싶다면 아시오에 가 보는 것이 제일 좋을 겁니다. 저도 토목을 하는 사람이지만, 못하는 것은 못한다고 할 수밖에 없어요.

그것을 보려면 역시 이 지도에 나타난 세 하천의 합류 댐 위쪽이 좋겠지만, 깊숙이 들어가는 것은 별로 권하고 싶지 않습니다. 비라도 내리면 아주 위험하거든요. 이 주변의 비는 산에 전혀 고이지 않고 바로 흘러내리기 때문에 아주 작은 습지에 흐르는 물이 갑자기 홍수가 되어 토사를 밀고 내려와 등산하는 사람을 위협할 때가 자주 있습니다. 그래서 소나기가 내리는 시기나 장마 때는 안 가는 것이 좋습니다. 합류 댐 안쪽은 될 수 있으면 비가 오지 않을 때 가는 게 좋아요.

그리고 덴구 저습지(天狗沢)나 하라(原)에서 볼 수 있는 오래된 광석의 무가치한 부분을 버리는 방법을 보면, 산꼭대기에 운반설비를 설치하여 꼭대기에서 양동이를 뒤집어엎는 형태로 착착 내버립니다. 산의 사면을 덮어서 산에 자라는 나무나 풀을 괴멸시켜 버립니다. 이것도 어찌할 수가 없습니다. 대개 케이블로 이동시키는 곳이기 때문에 쉽게 갈 수 있는 곳이 아니어서 한번 들이부은 것을 삽으로 일일이 뜬다는 것은 도저히 불가능합니다. 그래서 하라의 높은 지대나 덴구 저습지 부근의 철 찌꺼기 쓰레기터도 볼거리입니다.

이렇게 하여 아시오에는 완전히 파괴된 자연이 있습니다. 이곳의 수지(收支)가 어느 정도이고 그 결손을 얼마나 메웠는지에 대한 계산은 어차피 해야 한다고 올해 초쯤 생각이 미쳐서, 미야모토 켄이치 선생님과 올여름 아시오를 방문했습니다. 솔직히 이 계산의 일부는 이미 다나카 쇼조가 한 것입니다. 아시오의 산을 후루카와 이치베에에게 불하했을 때의 대금이 얼마이고, 그 후에 뒤처리로 하류의 치수공사에 지불한 돈이 얼마, 아무리 봐도 이것은 국가에서 손해를 봤다는 의미의 내용이 『다나카 마을 흥망사』 안에 나와 있습니다.

우리는 좀 더 세밀한 형태로 해 보려고 했는데 결코 만만한 작업이 아니더라고요. 그래서 10년 정도를 예상하고 숫자를 모아 하나하나 꼼꼼히 음미하지 않는 한, 아시오 자연 파괴의 진정한 수지타산을 결산할 수 없으리라는 것이 올여름 우리가 내린 결론입니다. 10년이나 걸리니까 안 하겠다는 것이 아니라 10년이 걸리더라도 하자는 것이어서 조금씩 공부를 하고 있는데, 이렇게 해서 10년 후면 공해문제의 제대로 된 수지결산 하나쯤은 나오지 않을까요? 어쩌면 세금으로 뒷수습한 만큼 특정 회사의 주머니에 들어갔다거나 뒷수습 쪽이 비중이 컸다는 등의 비참한 결말이 되지나 않을지.

미나마타의 경우도 그런 예 중 하나죠. 그것을 돈으로 보상하는 것은 아무리 봐도 불가능하기 때문에 돈으로 수지를 맞추려면 근대 생산 중의 어느 부분은 손해를 보지 않을까요? 그것은 총자본의 입장에서 봐도 하지 않는 쪽이 낫지 않을까? 어떤 종류의 것은 만들지 않는 편이 좋지 않을까? 우리는 서서히 그런 의문을 갖기 시작했습니다. 이것은 앞으로의 과제입니다. 오늘은 다만 그 실마리를 찾았다는 것 정도만 말씀드리겠습니다.

예정보다 다소 늦어졌지만, 여기에서 일단 저의 이야기를 마치고 15분이나 20분 정도 질문과 토론을 하려고 합니다. 처음 예정으로는 3분의 1 정도 질문과 토론을 나눌 생각이었는데 제가 강의에 익숙하지 않아서 한 시간이면 끝날 것을 두 시간을 다 써버려서 예정보다 길어졌습니다. 짧은 시간이나마 질문 및 토론에 답하려고 합니다.

질문 및 토론

─────── **수질기준을 정하는 방식**

우이 준 그럼 질문이 있으신 분은 말씀해 주십시오. 물론 오늘 강의 내용뿐만 아니라 제2회 이후부터 지금까지 말씀드린 미나마타에 관한 내용과 아시오의 내용을 전부 포괄한 질문 및 토론을 하겠습니다. 그리고 저에게 들리도록 큰 소리로 부탁드립니다.

A 배수 수질기준인 0.06ppm이라는 숫자가 있었지요? 이 숫자는 어떠한 근거로 제시되었나요?

우이 준 그것은 저도 잘 모르는 부분이 있습니다만, 농민 측이 오랜 기간의 실험을 통해 0.01ppm이하의 관개용수라면 현재의 농법으로 벼 피해가 그리 크지 않으리라는 일정한 기준이 1959~60년 무렵까지는 나와 있었던 모양입니다. 하지만 광산 측은 높으면 높을수록 좋겠죠. 제가 농민들에게 들은 경과에 따르면 0.01과 0.09나 1.0이었던가, 그것은 간격이 너무 크다는 이유로 광산 측은 0.08까지 낮추었습니다. 광산 측이 양보했으니까 농민도 양보하라면서 0.02까지 올렸습니다.

거기에 도립대학교의 한야 교수가 염산을 넣어 산성으로 해서 측정하면 일반 측정보다 2배 농도의 구리가 나온다는 연구 발표를 하자, 지금까지 0.02라고 한 것은 사실은 0.04였다는 말이 됩니다. 그래서 0.08과 0.04의 평균인 0.06이 되었어요. 이것은 저의 제3법칙인 기하평균에도 맞지 않습니다. 기하평균이라는 것은 낮은 쪽으로 결정됩니다. 그런데 이것은 높은 쪽으로 결정된 겁니다. 그래서 왜 그렇게 결정되었는지, 지금의 저의 이론으로는 어떻게 된 일인지 이해할 수 없습니다. 다만 정치적 타협의 연속에 의해서 정해졌다는 것 말고는 할 말이 없습니다.

A   그 밖에도 여러 배출기준이라든가 그런 기준이 있죠? 그것은 상당히 무책임한 건가요?

우이 준   현재도 수질보전법에 의해서 정해지는 수질기준은 전부 엉터리라고 단언할 수 있습니다. 공업폐수의 처리기술자인 제가 엉터리라고 단언한 만큼, 현재의 도쿄대학에서는 이를 부정할 근거가 없습니다. 이것이 어떻게 해서 정해지는가? 기업이 망하지 않을 정도의 처리를 하면 이 정도가 됩니다. 딱 그 정도의 선이에요. 예를 들어 "이 이상 엄격하게 하면 우리 회사는 망합니다."라는 선을 기업이 제시하면 반드시 그 선에서 결정됩니다. 다고노우라의 부유물질 70ppm도 그래요. 이것은 아주 간단한 침전으로 금방 발생할 수 있는 선입니다. 이마저도 하지 않았다면 지금까지 200도 되고 300도 됐겠지만, 그러지 않고 약간만 침전해서 70이라는 것이 수질기준의 의미입니다.

정말 극단적인 경우도 있어요. 오늘 아침에 제가 들은 바로는 미타지리(三田尻)던가, 세토우치의 히로시마 근처에서 수천 ppm을 흘려보내고 있는 양조회사에 대한 수질기준이 1,200 인가 1,300으로 결정됐다고 합니다. 이것도 아주 간단한 처리를 하면 바로 3분의 1 정도가 됩니다.

하지만 현재의 수질기준은 처리하지 않아도 됩니다. 즉, 물 사용량에 대한 규제가 없기 때문에 깨끗한 물을 부어서 묽게 하면 그걸로 통과하는 겁니다. 묽게 하는 것을 금지한 수질기준은 없거든요. 아마 아시오 뿐일 겁니다. 아시오는 강에 흐르는 물을 0.06이하로 규제한 것이라, 이것을 희석시키려면 와타라세 강 외에 도네 강이나 다른 강에서라도 물을 끌어오지 않는 한 불가능하니까요. 그래서 아시오는 희석이 불가능해요. 그 이외의 수질기준은 전부 배출기준인 데다 수량(水量)에 대해서는 전혀 언급하지 않고 결정했기 때문에 희석시켜서 흘려보내도 되는 겁니다.

수질기준의 배가 된다면 연못을 파서 두 배로 희석시켜서 흘려보내면 됩니다. 실제로 이 처리방법은 가장 일반적으로 사용되고 있습니다. 심각한 경우는 10배 정도로 희석시킵니다.

수질기준이 현재 가능한 기술을 전제로 해서 시행되는 한, 반드시 이렇게 됩니다. 예를 들어 우리가 "이러한 폐수처리가 가능하지 않느냐?"고 말해도 그건 안 된다고 처리를 하는 쪽이 버티면 그것으로 끝입니다. 그래서 지금 경제기획청이 정하고 있는 수질기준은 전부 그런 겁니다. 그걸로 공해가 사라진 예는 한 번도 없었어요. 이것만은 여러분이 알아두셨으면 합니다. 수질기준을 빨리 정하라고 하는 것은 공해를 빨리 공인하라고 하는 것과 같습니다. 그런데도 실제로 일본의 정당이나 노동조합에서 그런 요구를 강하게 하고 있죠.

공해에 대한 벌칙을 강화하라고 요구해서 나오는 것은 공해죄입니다. 이것으로 쇼와전공이나 짓소가 처벌받지 않은 것은 확실합니다. 욧카이치도 처벌받지 않았어요. 고작해야 도호아연(東邦亜鉛) 정도의 2류 회사가 처벌받을까 말까입니다. 하지만 확장해석을 하면 목욕탕의 굴뚝에까지 적용시킬 수 있습니다. 그래서 이 공해죄를 만들라는 주장이나 요구는 앞에서 아라하타 칸손 씨가 말한 '자본가를 위해서만 득이 되고 인민에게는 조금도 도움이 되지 않는' 조치라고 생각합니다.

답변이 다소 길어졌는데, 이해하셨을까요?

──── **기준 외의 문제는 방임**

A

아시오의 물은 침전지에서 와타라세 강으로 흘러나오죠? 그 PH를 측정했더니 12.얼마였지요? 그 안에 1엔짜리 동전을 넣으면 사실 녹습니다. 그래서 분석해 봤더니 그 흙에 비소가 포함되어 있었던 거예요. 구리보다도 상당히 진합니다. 그런 면에서의 기준은 전혀 없는 겁니까?

우이 준

저도 그래서 호되게 당한 적이 있습니다. 아시오 때도 문제가 됐는데, 수질기준을 예로 들어 구리라든가 ─이 경우에는 부유물로 정하고 있으니까─ 와타라세 때는 구리로 정했으니까 지금의 법률해석으로는 그 이외의 것은 전부 흘려보내도 된다는 의미라고 합니다. 그래서 하류에 위치한 도치기 현은 상당히 난처해졌죠. 그때는 마침 제가 도치기 현의 공해방지 조례안을 만드는 일을 돕고 있었는데, 말도 안 되는 짓을 했습니다. 와타라세 강의 국가의 수질기준을 아시오에서 오마마(大間々)

까지로 한정지은 겁니다. 기류부터 아래는 적용시키지 않게 된 거예요. 그렇게 하지 않으면 이번에는 도치기 현에서도 구리와 부유물질을 흘려보내는 것만은 규제를 받지만, 나머지는 대소변을 처넣든지 아무리 더러운 유기물을 처넣어도 전부 오케이입니다.

이것은 법률을 빠져나갈 구멍 같은 것이 아니라 법률을 정비한다고 해도 그런 빠져나갈 구멍은 무수하게 생기고, 또 그것을 찾는 것을 직업으로 삼아 월급을 받는 자들이 많기 때문에 당연한 겁니다.

오히려 수질기준 같은 것은 주민이 만들어야 한다고 생각해요. 정부가 만들면 반드시 빠져나갈 구멍이 생기거든요. 주민이 송사리가 죽지 않을 정도라거나, 아니, 정말이에요. 송사리가 죽지 않는다는 약속으로 결정해야 합니다. 그래서 송사리가 죽으면 "네가 배상해라, 너는 약속을 위반했다"하는 것이 주민이 만드는 수질기준입니다. 다만 너나없이 제멋대로의 규제를 정하면 큰일이니까 국가가 대표로 해주겠다는 것이 현재의 다양한 규제의 근본사상일 겁니다. 하지만 사실은 그렇지 않습니다. 정부는 자본가만 이득을 보는 조치를 취하고 있습니다. 그만큼 현재의 구조는 잘못되어 있다는 것을 여러분은 아셔야 합니다.

사실 BOD나 COD, 또는 SS라는 특정한 항목으로 결정하면 그 밖의 것은 모두 방임하게 됩니다. 수질기준을 정하면 대체로 공해가 심각해진다는 것은 그런 이유에서입니다. BOD는 적어졌는데 이번에는 무기질을 잔뜩 방출합니다. 그렇게 되는 겁니다.

B

역시 같은 수질기준의 문제인데, 이 함유율 0.06ppm, 저는 통계를 했는데 궁금한 것은 허용오차라는 문제입니다. 측정 횟수 같은 문제는 현재의 수질기준에서는 어떻게 결정됩니까?

우이준

그것은 상당히 상세하게 정해져 있습니다. 아시오의 경우는 저도 자세히는 모르지만, 예를 들어 다마 강(多摩川) 같은 경우는 BOD가 평균 20이고 최대 25ppm입니다. 다소 이론적인 이야기를 하면, 그런 변수의 분포를 생각해야 합니다. 평균이 얼마일 때는 대체로 백 번에 한 번 정도의 최대는 이 정도가 된다는 식의 분포형태로 정해지기 때문에, 분포형태를 어느 정도 알지 못하면 평균과 최대라는 것을 정하기 어렵습니다. 하지만 그런 이론만을 따지면 끝이 없어요. 예를 들어 제가 사용하는 방법 중의 하나는 그냥 최대로 결정해 버리자는 겁니다. 이것을 넘으면 발생시키는 쪽이 무조건 나쁘다는 식으로요.

평균으로 보면, 아시오의 경우는 특히 범죄적입니다.

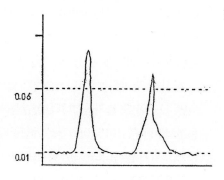

대충 그래프로 그리면 비는 보통 내리기 시작할 때 갑자기

퍼붓고, 구리나 고정분(固定分)도 비가 내리기 시작할 때 갑자기 나오는 것이 아시오의 특징입니다. 그래서 평상시에는 앞에서 말씀드린 것처럼 0.01정도로 안정되어 있습니다. 이것의 평균을 0.06으로 한다는 것은 최대는 상당히 크게 잡을 수 있음을 의미합니다. 이 경우는 연간평균이기 때문이죠. 하지만 하류의 농민들은 0.01 이상이 되면 모두 문제가 됩니다.

아시오에서 소나기가 내리면, 대개 8시간 만에 기류(桐生) 근처의 용수를 끌어들이는 구조물까지 물이 차오릅니다. 그래서 예를 들어 해질녘 6시에 소나기가 내리면 한밤중인 2시경에 수문을 닫아야 합니다. 광산 쪽도 지금 생각해 보면 머리를 잘 썼는데, 친절하게 전화로 "소나기가 내린다"고 연락을 해줍니다. 하긴 그렇게 연락이라도 해야지, 안 그래서 만일 논에 오염된 물이 들어가면 광산 측도 난처해지기 때문에 그렇게 하는 것이 광산 측을 위하는 길이었을 겁니다.

어쨌든 농민은 소나기가 내리면 한밤중에 수문을 닫아야 합니다. 게다가 지금도 광독피해가 집중되고 있는 후토타 시(太田市)의 북쪽 인근은 물 빠짐이 아주 심한 무논이라서 물을 아무리 많이 대도 금방금방 빠져나갑니다. 끊임없이 물을 뿌려줘야 하는 논인 겁니다. 가장 물이 필요한 써레질 때 호우가 내려서 용수가 멈추게 된다면 이것은 큰일입니다.

하지만 그 때문에 얼마의 손해가 났느냐를 계산할 단계가 되면, 그것이 또 불가능합니다. 한밤중에 수문을 닫기 위해서 동분서주한 품삯이 얼마인가를 계산한다고 해도 한심해서 할 마음이 들지 않습니다. 저도 농부의 경험이 있어서 잘 알지만, 노동은 돈으로 환산하면 한심해서 도저히 받을 기분이 나지 않거든요. 그런 종류의 노동이 있습니다. 예를 들어 이 강좌에서의 강의를 얼마로 평가할 것인가? 얼마로 평가하든 한심스럽습니다. 공짜로라도 하고 싶을 때는 하고, 아무리 돈을 뭉텅이로 줘도 하기 싫을 때는 안 합니다. 그러한 종류의 노동이 있습니다. 여기에서 한 시간에 몇 천 엔이니까 두 시간 이야기하면 몇 만 엔이라고 돈으로 지불하겠다고 해도, 10년이나 걸려서 공부한 것을 돈으로 환산할 수는 없다는 것이 저의 대답입니다. 그런 종류의 노동이 농업에는 상당히 많습니다.

또한 이런 노동으로 생산이 저하하는 것을 간신히 막고 있어서, 이것은 마치 태풍이 잦은 지방에서 성숙이 빠른 올벼를 재배하는 것 같은 농민의 지혜입니다. 생산의 저하를 막는다는 것도 금전으로는 평가하기 힘듭니다. 평소대로 하면 광독으로 모든 농사를 망치니까 예를 들어 일반적인 농법과 비교해서 손해가 얼마라는 것도 계산하기 힘듭니다. 아무리 해도 이 농업피해는 수치로 환산되지 않는 성질의 것입니다. 그래서 농업이 힘든 것은 0.01 이상의 용수의 유입은 반드시 크든 작든 마이너스가 되기 때문에 그것을 막는 것만이 지금의 대처법입니다.

이 경우에 허용량을 결정하기는 다소 힘들어요. 그래서 농업 쪽이 주장하는 0.01 이하가 되면 눈에 띄는 피해는 막을 수 있겠다는 것이 하나의 기준이 됩니다.

허용량의 의미

대개 공해문제에서 언급하는 허용량은 『안전성의 사고방식』(이와나미신쇼)에서 다케타니(武谷) 선생님이 확실히 언급하신 것처럼 이익과 불이익이 평형을 이룬 사회적인 양이지 '이것 이하면 해가 없다'는 의미는 아닙니다. 이것은 여러분이 확실히 아셨으면 합니다. 수질기준도 일종의 허용량입니다. 더 이상 엄격하게 하면 회사에 부담이 된다, 더 이상 느슨하게 하면 모양새가 안 좋다는 것이 수질기준의 허용량입니다.

실제로 저는 수질기준을 정하는 작업에 잠깐 참여한 적도 있습니다. 그리고 우리의 선배나 여러 교수들은 지금도 꾸준히 수질심사회의 전문부회에 겸임으로 참여하고 있기 때문에 이분들이 어떠한 이론을 공부하고, 어떠한 것을 항상 말하고 있는가는 아무튼 같은 곳에서 일하고 있기 때문에 저도 잘 알고 있습니다. 그분들이 읽은 논문은 몇 년도의, 어느 나라의 누구누구의 것이라는 것을 대강 알기 때문에 그런 곳에서 거론되는 논의란 이러한 처리를 하는데 얼마나 비용이 들고 그 이상의 돈을 들이면 망한다는 것 정도가 고작입니다.

그런 사람들이 숫자를 보고 "하류는 아직 5ppm이니까 7ppm정도 늘어도 괜찮겠지."라는 식으로 결정하기 때문에 ― 본 강의의 1회부터 2회에 걸쳐서 말씀드린 것처럼 공해는 차별이고 숫자를 가지고 전모를 파악할 수는 없다는 진실을 절대로 알지 못하는 사람들이 정하는 수질기준이기 때문에 ―공해는 반드시 발생합니다.

그래서 때때로 배수 기술자로 일하면서 수질을 숫자로 논의하는 것의 어리석음을 느낄 때가 있습니다. 몇 ppm이라는 논의를 해도 그런 것은 전부 소용없는 게 아닐까. 예를 들어 열심히 물을 품니다. 여기저기에서 퍼 올려 측정합니다. 실제로 저녁이 되면 수치가 올라갑니다. 그럼 이렇게 해 볼까 하고 이번에는 저녁을 기다립니다. 하지만 그날은 측정하러 올 것을 미리 알고 공장이 멈춰 있기 때문에 어떻게 할 수가 없습니다.

현장조사를 하고 있으면 왜 내가 이런 일을 하고 있나 한심해질 때가 있습니다. 여러분이 옆에서 보고 있으면 아주 이상한 사건이 항상 벌어져요. 그래서 숫자로 논의하는 것은 이제 그만두려고 합니다.

조직에 대한 고찰

C   전에 미나마타에서 얻어지는 교훈에 대해 말할 때 공해반대운동에 조직은 도움이 되지 않는다는 결론이 났는데, 그 중에서도 중앙집권조직에 대한 불신에 대해 선생님이 언급하셨어요. 이 피라미드 조직은 공해반대에 도움이 되지 않는다고 한다면 어떤 조직이 필요할까요? 또는 조직 그 자체를 생각하는 것이 난센스일까요?

그때 선생님은 '통일'이라든가 '단결'이라고 말하지 않고 그냥 하면 된다고 말씀하셨습니다. 그 피라미드 조직보다 나은 조직으로는 어떤 것이 있는지 여쭤보고 싶습니다. 아니면 조직을 생각하는 것 자체가 난센스인지 알고 싶습니다.

우이 준   저는 어쩔 수 없이 혼자서 하고 있지만, 만약 동지가 많아서 조직이 생긴다면 그것도 좋은 일이라고 생각합니다. 도쿄대학에서도 어쩔 수 없이 혼자서 활동하고 있는데 도쿄대학투쟁 후에 학생 중에, 아주 소수입니다만, 공해문제를 진지하게 공부하겠다는 학생이 두세 명 정도 공학부 내에도 있습니다. 지금 시점에서는 아직 조직을 만들 정도는 아닙니다. 하지만 조직이 없어도 활동할 생각입니다. 조직이 없다고 해서 못하는 건 아니니까요. 없어도 혼자서 할 수 있습니다.

그리고 그 다음으로 혼자서라도 할 수 있는 사람이 많이 모이면 견고해집니다. 사실은 저에게도 이런 전례가 있습니다. 전에 니가타 미나마타병 때 잠깐 언급했는데, 호소카와 박사를 비롯해 다른 몇 분, 혼자서라도 공해문제를 해결할 수 있는 기술자의 협력이 있어서 일주일동안 현지를 돌면서 니가타 미나마타병의 대강을 파악하게 되었고 이 공해문제의 어디가 커다란 약점인가에 대해서도 어느 정도 알게 되었습니다.

그래서 최근에 저는 명백하게 자립해 있다는 것을 보증할 수 있는 사람과 가끔씩 연락을 취하고 있습니다. 예를 들어 니가타의 경우라면, 가와나베 히로야(川那部浩哉) 교수님이 하천생태학자로서 명백하게 자립해 있습니다. 교토의 동물학의 조교수이십니다. 그리고 니가타대학 공중위생학과 조교수이신 다키자와(滝沢) 교수님, 니가타대학 이학부 조교수로 최근에 부임하신 어류생리학의 혼마(本間) 교수님, 그리고 저. 이렇게 구성된 그룹이 니가타 아가노 강의 문제를 풀기 위해 활동 중입니다. 이 그룹의 자격은 우선 현재로서는 확실히 자립해 있을 것, 그래서 혼자서도 활동할 수 있어야 합니다.

이런 식으로 선을 그어 버리면, 학생은 어떻게 되는가라는 의문이 생깁니다. 하지만 아라하타 칸손이 스무 살 때 그만큼 큰일을 했는데 지금의 학생들은 몇 살입니까? 스물 두 세 살이죠? 2~3년 더 밥을 먹었으면서 아직껏 "어떤 책과 어떤 책을 읽으면 되나요?"라고 묻는 학생들이 있어요. 그래서야 어디 학생입니까? 밥만 축내고 아무 도움도 안 되는 사람이라고 저는 감히 생각합니다.

다만 피라미드형의 조직만은 만들지 않도록 합시다. 그렇게 하면 〈고발하는 모임〉 같은 것은 ─여기도 자립한 인간이라고는 단정지을 수 없지만— 가능한 한 중심을 만들지 않고 하고 싶은 것을 마지막까지 해낸다는 원리만 고수한다면 의외로 오래갑니다. 오래간다는 말이 좀 이상하긴 하지만, 의외로 생각지도 못한 일을 해냅니다. 이 공개강좌의 실행위원회가 그렇습니다. 제대로 된 기록을 남기자는 말을 했더니 바로 강의록이 만들어졌어요. 이것을 모두 자비로 해 주었습니다. 이 강의실 준비도 물론 여러모로 실수나 불편함은 있지만, 이 모든 것을 도쿄대학의 신세를 전혀 지지 않고 모두 분담해서 맡고 있습니다.

그렇다면 일본의 시민운동이나 피해자운동은 잠자코 있어도 상당부분까지 할 수 있는 건 아닐까요? 이상한 틀에 끼우려고 하지 않는 편이 오히려 좋을 거라는 생각이 요즘 듭니다. 그중에서 자립한 시민이 반드시 나오겠지요. 그리고 그 자립한 시민은 시공간을 초월하여 일본 전역과 연대할 것이고, 다나카 쇼조와도 손을 잡을 것입니다. 저는 그렇게 생각하고 있습니다.

저는 학생들에게 곧잘 불평을 삽니다. 여기에 와서 강연을 해 주면 전체의 형세가 유리해진다는 말을 들어도 그런 일은 일어날 리 없다면서 강연을 거절하기 때문입니다. 제 경험으로는 한 인간을 데려다 강의 좀 시킨다고 국면이 호전될 문제라면, 애당초 대수롭지 않은 문제입니다. 그래서 여러분의 강연 의뢰도 전부 거절한 겁니다. 대학투쟁 같은 것도 혼자 할 수 없으면 시작하지 말라는 것이 저의 생각이고 이 공개강좌도 당분간은 혼자서 할 겁니다.

조직에 대해서 말하면, 그런 조직은 있었으면 좋겠습니다. 조직이 있으면 견고해지겠죠. 하지만 지금의 총평이 이러했으니까 지구(地区)의 노동조합협의회가 이렇다든가, 노사카(野坂)

씨가 이렇게 말하니까 구석구석의 당원들까지 이렇게 말한다, 이런 방향으로 간다는 방식에는 문제가 있습니다.

문제가 있다는 것은 실제로 제가 그런 조직에 합류하여 매번 당황스러운 경험을 했기 때문에 여러분도 이왕이면 그런 조직은 만들지 않는 것이 좋다는 겁니다.

그보다 먼저 자립하는 것을 고려해 주셨으면 합니다. 어떻게 해서 빨리 자립할 것인가? 자립을 위한 실마리로 생각할 수 있는 것은 역사와 고등학교 교육입니다. 대개 고등학교 때 교육을 제대로 활용하면 공해의 인과관계는 80~90%는 풀 수 있습니다. 어려운 분석 같은 것이 아니라, 예를 들어 에틸렌을 만들 때는 프로필렌도 가능하고 프틸렌도 가능하다는 식으로 유추할 수 있겠죠. 고등학교에서 틀림없이 그것을 가르치고 있을 거예요. 이번에는 그것이 어떤 제품과 관련이 있고, 관련이 없는 것은 버려져서 어떻게 처리되는가 하는 것은 아주 간단한 물질과 관련된 수입과 지출입니다.

대학을 나온 사람이 고등학교 때보다 더 많이 공부했다면 이럴 때 도움이 될 거라고 생각하겠지만, 사실은 오히려 도움이 되지 않습니다. 대학에서 무엇을 전공하는지와도 관련하지만 대학에서 전혀 불필요한 것을 습득하기 때문입니다. 예를 들어 전망이 없으면 싸울 수 없다든가. 만약 우리가 피해자였다면 전망의 유무와 상관없이 저항하겠죠. 물론 피해자도 희망이 없으면 일어서지 않는 경우도 있지만, 전망이 있고 없고를 떠나서 싸울 사람은 싸웁니다. 그렇게 할 수 있는 조직이 바람직합니다.

전에 제정말기의 혁명당에 대해서 이야기했나요? 레닌의 측근이 전부 스파이였다는 이야기는요? 아직 안 했나요? 아주 유명한 이야기입니다. 아라하타 씨가 저술한 『러시아 혁명의 여명』에 나와 있는 이야기인데, 레닌의 측근에 스파이가 있는 것을 반대당이라고 할까, 경쟁당인 S. R의 편집자가 알아냈습니다. 그래서 그 통지를 받은 레닌이 깜짝 놀라서 조사를 위해 다른 한 사람의 측근을 파견했습니다. 그런데 그도 스파이였던 거예요. 그러니 "그는 수상한 점이 없습니다"라는 조사결과를 레닌에게 보고하죠. 한동안 레닌은 완전히 그를 신뢰하고 있었습니다. 경찰에게 보낸 그 무렵의 스파이의 보고 중에 —이것은 혁명 후에 문서가 나와서 알게 된 것인데— "최근 레닌은 혁명의 여러 당파간의 통일전선을 생각하고 있다. 이것은 아주 위험한 징후이기 때문에 우리는 있는 힘을 다해서 레닌이 그때까지 주장해왔던 '단일 당파만이 혁명을 이룰 수 있다'는 생각을 앞으로도 계속 유지하도록 노력하겠다."는 보고가 있었다고 합니다. 중앙집권조직이 되면 그런 일은 자주 일어납니다. 오히려 이것은 하나의 수법이라고 할 수 있어요.

그런 면에서 저는 특정의 인간을 무너뜨릴 수 없는, 자립한 개인의 느슨한 집단을 만들려고 합니다.

여러분에게 상당히 오랫동안 이런 이야기를 하는 것도 여러분이 자립한 시민으로서의 첫걸음을 내딛었으면 하는 마음에서입니다. 저를 중심으로 하는 조직을 만들려는 마음은 없습니다.

──── 어떤 원소가 독이 되는가

D　오늘 강의에서 언급된 구리의 경우, 인체에 미치는 구리의 독성이 어떻게 화학적인 기구로 발생하는지, 그러니까 구리가 인

체에 들어갔을 때 어떻게 변화하고 독이 되는지, 아시는 데까지 말씀해 주시면 감사하겠습니다.

우이 준   구리의 경우에는 상황이 좀 특별합니다. 구리는 일정 양까지는 인체에 필수인 원소입니다. 이른바 미량광물로서 인체 안에 아주 소량의 구리가 없으면 인체 활동이 원활하지 않습니다. 우리가 중금속을 독성의 관점에서 볼 때 대체로 두 가지로 나눕니다. 하나는 소량은 도움이 되지만, 많으면 해로운 것.

> (1) 소량은 필요, 대량은 독 ……Cu·Zn
> (2) 아무리 소량이라도 독 …… Hg·Cd·Be·Sb·As

대강 이렇게 두 개의 그룹으로 나눌 수 있습니다. 예를 들어 소금은 지나치게 섭취하면 독이 됩니다. 일정량이 있어서 그 이상은 독이 되죠. 이렇게 어느 범위에서는 꼭 필요한 것을 어떻게 짐작하는가 말씀드리면, 생물체를 분석해서 항상 검출되는 것은 위에서 언급한 그룹(1)에 들어갈 거라고 생각합니다. 일정 양은 반드시 나옵니다. 하지만 많이 섭취하면 독이 됩니다. 그 전형이 구리입니다. 물론 철 같은 것도 그렇지만 철은 딱히 독의 증상이 나올 정도는 아닙니다.

그리고 아무리 소량이라도 해로운 것이 있습니다. 대표적으로 수은(Hg)이 그렇습니다. 하지만 이 두 가지를 구별하기가 좀처럼 쉽지 않습니다. 예를 들어 카드뮴(Cd)같은 것은 아주 이전부터 신장 안에 카드뮴이 포함된 단백질이 있다는 보고가 있어서, 일부 학자는 이를 카드뮴이 인체에 도움이 되는 증거로 제시했습니다.

여러분 중에 만약 의사 선생님이 있다면 일본의 학자 아무개가 이런 증거가 있으니까 카드뮴은 인체에 독이 되지 않는다고 언급한 예를 말씀해 주실 지도 모릅니다. 어딘가에서 나도 들은 적이 있다고. 이 카드뮴을 함유하는 단백질을 발견한 사람을 우연히 스웨덴에서 만나서 카드뮴을 포함하는 단백질은 정말로 필요한 것인가, 아니라면 그 의미는 무엇인가에 대해 상당히 집중적으로 논의한 적이 있어요. 그런데 결국 발견자의 의견은 이른바 일종의 해독, 포합 해독 작용이라고 합니까, 이전에 티옥탄이나 글루클로산을 말할 때 우리가 상당히 자주 들은 제목이 있습니다. 독이 들어오면 그것과 결합해서 배출시키는 물질, 그런 효과가 카드뮴을 포함한 단백질인 것 같습니다. 그래서 역시 카드뮴은 아무리 소량이라도 해롭다는 겁니다.

특정한 금속, 예를 들어 금(Au)은 어느 쪽일까요? 금은 아마 후자의 그룹이라고 생각합니다. 금은 우리에게 상당히 귀중한 광물이지만, 금이 인체 내에 반드시 일정량 존재하지는 않는 것 같죠. 그리고 정말 궁금한 것이 비교적 지금 사용하고 있는 금속인 베릴륨(Be)이 있습니다. 최근에 베릴륨의 용도가 점점 늘고 있는데, 이게 상당히 독성이 강한 것 같아요. 인체나 동물에게도 베릴륨은 반드시 필요한 건 아닌 것 같으니, 역시 아무리 소량이라도 독이 아닐까 싶습니다.

이렇게 평소 사용하는 금속 몇 가지를 예로 들어 분류할 필요가 있다고 생각하지만, 그 실마리가 되는 것은 사실 동식물의 체내에서의 분포이기 때문에 상당한 분석기술의 향상이 필요합니다. 그리고 그러한 오염이나 어느 한 곳에 농도의 집중이 발생했을 때, 그것이 어떤 부정적 작용과 결부되는지의 여부를 조사하기 위해서도, 현재의 자연이 얼마나 오염되어 있는지를 알아봐야 합니다. 사실 오염되어 있다는 것을 증명하기 위해서는 오염되어 있지 않은 곳을 비교지역으로 선택해야 합니다. 이것은 결코 쉬운 일이 아닙니다.

예를 들어 일본에서 수은에 오염되지 않은 수역을 찾기란 거의 불가능합니다. 전부 수은농약을 뿌리고 있으니까요. 이렇게 간단히 분류할 수 없는 상황이라는 것을 말씀드립니다. 좀 더 철저히 논의해 봐야 할 문제죠.

다만 다음으로 뭐가 무서운가에 대해 말씀드리면 베릴륨 같은 건 역시 무섭죠. 어디서 어떻게 사용하고 있는지 비교적 파악하기 쉬운 만큼 지금부터 알아볼 필요가 있습니다. 그리고 이전에 교토대학 사람들이 다루었던 문제는 안티몬(Sb)입니다. 그리고 아무리 소량이라도 해롭다는 예로 비소(As)는 확실히 해롭습니다. 가자미던가요, 어떤 종의 물고기가 비소를 모으는 경향이 있습니다. 이것이 가자미에게 긍정적인 작용인지 아니면 우연히 인간에게 식물연쇄로 수은이 쌓이는 것처럼 마이너스지만 쌓여 버린다는 것인지, 그건 아직 알 수 없습니다. 생물학자에게 물어 보면, 지구상의 어떤 원소도 반드시 한 종류는 그것을 농축하는 생물이 있다고 알려져 있다고 합니다. 다시 말해, 조건에 따라서는 우리가 희석시켜서 없앴다고 믿고 있는 것도 바다 속 어딘가에 축적되고 있다는 것만은 단언할 수 있습니다. 질문에서 좀 벗어났는데, 그래서 구리라면 그림 처럼 명확하게 구분이 될 지 알 수 없습니다. 유용한 범위와 독이 되는 범위는 간격이

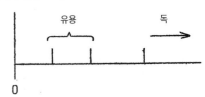

상당히 있을 겁니다. 구리로 인해 발생한 장애로는 윌슨 병이 알려져 있습니다. 아시오 때에 어떤 의학적인 조사를 했는지 그에 대해서는 저도 아직 충분히 조사하지 못했습니다.

─── 군사 과학으로서의 의학과 영양학

우이 준 1880년대 후반 이후의 일본 의학계의 주요관심은 전염병과 영양학 문제였습니다. 중독증상은 의학의 주요관심이 아니었다고 할 수 있어요. 앞으로 찾아보겠지만, 아시오구리광산 광독사건이 어느 정도의 중독사건이었는가에 대해서는 아무도 이렇다 할 예상을 하지 못하고 있습니다. 의사가 왜 이런 문제에 관심을 갖지 않았는지 의문도 생깁니다. 아마 당시의 의학은 군사의학이었기 때문이 아닐까요? 일본에서 영양학이 이렇게 진보한 것도 그것이 전시(戰時) 경제를 유지하기 위한 수단이었기 때문이죠. 몇 칼로리를 섭취하면 충분한가? 어떤 노동을 하려면 몇 칼로리를 제공해야 하는가? 등등.

마치 자동차의 엔진과 마찬가지로 몇 리터로 몇 킬로 달릴 수 있냐는 것과 같은 이치죠. 그래서 이러한 공해문제에 대해서 영양학은 전혀 도움이 되지 않습니다. 식품첨가물의 문제를 봐도 전혀 도움이 되지 않습니다. 그런 문제가 있습니다. 이것이 독이냐 아니냐를 물어도 영향학자는 대답할 수 없어요. 리터당 몇 킬로 달리는가만 연구하면, 하이옥탄에 납을 처넣든 뭘 하든 아무래도 상관없다는 것과 마찬가지예요.

식품첨가물에 의한 식품공해와 중독문제에 대해서 영양학자가 전적으로 무력하고, 광독사건에 대해 의사가 한마디도 하지 않았습니다. 이걸 보면 일본의 학문 자체가 얼마나 전쟁을 위주로 발전해 왔는가를 실감할 수 있습니다.

여러분이 지금 배우고 있는 것 중에도 원래는 그랬었다는, 거기에서 빠져나올 수 없는 것들이 상당히 많을 겁니다. 항공기 같은 것이 그 예라고 다케야(武谷) 선생님은 자주 지적하시죠.

이야기가 너무 옆길로 샜네요. 중금속에 대해서는 대체적으로 개념이 파악이 됐지만, 정량적인 것은 아직 알려져 있지 않습니다. 예정보다 꽤 길어졌네요, 오늘은 이것으로 마치겠습니다.

지은이 소개

우이 준(宇井純)

1932년 도쿄 출생. 1956년 도쿄대학 공학부 졸업 후 닛폰제온(주)에서 3년 간 근무. 1965년 도쿄대학 공학부 도시공학과 조교. 70년, 공해에 관한 연구와 조사결과를 시민들에게 직접 전달하는 장을 마련하고자 자주공개강좌 〈공해원론〉을 개강. 이후 15년에 걸쳐 환경문제의 시민학습운동을 조직하고 시민들에 의한 공해감시운동, 피해자구제 및 지원활동에 참여하는 등, 전국의 공해반대운동에 대한 서비스·정보네트워크를 구축. 1986년, 오키나와대학 교수, 88년 동대학 지역연구소 초대연구소장에 취임. 2003년, 오키나와대학 퇴직, 동대학 명예교수. 2006년 11월 서거.

저서로는 『검증 고향의 물』(1983), 『미래산업의 구조』(1986), 『공해자주강좌 15년』(1991), 『미키여, 걸으며 생각하라』(1980) 등 다수.

옮긴이 소개

김경인

일한전문번역가로 활동하면서 일본의 공해문학과 원폭문학에 관심을 가지고 열심히 공부 중인 일본근현대문학박사. 주요 역서로는 이시무레 미치코의 『고해정토-나의 미나마타병(슬픈 미나마타)』, 쿠로다 야스후미의 『돼지가 있는 교실』(이상, 달팽이출판), 더글러스 러미스·쓰지 신이치의 『에콜로지와 평화의 교차점』(녹색평론사), 카와무라 아츠노리의 『엔데의 유언』(갈라파고스) 등이 있으며, 공저로 『한국인 일본어 문학사전』(제이앤씨)이 있다. 논문으로는 「이시무레 미치코의 '국화와 나가사키'를 통해 보는 조선인원폭피해자의 실태와 한」(『일본어교육』), 「공해사건 문학의 시스템 및 가치 고찰」(『일본연구』), 「재해와 관련된 일본 옛날이야기 고찰」(『일본어문학』) 등 다수가 있다.

임미선

조선대학교 인문학연구원 HK⁺사업단 연구보조원. 도쿄학예대학 대학원에서 일본어교육으로 석사학위를 취득한 후 오차노미즈여자대학 대학원에서 국제일본학 박사과정을 수료했다. 현재 전남대학교 언어교육원과 전라남도 인재개발원에서 일본어를 강의하고 있다.

조선대학교 재난인문학연구사업단
재난인문학 번역총서 02

공해원론 1
(원제: 合本 公害原論)

초판1쇄 인쇄 2023년 2월 3일
초판1쇄 발행 2023년 2월 17일

기획	조선대학교 재난인문학연구사업단
지은이	우이 준(宇井純)
옮긴이	김경인 임미선
펴낸이	이대현
편집	이태곤 권분옥 임애정 강윤경
디자인	안혜진 최선주 이경진
마케팅	박태훈

펴낸곳	도서출판 역락
출판등록	1999년 4월 19일 제303-2002-000014호
주소	서울시 서초구 동광로 46길 6-6 문창빌딩 2층 (우06589)
전화	02-3409-2060
팩스	02-3409-2059
홈페이지	www.youkrackbooks.com
이메일	youkrack@hanmail.net

ISBN 979-11-6742-270-5 94300
　　　 979-11-6742-269-9 (세트)